チンプ・パラドックス

「自信」「成功」「幸福」を手にする人のマインド・マネジメント・プログラム

THE CHIMP PARADOX

by Prof Steve Peters

Originally published in the English language in the UK by Vermilion,
an imprint of Penguin Random House UK.

Japanese translation rights arranged with Mindfield Media Limited
c/o Bonnier Books UK Ltd, London, through Tuttle-Mori Agency, Inc., Tokyo

Part 2 日々をどう生きるか

Part 3 健康、成功、そして幸せ

はじめに〈太陽〉をめざそう

この本について

この本の目的は、あなたが自分の心のはたらきを理解し、自己を開発し、人生のあらゆる面を改善するのを助けることだ。

私は心理学者、大学講師として働くあいだ、じつに多くの人から相談や質問を受けてきたが、その大半は、自分自身では理解できない、あるいは解決できない個人的な問題だった。

よくある質問をあげてみよう。

どうすれば私は……

- なりたい自分になれるのか？
- 自信がもてるのか？
- 幸せになれるのか？
- 人間関係がうまくいくのか？
- もっと計画的に行動して成功できるのか？

- やる気を維持できるのか？
- もっと効率よく働けるのか？

なぜ私は……

- すぐ心配してしまうのか？
- 自分をこんなに低く評価してしまうのか？
- いつも非難されているように感じるのか？
- 常識はずれの行動をとってしまうのか？
- ときどき無分別な考えをいだいてしまうのか？
- 感情の起伏が激しいのか？
- 仕事の遂行の邪魔になるような感情が湧いてしまうのか？

そしてなぜ……

- 他人にどう思われるか心配するのをやめられないのか？
- 物事を決断できないのか？
- 怒りの感情をコントロールできないのか？
- 不愉快な人とつき合ってしまうのか？
- 過食をやめられないのか？
- 誠実でいつづけられないのか？

- ついお酒を飲みすぎてしまうのか？

リストはまだまだ続く！

この本があなたに与えるもの

この本は、次のようなことに役立つ。

- 自分の心のはたらきを理解する
- あなた自身と他者を理解する
- 感情と思考をコントロールする
- 人生の質を上げる
- もっと幸せになって成功する
- 自信と自尊心を高める
- 成功と幸せを妨げているものを特定する

自己発見と開発の旅

この本は、あなたと他者を理解するのに役立つ七つの領域からなる。

(1)あなた　(2)他者　(3)コミュニケーション　(4)あなたの世界
(5)健康　(6)成功　(7)幸せ

この七つの領域をわかりやすくするために、本書では〈心のなかの宇宙〉に七つの惑星があると考える。そうすれば、惑星をひとつずつ訪ねてはたらきかけ、あなたの〈宇宙〉を改善することができるからだ。

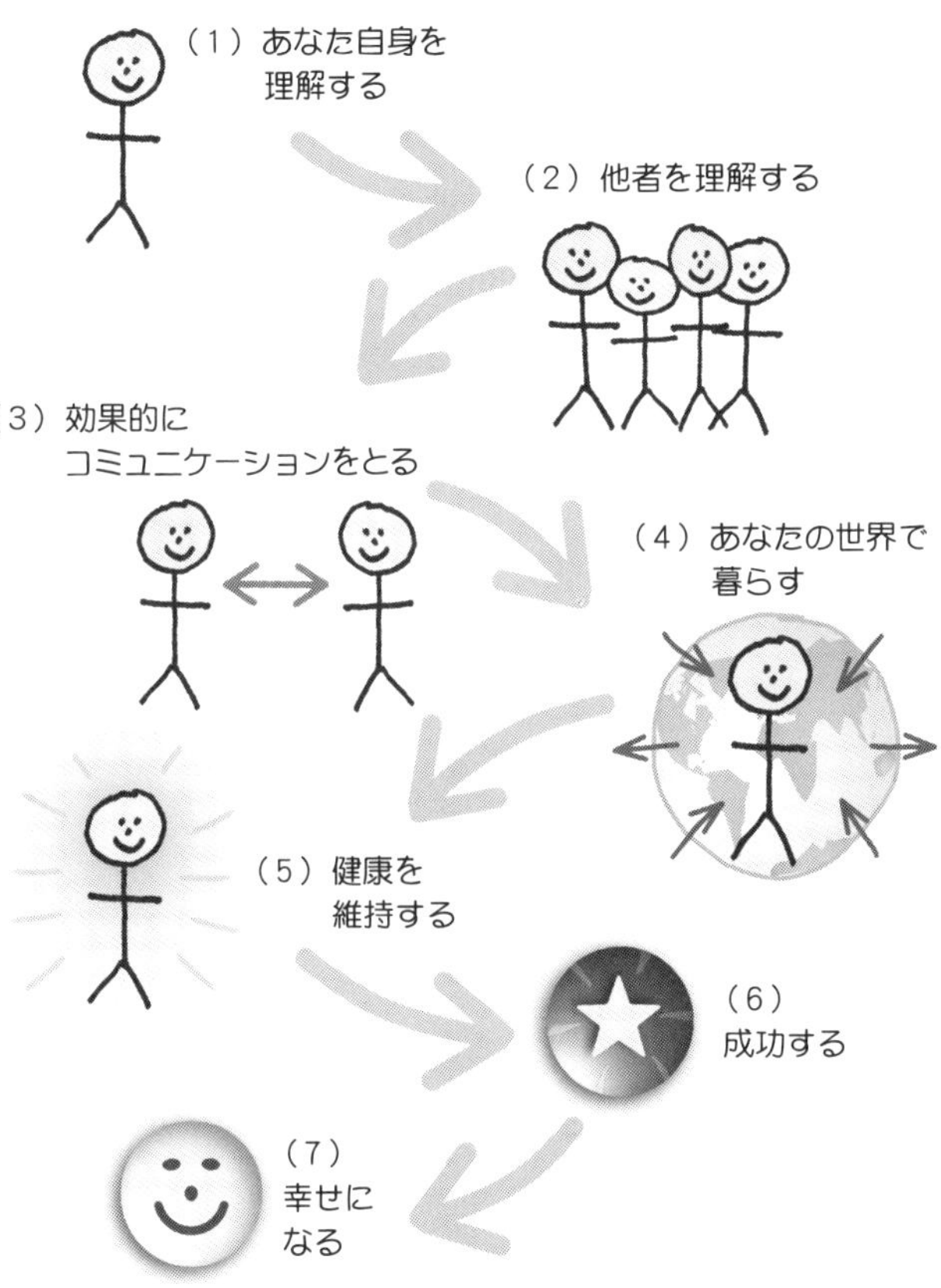

心のなかの宇宙

あなた　他者　コミュニケーション

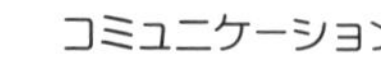

半分ずつの惑星　他者の惑星　つながりの惑星

あなたの世界　健康　成功　幸せ

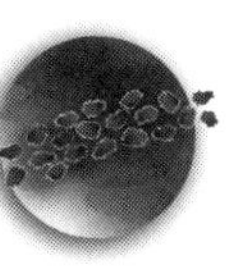
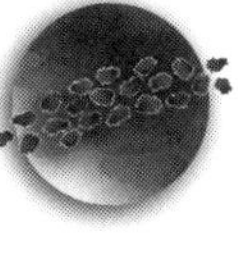

現実世界の惑星　影の惑星　成功の惑星　幸せの惑星

〈太陽〉はこの体系の完璧な場所にある。あなたがめざすのは太陽だ。七つの惑星すべてを整えることができれば、太陽は輝く！

これから見ていくように、最初の惑星はあなたの心のなかにかかわることだ。これがいちばん重要だから、しっかり整えなければならない。心のはたらきは複雑なので、私はいつも「チンプ・モデル」と呼ぶ簡単なモデルで説明している。

チンプ・モデルは……

- 科学にもとづく
- 事実と概念からなる
- 脳のしくみをわかりやすくし、日常生活で使えるようにする

- あなたの心を理解し、コントロールするのに役立つ
- 非常にまじめな内容を楽しく学べる
- 実用モデルとして有効

旅に備えて

本文に入る前に、ここで六つの重要な点をおさえておこう。

変化を求め、受け入れる

変化や改善をもたらすには、「自分はいつも理想どおりに機能しているわけではない」ということを認識しなければならない。人はみな、そうありたいと思っている自分ではないときがある。感情や思考や行動を制御できていないときもある。この点を認められる人だけが、改善し、変化していける。

変えることができるもの、できないものを知るのはとても重要

感情や思考には、いまのまま受け入れなければならないものと、そうでないものがある。よりよい人生を築くには、自分のいだいた感情や思考がそのどちらなのかを知ることがきわめて重要だ。たとえば、食欲や性衝動は変えられない。危害やストレスを受けたときのパニックや不安なども同様だ。ただ、それらをうまくコントロールすることはできる。一方、取り除くことができる例としては、非合理で役に立たない考えや、破壊的な行動などがある。自分を痛めつけたり、攻撃的な感情の爆発などがそれにあたる。

可能な夢と不可能な夢のちがいを認識する

たとえば、体調を整えて健康になること、自信をもつこと、人間関係を改善することは可能だが、つねに幸せでいることや、あらゆる人から好かれることは不可能だ。

この本はスキルを発達させる

感情と思考をコントロールするのはひとつのスキルだ。積極的に試してスキルを身につけ、時間をかけてそれを維持してほしい。

あなたには選択肢がある

人生にはつねに選択肢がある。この点を認識したうえで選択することはとても大切だ。

旅の始まり

この本を読む旅を始めると、とりわけ強くあなたの心に強く響くところがいくつか見つかるだろう。まずはそういう箇所を選んで、実践してみてほしい。

では、〈心のなかの宇宙〉へと旅立とう。

Part 1

心のなかを探検する

1章 心のなか

〈宇宙〉旅行を始めるにあたって、まずはこの章で脳の構造と基本的な機能を理解しておこう。人間の脳は複雑なので、ここでは単純化して考えることにする。

いちばんわかりやすいのは、「七つの部位がいっしょにはたらいている」と考えることだ。

頭頂葉
前頭葉
後頭葉
辺縁系
側頭葉
小脳
脳幹

単純化した人間の脳

「チンプ・マネジメント」では、このうちの前頭葉、辺縁系、頭頂葉に注目する。おもにそれらが〈心のなか〉を形づくるからだ。厳密に言えば、感情や思考や記憶にはほかの領域も大いにかかわっているのだが（付録C参照）、ここではモデル化するために、感情や思考や記憶に関するほかの領域は、思いきって省略する。

そのうえで、このモデルでは前頭葉、辺縁系、頭頂葉をそれぞれ〈人間〉、〈チン

心のなか

パンジー〉、〈コンピュータ〉と名づける（便宜上、頭頂葉に脳の多くの部分を代表させ、単純にしたのが前ページの下図）。この三つの領域は協調してはたらくこともあるが、たびたび対立して主導権を握ろうとする。そして、その争いでは〈チンパンジー〉（辺縁系）が勝つことが多い。

〈チンパンジー〉とは？

まだ母親の胎内にいるとき、前頭葉（人間）と辺縁系（チンパンジー）は別々に成長し、そのあと互いに自己紹介して関係を築く。〈人間〉と〈チンパンジー〉は独立した個性をもち、思考法も、懸案事項も、行動パターンも異なる。つまり、あなたの頭のなかには事実上ふたつの生き物が存在するのだ！　困ったことに、ほとんどの場合、両者の意見は一致しない。ふたつのどちらかひとつだけでも生きていくことは可能だが、両者は連携してはたらこうとするので、問題が発生してしまう。

ここで重要なのは、片方、すなわち〈人間〉だけが「あなた」であることだ。ここをしっかり理解してほしい。

〈チンパンジー〉は誰もがもつ感情装置で、理性から独立してはたらき、決定をくだす。感情や感覚を司り、建設的にもなれば破壊的にもなる。良い悪いの問題ではなく、たんに〈チンパンジー〉なのだ。「チンプ・パラドックス」とは、その〈チンパンジー〉が、最良の友でありながら最悪の敵にもなりうることを指している。本書のおもな目的は、あなたのなかの〈チンパンジー〉をコントロールするのを手伝うこと。あなたのためになるときにはその力と強さを活かし、ためにならないときには無力化するのだ。

Key point

〈チンパンジー〉は感情装置であり、理性とは別にはたらく。良い悪いの問題ではなく、たんに〈チンパンジー〉なのだ。

事故や病気で前頭葉がダメージを受けると、人格が変わる。たいていの場合は、抑制が利かなくなったり、判断力を失ったりする。無感情になったり、攻撃的な行動が止まらなくなることもある。それは、脳の〈人間〉の機能が事実上停止し、〈チンパンジー〉が新たな人格になってしまうからだ。

フィネアス・ゲージ事件

頭のなかにふたつの異なる人格、〈人間〉と〈チンパンジー〉が存在することを知らしめた古い事例が、フィネアス・ゲージ事件だ。一九世紀後半、ゲージは鉄道会社に雇われ、人手で動かすには大きすぎる岩石を取り除く仕事をしていた。爆薬を岩石の下に詰め、鉄の棒で突き固めたあとヒューズに点火するこの危険な仕事に、注意深く、冷静で、責任感が強いと見なされていたゲージはうってつけだった。

ところが、ある決定的な瞬間に、彼はうっかり岩石を鉄の棒でつついて火花を飛ばし、誤爆させてしまう。その瞬間、鉄の棒が彼の頬骨のあたりに突き刺さり、前頭葉を突き抜けて頭蓋骨まで貫いた。そして、前頭葉の組織が完全に損なわれてしまった。

片目の失明を除けば、ゲージは全快した。だが人格は完全に変わり、下卑たことばを話し、攻撃的で衝動的になった。彼の〈人間〉の部分は消失し、〈チンパンジー〉だけが残ったのだ。

前頭葉に問題がなくても、人はよく自分の望まない考えや感情をいだき、本来やりたくなかった行動をとってしまう。あなたはこれまでに何度自分を諭し、元気づけ、頭のなかで闘っただろう。どうしてそんなことになるのか？　なぜ自分の考えや感情や行動を制御できないのか？　なぜ同じ人間が、ときとしてふたりのまったく異なる人間になってしまうのか？

これらの問いには、科学がある程度答えてくれる。脳スキャナーを使えば、血液の流れでそのとき使われている脳の領域がわかるからだ。落ち着いて理性的な思考をしているときには、血液が前頭葉、つまり頭のなかの〈人間〉の領域に流れ、あなたは自分が望ましいと思う「本当のあなた」になっている。だが、感情が暴れて理性的に考えられないとき、とくに怒ったり苦しんだりしているときには、血液が〈チンパンジー〉に供給され、あなたはたいてい、こんな自分にはなりたくないと思うことになる。そんなときは、あなたの感情装置である〈チンパンジー〉が〈人間〉を圧倒しているのだ。

ほかにも、いろいろなことが説明できる。たとえば、なぜあなたはすぐ心配したり、カッとなって口にしたことばをあとで悔やんだりするのだろう。なぜ過食をやめられないのだろう。なぜ運動が必要だとわかっているのにしないのだろう……。枚挙にいとまがないが、それは不思議でもなんでもない。そういうときのあなたは、あなた自身ではなく、〈チンパンジー〉に乗っとられているのだ。

〈チンパンジー〉とのつき合いは、犬を飼うのに似ている。犬の性質は変えられなくても、きちんとしつける責任はある。ここはとても重要な点だから、落ち着いて考えてほしい。人生で成功と幸せを実現するには不可欠なポイントだ。

Key point
〈チンパンジー〉の性質に責任はなくても、それを管理する責任はある。

内なる〈チンパンジー〉

もう一度言う。頭のなかの〈チンパンジー〉は、あなたから独立した存在である。あなたの誕生と同時に生まれているが、〈人間〉とはまったく関係がない。たんなる生体構造の一部であり、生まれたときから決まっている目の色のようなものだ。好きな色を選ぶことはできない。遺伝子に組みこまれていて、変えようにも変えられない以上、それを受け入れ、一生つき合うしかない。

〈チンパンジー〉は独自の性質をもち、あなたとは別の考え方をする。独自の個性があって、あなたの生活を支配するが、うまくできないことが多い。それでも支配はする！　きわめて強力な感情装置なのだ。一生をつうじて、あなた自身である〈人間〉と、感情的な思考装置である〈チンパンジー〉は何度も対立することになる。そんな〈チンパンジー〉に、名前をつけてもいいかもしれない。

Key point

成功と幸せを手にする秘訣は、〈チンパンジー〉から咬みつかれたり襲いかかられたりしないように、つき合い方を学ぶことだ。そのためには、〈チンパンジー〉がどう行動し、なぜそのように考えて動くのかを理解する必要がある。さらに、自分のなかの〈人間〉を理解し、〈人間〉と〈チンパンジー〉を混同しないことも大切だ。

つまり〈心のなか〉には、ふたつの独立した思考装置があり、私たちが経験したことをそれぞれが解釈している。

- 〈人間〉はあなた自身であり、前頭葉で生きている。
- 〈チンパンジー〉はあなたの感情装置であり、辺縁系で生きている。

それぞれ考え、解釈するふたつの存在

〈心のなか〉の三つめの領域

ところで、〈心のなか〉には思考や行動の保管場所もある。これを〈コンピュータ〉と名づけよう。

〈チンパンジー〉と〈人間〉、どちらが入力した情報も、ここに保管される。

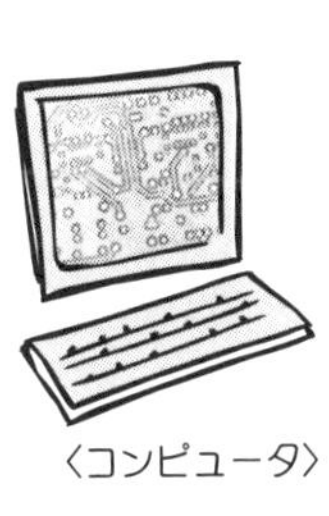

参考にする情報の保管場所

そしてその情報をもとに、〈チンパンジー〉と〈人間〉のために自動ではたらく。両者の情報源にもなる。

さて、これで頭のなかを大まかに理解することができた。いよいよ〈心のなかの宇宙〉の旅に出発だ。

まとめ

- 〈心のなか〉は、三つの独立した脳の領域、〈人間〉、〈チンパンジー〉、〈コンピュータ〉からなる。
- あなたは〈人間〉だ。
- 〈チンパンジー〉は、感情的な思考装置だ。
- 〈コンピュータ〉は、情報の保管場所であり、自動ではたらく装置だ。
- これら三つは別々にも動けるが、いっしょに動くことが多い。

おすすめのエクササイズ：成長タイム

「成長タイム」がなぜ必要なのか？

「成長タイム」とは？　簡単に言うと、自分で自分をどう管理しているかをひたすら振り返る時間だ。この時間は、習慣化するのが望ましい。〈チンパンジー〉、〈人間〉、〈コンピュータ〉のモデルは、よく考え、理解し、実行したときに最大の成果があがるからだ。習慣化するコツは、できるだけ簡単にすること。そうでないと〈チンパンジー〉が嫌がり、やらずじまいになってしまうだろう。

たとえば、「成長タイム」を一〇分に限定すれば、一時間にするより習慣になりやすい。たとえ一〇分でも、毎日「成長タイム」をつくることで、〈人間〉は〈コンピュータ〉に保管された情報を吟味し、更新できる。のちの章で述べるが、それは〈チンパンジー〉の管理にも不可欠だ。

やるべきこと

昨日一日を振り返り、その一日を自分でどう管理したか考える。可能なら毎日一、二行でもいいので、行動記録をつけよう。内面により集中し、行動のしかたや考え方を改善することができるはずだ。

実践例

最初の数回は〈チンパンジー〉に支配されて自分が望まない考えや感情、行動に陥ったときがないかに注目してはどうだろう。そうすれば、〈人間〉と〈チンパンジー〉のちがいをより深く認識できるようになる。頭のなかではふたつの脳がはたらいていて、そのひとつだけがあなたなのだ、と。

2章 あなた自身とあなたの〈チンパンジー〉を理解するために

——半分ずつの惑星（1）

七つの惑星の一番目は〈半分ずつの惑星〉と〈導きの月〉だ。これは、あなたの〈宇宙〉でいちばん重要な惑星であり、「あなたの頭のなかにある精神と、そこで起きる対立」を表す。ここをうまくコントロールできなければ、おそらくほかの惑星も適切に機能しないだろう。

〈半分ずつの惑星〉には、〈人間〉と〈チンパンジー〉が住んでいる。〈人間〉と〈チンパンジー〉の関係はたいてい不安定で、妥協と対立をくり返すが、力比べでは圧倒的に〈チンパンジー〉のほうが強いので、まず〈チンパンジー〉を理解し、しつけ、管理するのが賢明だ。

以下、あなたと〈チンパンジー〉のちがいを理解するために、四つの点を順に比べていこう。

- ●思考法
- ●懸案

●行動パターン
●個性

ふたつの思考法

日常生活で私たちは、絶え間なくまわりから情報を受け取っているが、このとき〈人間〉と〈チンパンジー〉はそれぞれ別々に解釈しようとする。

〈チンパンジー〉は、その情報を「感覚」と「印象」で解釈する。何か起きていると感じると、「感情的思考」で状況を理解し、行動計画を立てるのだ。「感情的思考」とは、おもに直感と妄想と防御思考にもとづいて推測し、細部を埋めることをいう。したがって、状況を的確に解釈する可能性はあまり高くない（ただし、ときには直感が正しいこともある）。

それに対して〈人間〉は、「事実を探り、真実を見きわめる」ことで、得た情報を解釈する。そのあと、「論理的思考」で情報をまとめ、行動計画を立てる。つまり〈人間〉は論理にもとづいて考え、行動する。

どちらの方法も健全かもしれないが、状況をどうとらえ、対応するかにはちがいが出る。両者の意見が一致すればなんの問題もないが、

感情的に考え、
感覚と印象で
行動する
論理的に考え、
事実と真実に
もとづいて行動する

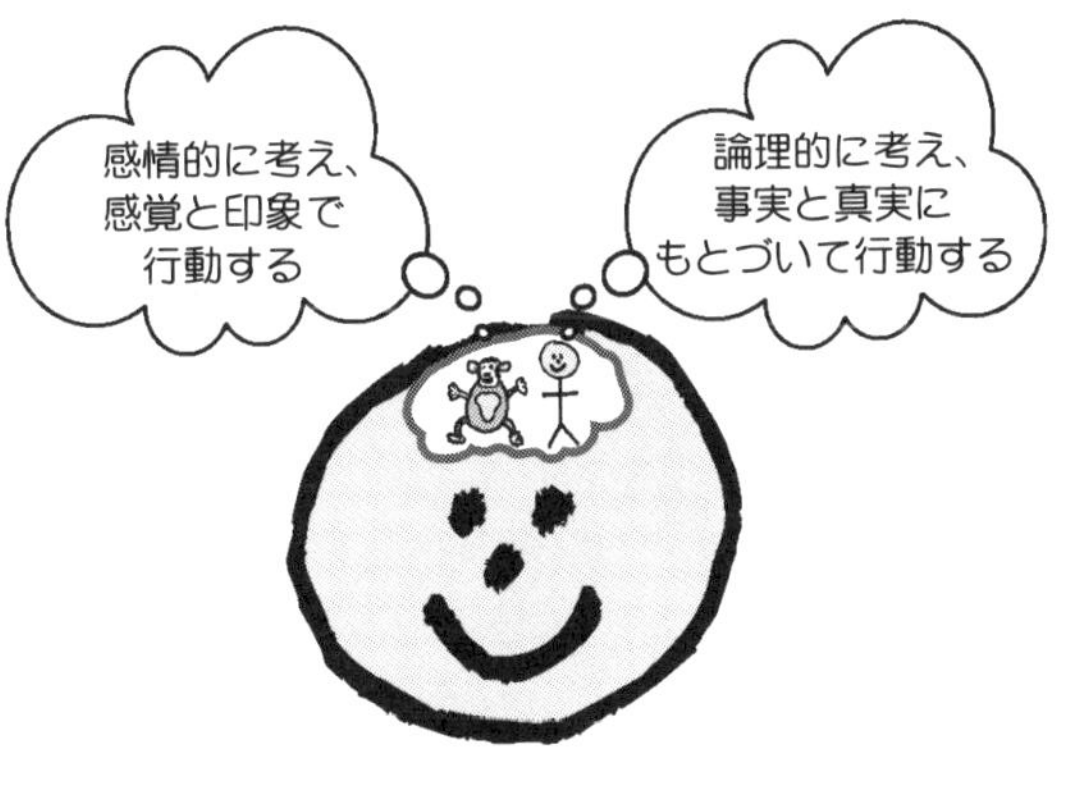

食いちがうことのほうが多い。あなたが賛成しなくても、〈チンパンジー〉は強力なので、思考と行動を支配してしまうこともしばしばだ。だが、それを承知のうえで〈チンパンジー〉を管理できるようになれば、思考を制御し、論理的に行動できるようになる。

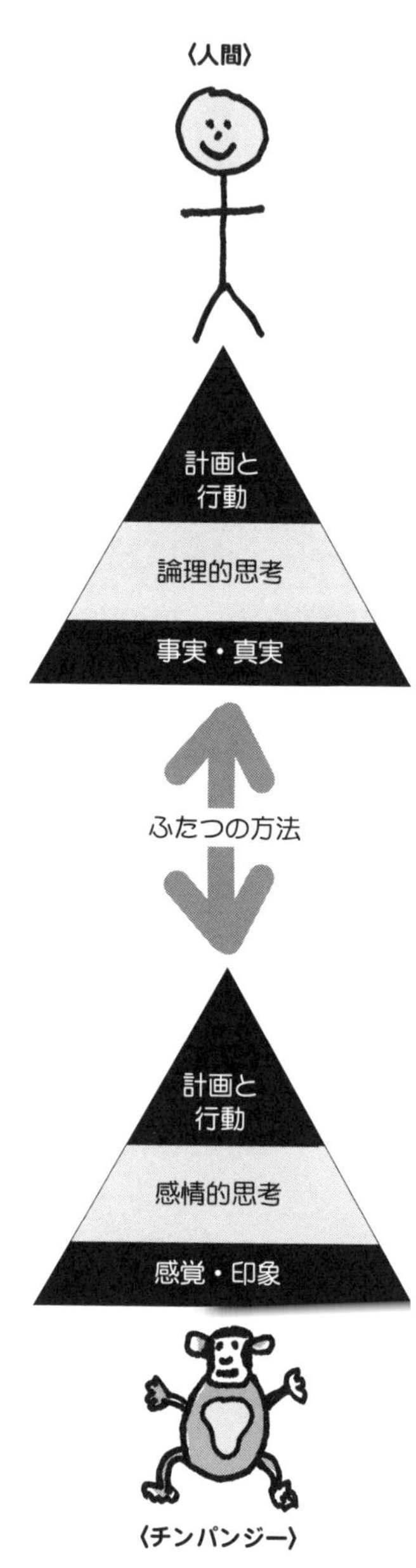

はたらきのちがい

ジョンと駐車中の車

頭のなかの〈チンパンジー〉と〈人間〉の思考法のちがいを説明するために、例をあげよう。

ジョンは妻のポリーンに隣家の男について話している。その男が私道をまたいで駐車していたせいで車が出せなかったので、移動してくれと言いに行ったという。このとき、ジョンのなかの〈人間〉は冷静に事実を話し、〈チンパンジー〉もおとなしく聞いている。

だがポリーンが、「どうしてそんなことで大騒ぎするの？　もう解決したんでしょう？」と応じると、ジョンと〈チンパンジー〉はまったく異なる解釈と反応をするはずだ。ジョンのなかの〈人間〉は論理的に、「大騒ぎなんてしていないが、ポリーンは聞く耳をもたないだろうから、そっとしておこう」とか、「たしかに問題は解決ずみだ。ポリーンの言うこともわからなくはない。黙って聞いておこう」と考えるが、〈チンパンジー〉はポリーンのことばを嫌味と受けとり、カッとなる。面と向かって批判されたと解釈し、攻撃モードか防御モードになるのだ。すると、声を荒らげて「なんでいつも文句ばかり言うんだ?」、「大騒ぎなんかしてないぞ。きみはどこかおかしいんじゃないか?」、「妻のきみにも関係すると思ったから話しただけじゃないか」といったことばを投げがちになる。〈チンパンジー〉は〈人間〉よりはるかに強力なので、たいていの場合〈人間〉が制御しようとするまえに話しだす。そして、そうなれば事態は悪化の一途をたどる。ジョンは、なぜ妻のことばに反応してしまったのかと悔やむことになるのだ。

セイラのひと言

〈人間〉と〈チンパンジー〉の思考パターンのちがいを、別の例でも見てみよう。

セイラが、仕事中のレイチェルに、疲れているみたいねと言ったとする。メッセージはつねにまず〈チンパンジー〉が受け取る(これは脳のはたらきのルールのひとつだ)。そしてたいてい感情的に反応するから、レイチェルの〈チンパンジー〉はセイラに批判されたと解釈する。挑発され、イライラして、腹を立てるかもしれない(すべてはその〈チンパンジー〉の性質と、そのときの気分による)。レイチェルの〈チンパンジー〉も、「セイラが本当に言いたいのは、あなたが老けて見えるということよ」とか、「ちゃんと働いていないという当てこすりだ」というふうに考える。ときにはポジティブに、「セイラは心配してくれている」、「セイラの言うとおりだ。ちょっとペースを落とさないと」などと、建設的な考えをいだくこともなくはないが。

一方〈人間〉は、言われたことの意味がはっきりしなければ穏やかに確認する。そして、発言に含まれる事実を確かめ、セイラの意図をきちんとつかんだら、理性的に答える。

どうして、ときどき無分別な考えをいだいてしまうのか？

ここで本書の冒頭に掲げた疑問のひとつに答えることができる。その疑問とは、「どうして、ときどき無分別な考えをいだいてしまうのか？」だ。ここまで読めば、あなたにも明らかだろう。答えは「〈チンパンジー〉が考えているから」だ。よって解決策は、〈チンパンジー〉の思考法を理解し、いつあなたに代わって介入してくるかを知ることだ。

感情的に反応すること自体はごく自然であり、健全な心の表れだ。しかし、感情というものは移ろいやすく、〈チンパンジー〉はどちらかというと不安定で一貫性がない。そのため〈チンパンジー〉の意思決定は〈人間〉に比べて予測がむずかしく、その道筋も論理的でないことが多いから注意が必要だ。

〈チンパンジー〉を理解する――「感情的思考」

「感情的思考」の基礎は「印象」と「感覚」

〈チンパンジー〉は事実をあまり重視せず、自分が真実だと信じること、真実だと感じたこと、ひどい場合には、真実だろうと予測したことにもとづいて行動する。ろくな根拠もなく固定観念をもち、そこから離れようとしなくなるのだ。もちろん〈チンパンジー〉の印象が正しく、役に立つこともあるが、誤ることがあまりにも多い。

たとえば〈チンパンジー〉は一般に、初対面の人の第一印象を、相手のボディランゲージから形づくるが、生まれつき他人の性格の判断が得意な〈チンパンジー〉もいれば、苦手な〈チンパンジー〉もいる。だから、もしあなたの〈チンパンジー〉がまちがえやすいとわかったら、もっと優秀な〈チンパンジー〉をもつ友人を頼ったほうがいい。

〈チンパンジー〉は感覚で動きやすい。しかも気まぐれだ。会話の多くは「でも、思うんだけど……」や、「あまりやりたくない……」で始まる。この特徴をふまえて、ときどき〈人間〉から、「きみがどう感じようと、やらなければならない」とか、「そうしたい気分かどうかは関係ない。これは気分の問題ではない」と言って聞かせるようにする必要がある。

「感情的思考」の特徴は？

- 結論に飛びつく
- 白と黒で考える
- 被害妄想
- 悲観的
- 不合理
- 感情的な判断

結論に飛びつく

〈チンパンジー〉は感覚と印象にもとづいて意見を固め、あわてて結論に飛びつく。結論を出すまえに、必要な情報が出そろうのを待てず、結論を出したあとに裏づけとなる証拠を集め、証明できたことにするのだ。結論に合わせて事実をねじ曲げることも多く、反論されると不合理で理不尽な反応をする。

白と黒で考える

〈チンパンジー〉は、子どものように白と黒でものを考える。心が狭すぎて、グレーの部分を論じようとしない。〈人間〉は、人生で白黒がはっきりすることはほとんどないと理解しているが、〈チンパンジー〉は即断する。起きていることに対して別の解釈をめったに検討しない。だから、〈チンパンジー〉に引きずられて考えてしまうと、ひとつの可能性しか見えなくなる。

被害妄想

〈チンパンジー〉は安全を気にし、用心深く、つねに危険を見つけようとするので、被害妄想に陥りやすい。疑り深く、不信感もいだきがちだ。危険を感じれば感じるほど、その傾向は強くなる。

不安が嵩(こう)じた〈チンパンジー〉は、安全なときでさえ、他人の意見や発言に陰謀や悪意を感じとったり、妄想が爆発したりする。一度何らかの意見をもつと、それを守るためにいっそう被害妄想が進む。また、〈チンパンジー〉はたびたび前後関係を無視し、過度に身を守ろうとする。この被害妄想に対処するには、熟練したスキルが必要だ。3章でくわしく取りあげる。

悲観的

〈チンパンジー〉はつねに危険に目を光らせているので、物事を悲観的に考えがちだ。さまざまな状況に過剰反応し、高ぶった感情がそれを助長する。嫌な予感がすると、取り越し苦労をし、広い視野でものが見られなくなる。そしてだいたい憂鬱になり、不吉で胃が痛むような感覚に襲われる。こうなると白か黒かの考え方から抜け出せず、救いがない。現状からの回復は望めないといった気持ちだけが残る。

このように〈チンパンジー〉は〈人間〉に、怖ろしく、極端で、大きな苦痛をともなう感情を与える。これまでに何度〈チンパンジー〉のせいで感情がかき乱されたか、考えてみるといい。あとから振り返ると、なぜあんな状態になることを自分に許したのか不思議に思うはずだ。

不合理

〈チンパンジー〉は合理的に考えない。こうなる可能性はあるかとか、これは実現可能かといった判断はしたがらず、だいたい一足飛びに結論を出して、抜けているところはあとから集めた情報で埋める。筋は通らず根拠もない。論理も皆無か、ほとんどない。だから、不合理で馬鹿げた結果になりがちだ。真実が判明したときには、穴があったら入りたくなるだろう。

では、こうした〈チンパンジー〉のはたらきを、具体例で見てみよう。

ロブは映画館のまえで、ガールフレンドのサリーを待っている。夜八時半に会う約束だったが、もう九時なのに現れる気配がない。いま、ロブは喧嘩腰の〈チンパンジー〉に支配されている。「遅い。サリーからはなんの連絡もない。時間のムダだ。もう映画館に入ってしまおうか。サリーにはがっかりだ。こんなひどい目に遭わせるなんて。侮辱された。頭に来る、本当に腹が立つ」というふうに。

そこへ突然サリーが現れる。ロブの〈チンパンジー〉は、彼女が口を開くまえに攻撃する。「どうして遅れた？　ばかばかしいったらないよ。いまさら映画館に入ったってしょうがない」。攻撃はいつまでも続く。やっと黙ったところで、サリーが事情を話す。

「通りの角で車にはねられた人がいたの。私は倒れた女性の手を握ってた。そのあいだに、私の携帯電話で誰かに救急車と警察を呼んでもらった。救急車が到着したあと、急いでここに駆けつけたのよ。連絡しないでごめんなさい。でも、助けを呼ぶために携帯が使われてたから……」

事情を聞いたロブは、とてもばつが悪くなる。〈チンパンジー〉も気持ちが変わって反省している。しかし、ふたりの関係は傷ついてしまった。

〈チンパンジー〉の管理に失敗すれば、多くの場合こういうことになる。もしロブが〈チンパンジー〉を適切にコントロールできていれば、まったくちがった結果になっていただろう。

感情的な判断

〈チンパンジー〉は、他人についてすばやく、情け容赦なく判断する。生々しい感情や、印象、妄想も総動員される。理屈は受けつけない。だから、たとえまちがっていても説得されない。ときには、復讐を果たしたり、誰かに力を及ぼすために他人を判断することもある。〈チンパンジー〉の「感情的思考」、つまり健全な論理を経ないで得た結論や計画が妥当ではないのは天才でなくてもわかる。ありがたいことに、それに代わる思考法があり、そちらは脳内の血流を変えれば実行できる——そう、〈人間〉の思考法だ。

〈人間〉を理解する——「論理的思考」

「論理的思考」の基礎は事実と真実

〈人間〉が状況を把握するときには、まず事実を明らかにする。得られる情報をすべて集めてから、計画に着手する。事実の収集を終えたあと、そのなかから真実を明らかにし、真実から信念を形づくるのだ。私たちは多くのエネルギーと議論を費やして、日々、大小さまざまな真実を見いだす。どんな状況でも真実にたどり着きたいと思うのは、〈人間〉のもって生まれた願いだ。〈人間〉にとって、誤った認識はとりわけ不快だから、なんとか改めようとする。だが、それができないと、しばしば〈チンパンジー〉もいっしょになって苛立つ！

「論理的思考」の特徴は？

- 確かな根拠
- 合理的
- 状況に応じた広い視野
- グレーの許容とバランスのとれた判断

確かな根拠

〈人間〉は根拠にもとづいて考え、証拠を探す。偏見がなく、思考が柔軟で、他者の観点に立つことができる。自分だけの見方や信念にとらわれず、異議を唱えられても身がまえない。

合理的

合理的に考えるとき、人は常識にしたがい、それが実現可能なことかどうかを判断する。皮肉なことに、〈チンパンジー〉が直感的に〈人間〉を活性化させ、合理的な思考をうながすことも多い。〈人間〉に警報ベルを鳴らし、これは真実とは思えないぞと伝えるのだ。とはいえ、〈人間〉はそこで〈チンパンジー〉に主導権を渡してはならない。そうではなく、〈チンパンジー〉の指摘の裏づけとなる証拠を探すのだ。それを怠って〈チンパンジー〉の好き勝手にやらせると、常識は消え、どこかの時点で〈チンパンジー〉の指摘が悪い結果を招く。あとで振り返って、「あのとき何を考えていたのだろう」とぼやくことになるだろう。

状況に応じた広い視野

状況を正確にとらえ、広い視野でものを見るのは〈人間〉の思考だ。あのとき、何がどうして起きたのかを知りたがるのは〈人間〉の特徴であり、それが筋の通った言動の助けになる。〈人間〉は、すべての出来事は一過性だから、広い視野で状況全体を把握することが大切だ、と理解している。

グレーの許容とバランスのとれた判断

一般に、子どものころには〈チンパンジー〉が優勢で、物事を単純に白と黒で見ることが多い。

一方、成熟した〈人間〉は、物事を白黒だけでなくグレーのなかでも見る。ときには判断そのものをしないこともある。大人として何かを理解しようとするときには、多くの要素が関係することを学び、そのすべてが自分のものではないことを受け入れる。さらに、人生経験を積むにつれ、考え方を修正していく。〈人間〉は自分がまちがっている可能性を受け入れ、そのことを考慮して、まわりの提案に心を開く。そして、真実にたどり着けないかもしれない、答えがないかもしれない、たんに意見の相違かもしれないといった可能性も受け入れる。

「論理的思考」を判断の基礎に

「論理的思考」とは、相互に関連して意味をなす思考にしたがい、結論を導くことをいう。たとえば、誰かが怒っているときには、その理由があるはずだと考える。逆に、誰かが不快な状況にあるのを見て、これから怒りそうだと考えることもできる。

論理のパターンは、次のようにいくつもある。

- 順を追って推論する。
- 証拠と事実にもとづいて結論を出す。
- 個々の情報をまとめて議論を理解する。
- 筋道立てて物事を進める。

〈人間〉と〈チンパンジー〉の
思考法のちがい

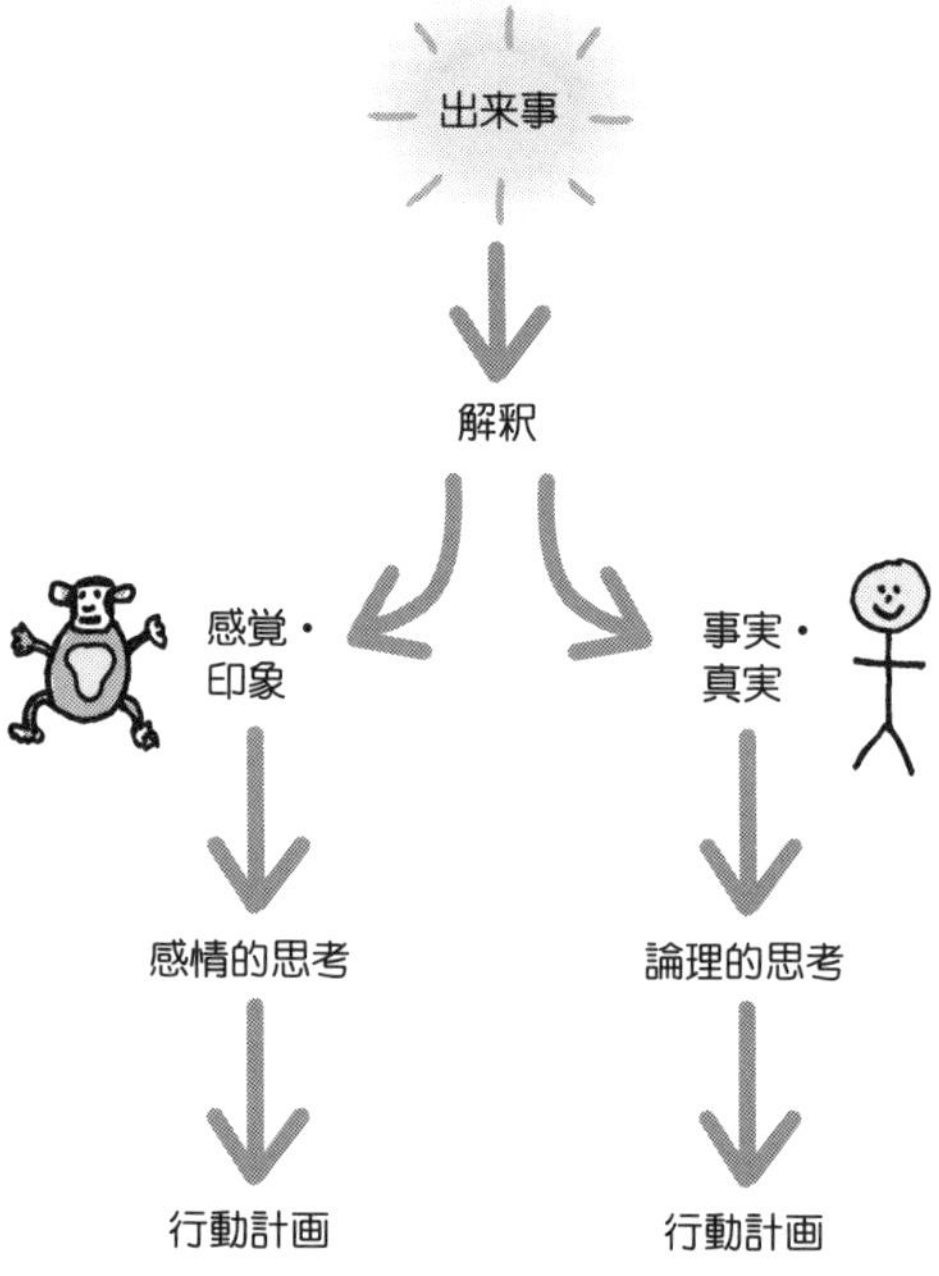

出来事
解釈
感覚・
印象
事実・
真実
感情的思考
論理的思考
行動計画
行動計画

ふたつの懸案

〈チンパンジー〉の懸案は「生き残り」である。一方、〈人間〉の懸案は「自己実現」である。自己実現とはふつう、自分がなりたい人物になり、望んでいることをなしとげることだ。また〈人間〉はたびたび生きる意味を探る。

多くの人が、人間には魂（ソウル）と精神（スピリット）が宿っていると思っているが、〈チンパンジー〉と〈人間〉の懸案のちがいを考えると、なぜ頻繁に両者が衝突するのかがわかるだろう。

〈チンパンジー〉の懸案を理解する

- 種の存続と生き残り
- その他の懸案

種の存続と生き残り

〈チンパンジー〉は懸案をたくさんもっている。時と場合、あるいは個々によっても変わるが、典型的な懸案は次世代を生み出すことだ。それは種を存続させるための自然の営みである。だから〈チンパンジー〉は性衝動の優先順位が高い！　強い性衝動は〈チンパンジー〉が健康であることを示している。僅差で続く二番目の懸案は自分が生き残ることであり、そこには外敵から身を守ることが含まれる。

このふたつの懸案が、〈チンパンジー〉の行動の大きな比重を占める。自分だけでなく、種の存続に必要だからだ。かくして〈チンパンジー〉は次世代が生まれることを望み、少なくとも次世代を生み出すことにつながるいくつかの衝動（性衝動や親としての衝動など）を重視する。またそのために、生き残ろうとする。

典型的な〈チンパンジー〉は、追いつめられると、たいてい自分よりも種の保存を優先する。すばやく逃げないとメスに食われるとわかっていても交尾するクロゴケグモのオスのように。そこまで劇的でないにせよ、人間も、たとえばＨＩＶウイルスに感染する危険が大きいのにコンドームなしで性交したりする（ＨＩＶウイルスは以前ほど致命的ではなくなったが、発見当初には命取りになることもあった）。

多くの人にとって、性衝動は侮りがたい。ふたりで愛し合う一夫一婦制を望みながらも、貞節を守れない人がいるのもそれが一因だ。〈人間〉が口にする願望と、〈チンパンジー〉が口にする願望は異なるのだ。

その他の懸案

〈チンパンジー〉には、種の存続と生き残りに役立つほかの懸案もある。それらも時と場合によって変わるが、たとえば交際相手を魅了し、縄張りをつくり、食べ物を探し、住まいを見つけるといったことだ。こうした衝動については、本章の後半、〈ジャングル中枢〉の項で説明しよう。

〈人間〉の懸案を理解する

- 自己の懸案
- 社会の懸案
- その他の懸案

自己の懸案

〈人間〉が人生の懸案と感じるものはじつに多様だ。ごく基本的な生活ができればそれでよしという人もいれば、他者を助けることで自己実現を果たし、満足を得ようとする人もいる。

自己実現は、さまざまな方法で達成できる。多くの人は自分の成長に関心をもっていて、成長と自己実現に向けて努力することで満足するが、人生で何をしたいと思うかは、人それぞれだ。誰もが唯一無二の存在だから、何が正しく、何がまちがっているとは言えない。ただ、はっきりしていることがひとつある。それは、人生に目的をもつことが〈人間〉の成長の糧になるということだ。

社会の懸案

例外はあるものの、〈人間〉は生来、社会的な動物だ。つまり〈人間〉の主要な懸案のひとつは、みなが調和し、平和に生きられる社会を築くことにある。この懸案は、あらゆる〈人間〉社会に共通している。だからこそ、〈人間〉は社会のルールをつくり、社会生活を維持しようとする。そのルールは平等と機会均等にもとづいていて、人々のなかの〈チンパンジー〉を抑えこむ。〈人間〉は正義と秩序を求め、倫理と道徳の原則のもとに、生きるうえでの権利と価値観を形成する。その権利や価値観は、善悪の判断と、そこから生じる結果にもとづいて確立されていく。

その他の懸案

〈人間〉のその他の懸案は個人差が大きいが、たいてい幸せと成功に関連している。ただ、これらの懸案は、注意していないと〈チンパンジー〉が主導権を奪い、それを達成するのに「ジャングルの掟」をもちだしてしまう。たとえば〈人間〉は倫理にのっとったビジネスを好み、そのやり方で成功したいと願っているが、〈チンパンジー〉が主導権を握ると、エゴを満たしたり、縄張りをつくったりといった自分の懸案を混ぜ合わせてしまい、結果として、いじめや脅しが発生しやすくなる。

ふたつの行動パターン

〈チンパンジー〉と〈人間〉は異なる懸案、異なる原則をもとに行動する。つまり、〈チンパンジー〉はジャングルの掟にしたがい、強い衝動と本能によって行動するのに対し、〈人間〉は社会の法にしたがい、倫理と道徳の強い衝動、典型的には「良心」によって動く。**自分のなかにいる動物とともに生きることは、個々の〈人間〉にとって最大の難題だ。その動物は断固としてジャングルの掟にしたがい、自分の懸案を解決するためにきわめて強力な衝動と本能を発揮することを忘れてはいけない。**

〈チンパンジー〉を理解する――〈ジャングル中枢〉

〈チンパンジー〉は、本能と衝動にもとづく〈ジャングル中枢〉をもっている。これは〈チンパンジー〉がジャングルで生き残るために必要な信念と行動のもととなっているもので、ジャングルではうまく機能するが、社会ではあまりうまくいかない。うまくいかないどころか、〈チンパンジー〉が〈人間〉の社会にジャングルのやり方をもちこむと、大きな問題が生じる。

〈ジャングル中枢〉にもとづいた行動の特徴は？

- 本能
- 衝動
- 攻撃に弱い

- 男性と女性でちがう
- ボディランゲージ

本能

本能は、確実に生き残れるように生まれたときからプログラムされている。そしてそれは、特定の刺激やきっかけで発動する。たとえば、生まれたての赤ちゃんは、指で頬をさわられると無意識（本能的）に反応し、指のほうを向いておしゃぶりをはじめる。この本能があるから、乳首が近くに来たときに探り当てて吸いつくことができるのだ。生まれたての動物はみな、生存につながる一連の本能を備えている。

あなたの〈チンパンジー〉も、自分とあなたを安全に保つために強力な本能を発動させる。なかでも、闘争（ファイト）、逃走（フライト）、硬直（フリーズ）という「FFF反応」は、おそらくもっとも出現頻度の高い〈チンパンジー〉の重要な本能だ。

危険やその兆候を察知したときに自動的に現れるこの強力な反応は、動物界にあまねく存在し、人類を含むあらゆる種で見られるが、私たちの心のなかでは〈チンパンジー〉がこれを引き起こし、〈人間〉に差しだす。

生き残るためには、すばやくて正しい反応が不可欠だ。たとえば、逃げるべきときに闘うことを選べば、生き延びられない。闘争は脅威に立ち向かうこと、逃走は脅威から逃げること、硬直は脅威が去るか、気づかれないのを願ってじっとしていることだ。硬直には、脅威を避ける、迎合する、被害があまり大きくないのを期待して降参するといったことも含まれる。どの反応

闘争（ファイト）――攻撃する
逃走（フライト）――逃げ出す
硬直（フリーズ）――動かない

FFF 反応

を選ぶかは、〈チンパンジー〉がどの程度攻撃にさらされていると感じるかによるが、多くの〈チンパンジー〉は、逃げ出すか、衝突を避けるために硬直するのを選ぶ。

ジャングルにいるなら、〈チンパンジー〉のFFF反応は筋の通った生存戦略だろう。しかし、私たちの頭のなかの〈チンパンジー〉がまだジャングルにいると信じて、人間社会でFFF反応を示すのは大問題だ。たとえば、見知らぬ人ばかりの部屋に入らなければならないとき、〈チンパンジー〉の多くは逃走モードになって、出ていきたくなる。あるいは、硬直モードになって誰にも気づかれないようにしたり、戦闘モードになって自分の存在をアピールしたりする。どの反応も、頭のなかの〈チンパンジー〉が「脅威がある、なんとかしなければいけない」というメッセージを送るのが原因だ。こうした反応が非常に強くなると大きな不安にかられるから、〈人間〉が〈チンパンジー〉を話しかけてなだめ、論理を用いて安心させる必要がある。

なかにはまったく脅威を感じず、ほとんど反応しない〈チンパンジー〉もいるが、そういうケース以外は、あなたがFFFの選択肢のどれかを採用して〈チンパンジー〉を安心させないかぎり、体内にアドレナリンが放出されることになる。アドレナリンの放出にネガティブな思考が加わると、〈チンパンジー〉は不安になる。この不安は、脅威が迫ったときに決断をうながすためのものだから、あなたの〈チンパンジー〉が健全だという証拠である。よって、あなたがとるべき行動は、決断をくだすか、〈チンパンジー〉を安心させるかだ！

FFF反応は、実際の脅威に不釣り合いな激しい感情を引き起こすことも多い。かりに、大勢の人のまえでスピーチをするとしよう。たいていは、出番が近づくにつれ胃がよじれるような気持ちになり、とてつもない不安に襲われる。これは、脅威を察知した〈チンパンジー〉がFFF反応を起こし、生死にかかわる問題だから逃げろと叫んでいるからだ。「感情的思考」に陥ると、身に危険が及ぶ大惨事のときのような反応になってしまうのだ。

もちろん、実際には生死にかかわるようなことではないが、〈チンパンジー〉にはわからない。だから多くの場合、〈チンパンジー〉を諭そうとしても、「何をするつもりだ！　すごく危険なところに入ろうとしてるぞ。死ぬ気か」とヒステリックに言い返される。あなたのなかの〈人間〉が安心させようとしても、「馬鹿だと思われるぞ」、「まちがえたらどうする」、「失敗したらどうする」と反論がいつまでも続くのだ。

それとは対照的に〈人間〉のほうは、「ただのスピーチだ」、「批判があっても対処できる」、「最善を尽くすだけだ」、「過剰反応せずにもっと広い視野で見よう」などと言う。この例からも、〈チンパンジー〉と〈人間〉の考えがぶつかる理由がわかるだろう。

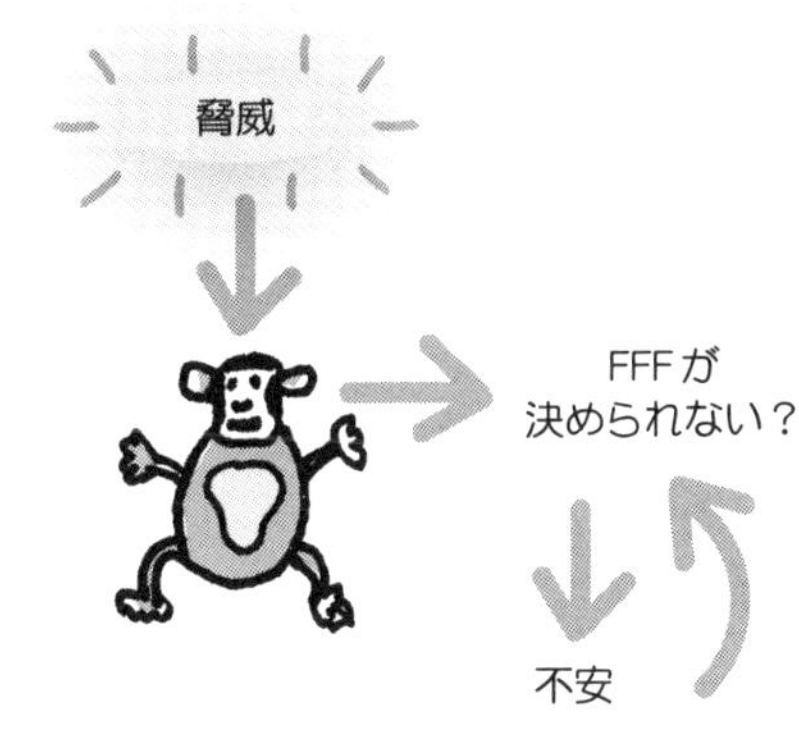

不安が
〈チンパンジー〉を決断させる

衝動

本能のほかに、〈チンパンジー〉は強い衝動ももっている。これが私たちを無理やり動かして何かをさせる。もし衝動がなければ、ただ何もせずに座っているだけだろう。私たちの身体的、感情的な欲求は、衝動によって満たされているのだ。

〈チンパンジー〉の場合は、性交、支配、食べ物、安全、父性や母性、縄張り、群れを探すことなどに強い衝動をもつ。目的は種の存続だ。衝動も本能と同じく生来備わっているものだが、本能とちがってその発現にはきっかけも刺激もいらない。

また、衝動は生存に必要なだけに、強い強制力をもち、抵抗するのがむずかしい。たとえば、食に対する衝動はきわめて強力で、〈チンパンジー〉は食べ物があれば腹いっぱい詰めこみたがる。次の食事がいつになるか保証はないからだ。あなたの〈人間〉が「ドーナツひとつで充分」と言ったところで、〈チンパンジー〉はどうしてもまだ食べたがり、〈人間〉に罪悪感を押しつけるのだ！　食に対する野生のチンパンジーの衝動は、メスのほうがオスより強いと言われる。妊娠して子どもに授乳する可能性があるから、大量に食べるのかもしれない。妊娠や授乳が長期にわたれば、食に対する衝動が強くなるのも当然だ。心のなかの〈チンパンジー〉の食の衝動も、それ自体はまったく健全で、正常なことだ。

しかし、私たちはジャングルではなく文明社会で生活している。過度な食の衝動は不適切だから、抑制して、慎重に調整しなければならない。男女を問わず多くの人が、〈チンパンジー〉の食習慣を何とかしようと苦しみ、体重の問題でも大いに悩んでいる。もし〈人間〉が過食をして太りすぎても幸せなら、〈人間〉と〈チンパンジー〉のあいだに問題は生じない。だが、両者の意見が一致しなければ、頭のなかで大論争が起きる。

種を存続させ生き残るには、衝動が強くなければならない。それを支えるために、脳内には強力な報酬の伝達経路まである。ふつうは、

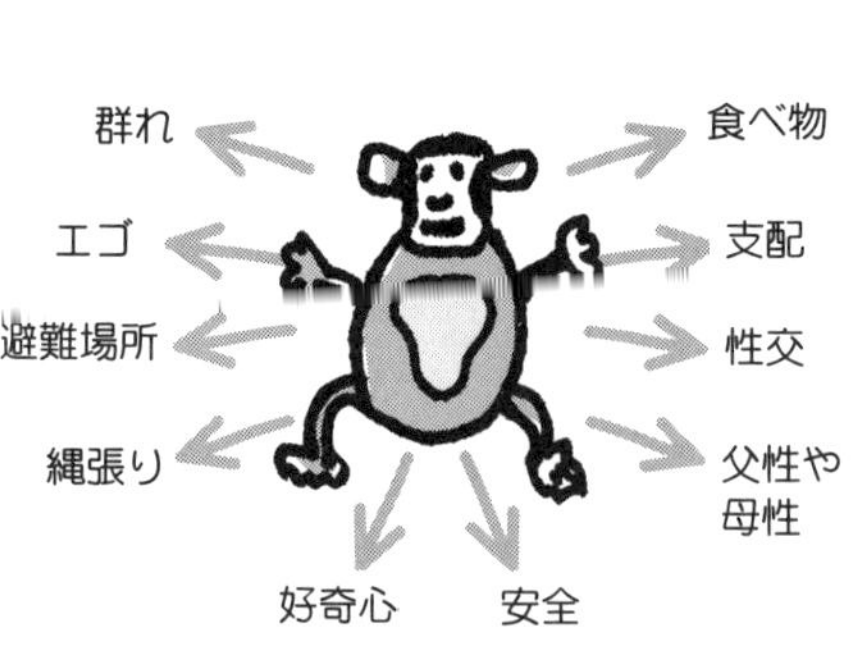

典型的な衝動

心地よくなる化学物質を放出して、個体がその行動をくり返したくなるようにする。つまり、ものを食べる楽しい経験は、生存のための衝動であるだけでなく、中毒性のある習慣で、だからやっかいなのだ。

攻撃に弱い

ジャングルに住むチンパンジーは、いつもヒョウがウロウロしているから、つねに潜在的な危険にさらされている。そうやって絶えず警戒しているせいで、よほど安全が実感できないとくつろげない。だから何かとイライラし、すぐに激高したり攻撃的になったりして、感情が不安定なことも多い。あなたのなかの〈チンパンジー〉が、不確かな状況や見知らぬ場所で不安になる理由も、これと同じだ。〈チンパンジー〉にとって、不安は潜在的な危険を警告するごく当然の反応だが、その不安の多くは不適切で役に立たない。多くの人が、他者の発言の裏の意味を探るのもこれで説明できる。そう、すぐ不安がる〈チンパンジー〉が潜在的な脅威を探しているのだ。

ボディランゲージ

私たちは日々のコミュニケーションで、「どう感じているか」を顔の表情や手の動作によってかなりはっきり表現している。姿勢で自分の意図を示すこともある。感情や意図に関するこの直感的な（多くは無意識の）表現と、それを解釈する能力は、〈チンパンジー〉のスキルだ。このスキルは、相手に対する好感や不快感に大きく影響する。

男性と女性でちがう

心のなかの〈チンパンジー〉には、男性と女性がいる。どちらにも衝動と本能があるが、その役割は男女で異なる。重視する衝動もちがうし、脳のなかの物理的または心理的な機能も異なる。

重要な点は、〈人間〉の男女差はそれほどないのに対し、〈チンパンジー〉の男女差は大きいことだ（男女の特徴が重なる部分もけっこうあるとはいえ）。

読者を不快にするつもりはない。これは、男女の脳に見られる物理的、心理的な差異にもとづいている。たとえば、男性では右の扁桃体（脳の感情中枢）と右脳の結びつきが強いのに対し、女性では左の扁桃体と左脳の結びつきが強い。ここから、男女それぞれの感情がおもにどこから生まれるかがわかる。また、好きになれない感情が自分から出ているのではなく、心のなかの〈チンパンジー〉に無理強いされているケースが多いことを理解する助けにもなるだろう。

ジャングルにいるチンパンジーのオスとメスの目的を思い出せば、重要な衝動や本能がちがう理由は明らかだ。自然に住むオスのチンパンジーは、メスや群れのメンバーに安心感を与える必要があるから、たくましくて強くなければならない。同じ群れのオスは、いっしょに縄張りの境界を毎日歩きまわって防衛する。一方、メスのチンパンジーはオスの半分ほどの大きさしかなく、力ではまったく及ばないから、そのぶんオスに用心深く接し、機嫌をうかがい、その行動を予測しなければならない。しかし必要とあれば、強く攻撃的にもなれる。言い換えれば、ボディランゲージの判読がうまい。

オスのチンパンジーには、強い性衝動がある。メスを自分の所有物と見なし、ほかのオスを寄せつけない。オスが性に無関心なら、種は滅びてしまうからだ。それに対してメスのチンパンジーは、母性衝動が驚くほど強い。それがなければ、子どもは生き延びられないからだ。

メスは、必要なら死ぬまでわが子を守る。また、わが子に安全な居場所を与えるために強い巣づくりの衝動ももっている。そう考えると、大きな不安をもつメスのほうが長生きしそうだし、警戒をゆるめないから、子どもも生き延びられそうだ。もしもチンパンジーのメスが自信満々だとしたら、そうはならないだろう。人間の女性の脳内の〈チンパンジー〉も自信がなく、用心深くなりがちだ。〈チンパンジー〉はすぐに心配になり、まちがうことを怖れて決断を避けたりもする。一部の女性は、なかなか意思決定ができない、着る服を選ぶのすらたいへんだ、と悩みを訴える。自分のそういう面が好きになれず、自分を責める人もいる。だが、それはその人の問題ではなく、制御不能の〈チンパンジー〉のせい、〈チンパンジー〉に思考を乗っとられているだけなのだ。

内なる〈チンパンジー〉を理解することで、女性にはそうした特徴は自分自身のせいではなく〈チンパンジー〉のせいなのだとぜひ気づいてほしい。それが、長年、決断力がないと悩んだり、つねに自分を責めたりして落ちこんでいる大勢の女性と会ってきた私からのアドバイスだ。〈チンパンジー〉が不安になるのは当然だが、女性はとくにひどく悩むことがある。こうした影響から開放されるためにも、〈チンパンジー〉をうまくコントロールしなければならない。

Key point

〈人間〉の男性と女性はきわめて似ているが、〈チンパンジー〉の男女は異なり、それに影響される。

男女のちがいには、ホルモンも影響している。男性も女性も、一定レベルのエストロゲンとテストステロンをもっているが、主要な女性ホルモンであるエストロゲンは、母性衝動、巣づくりの本能、受動性を促進し、主要な男性ホルモンのテストステロンは、強い性衝動、攻撃性を与え、筋肉を形成している。昔は、男性の囚人にエストロゲンを投与しておとなしくさせ、言うことを聞かせていたこともあった。だが、いまはもちろん違法である。彼らはエストロゲンでたしかにおとなしくなったかもしれないが、胸が豊満になるという副作用にも見舞われた。

男女差と本能、衝動

つまり、脳内の〈チンパンジー〉の男女差は、種を存続させ、みずからの生存をはかる役割のちがいにもとづいている。さらにホルモンがそれらの衝動を助長している。衝動と本能は重点がちがうものの、重なり合う部分も多い。ある特徴が男性的、別の特徴が女性的というのは誤りで、純粋に男性的、純粋に女性的な特徴などというものはない。ある特徴は男性に頻繁に現れ、別の特徴は女性に頻繁に現れると考えるのが正しい。また、男性に女性的側面があり、女性に男性的側面があるというのもまちがいで、あるのはただ特徴だけだ。

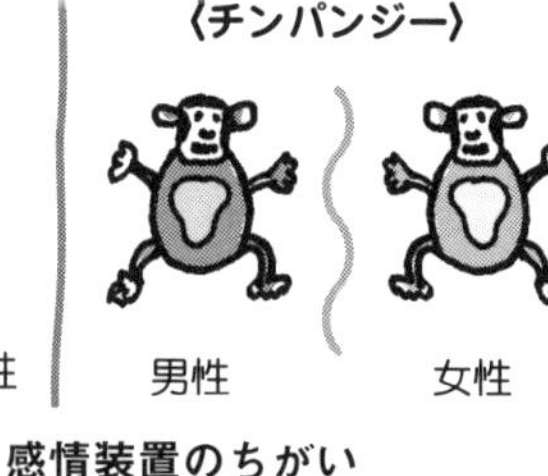

感情装置のちがい

〈人間〉を理解する――〈人間的中枢〉

〈人間的中枢〉とは、倫理と道徳にもとづく〈人間〉の脳の一部で、ここには人間性にかかわる暗黙のルールも含まれている。私たちが社会で生きるために必要な特徴（たとえば、共感や罪悪感）を示すと、脳内では血流や酸素消費が増えて活性化され、それが脳スキャナーに明るく表示される。

〈人間的中枢〉の行動上の特徴

- 誠実
- 思いやり
- 良心
- 法律遵守
- 自制
- 目的意識
- 達成感と満足感

すべての人がこうした特徴をもっているわけではない。生まれつき不快で不誠実な人もいる。だが、概して〈人間的中枢〉にはこれらの特徴を発現させる潜在能力がある。

誠実

社会が機能するには、人々が正直で誠実であることが必要だ。〈人間〉は忠義や信頼性とともに、さまざまな誠意と正直さを示す。

思いやり

社会の基礎は思いやりだ。他者の行為に対する共感と理解、無欲で利他的な行動は、先進社会の証明である。弱者をどう扱うかは、人間社会と多くの動物の社会を分かつものだ。

良心

良心は〈人間〉の土台である。良心がなければ自責の念にはかられないが、自分を成長させることもない。良心があることで罪や恥の意識が生まれ、物事を変えよう、償いをしようという意欲や願望が生じるのだ。興味深い事例に、一般にサイコパスと呼ばれる人格に関する数多くの研究がある。サイコパスの〈人間的中枢〉は活性化せず、おそらく存在もしないことを示す科学的証拠はかなり集まっている。そうした人格の持ち主には、良心がないと言ってもいい。

法律遵守

文書化されているかどうかにかかわらず、社会には法律がある。そして〈人間〉は法律を守り、自分の行動に対する責任を、程度の差こそあれ受け入れる。とはいえ、問題を起こすのは〈チンパンジー〉だけだと考えてはならない。ときには〈人間〉も法律を破り、良心を顧みないことがある。

自制

おそらく自制心は、チンパンジーと人間を区別するもっとも大きな要素だ。〈チンパンジー〉が自制心をほとんどもたず、即座に満足を求めるのに対して、〈人間〉は頭のなかの〈チンパンジー〉がぶつけてくる衝動と感情をコントロールする潜在能力をもっている。〈人間〉は報酬を先延ばしにし、衝動と感情に流されない選択ができるのだ。

Key point

衝動的で感情的な〈チンパンジー〉をうまく管理することは、人生における成功を左右するきわめて大きな要素のひとつである。

目的意識

〈人間〉は目的意識があるときに最高のはたらきをする。内容は問わない。目的がひとつあればいい。目的意識がない〈人間〉は、方向性も生きる意味も失ってしまう。

達成感と満足感

このふたつによって〈人間〉は幸せを感じるといわれる。一般に、達成感も満足感も、キャリアやいまの仕事、余暇の活動などから得られ、目的意識によって変わっていく。

ふたつの個性

自分の個性を見きわめ、それをどう変えるかについては、のちの章でくわしく述べるとして、ここでは、あなたの頭のなかにふたつのまったく異なる個性、〈人間〉と〈チンパンジー〉が存在することを強調しておきたい。〈人間〉と〈チンパンジー〉は異なる脳の部位ではたらき、協調して活動しようとする。両者の個性は似ているかもしれないし、まったくちがうかもしれないが、いずれにしても、どちらか一方が支配権を握って意思決定をすれば、その個性が圧倒的になり、他人からはそちらしか見えなくなる。
もし、あなたがふたつの異なる個性を認識できれば、自分のことがもっとよくわかり、両者のいいところを活かせるようになるだろう。

まとめ

- あなた、すなわち〈人間〉は、個性と懸案と〈人間的中枢〉をもっている。論理的に考え、事実と真実にもとづいて行動する。
- あなたのなかの〈チンパンジー〉は、個性と懸案と〈ジャングル中枢〉をもっている。感情的に考え、直感と印象を用いる。
- 〈チンパンジー〉は、あなたにとって最良の友にも最悪の敵にもなりうるが、油断するとあなたの思考を乗っとってしまう。これが「チンプ・パラドックス」だ。

おすすめのエクササイズ：自分自身と〈チンパンジー〉について学ぶ

〈チンパンジー〉か〈人間〉か

人生を変えたいなら、〈チンパンジー〉と〈人間〉の懸案、思考法、行動パターンのちがいを認識することが大切だ。一日の出来事について、それぞれの状況を振り返り、〈チンパンジー〉または〈人間〉が主導権を握ったらどうなっていたか考えてみよう。

感情的思考か論理的思考か

たとえば、誰かがあなたを困らせたり傷つけたりする発言をしたときに、あなたはどう応じただろうか。自分の応答が不適切だったと思ったら、そのとき〈チンパンジー〉がどう反応したか、かりに〈人間〉が反応していたらどうだったかをじっくり考えるといい。

〈人間〉は反応するまえに事実を確認し、全体の状況を把握することを思い出そう。あなたの〈チンパンジー〉は、典型的な〈チンパンジー〉の反応と比較してどうだったか？　また〈人間〉が応じていればどのくらい適切だったか？　この章の内容を参考にして、ふたつの思考法の比較もしよう。

考える時間

自分の心のはたらきについて振り返る時間が長ければ長いほど、将来の行動を改善できる可能性は高くなる。

3章 〈チンパンジー〉を管理するために——半分ずつの惑星（2）

脳内のふたつの存在とそのはたらきについて理解できたところで、今度は具体的な対処法を見ていくことにする。まずは、この三つのステップからマスターしよう。

①〈人間〉または〈チンパンジー〉のどちらが主導権を握っているかを認識する。
②脳の手順を理解し、受け入れる。
③〈チンパンジー〉をしつけ、管理し、最適な結果を得る。

ステップ①　どちらが主導権を握っているかを認識する

最初のステップは、〈チンパンジー〉と〈人間〉のどちらが主導権を握っているのかを認識できるようになることだ。じつは、これはごく単純な質問で識別できる。

Key point

鉄則――自分が望まない感覚、思考、行動が生じた場合、あなたは〈チンパンジー〉に乗っとられている。

あなたが自分にすべき単純な質問は、「私はこれを望んでいるのか？」である。たとえば「こんな感情をいだきたい？」、「こんな考えをもちたい？」、「こんなふうに行動したい？」というふうに。その答えが「ノー」なら、〈チンパンジー〉モードになっている。「イエス」なら〈人間〉モードだ。

例をあげてみよう。

- 何かに悩んでいるとき、「悩みたいのか？」と自問してみる。答えが「ノー」だったら、悩んでいるのはあなたではなく〈チンパンジー〉だ。ここがわかれば、〈チンパンジー〉を管理して、主導権を取り戻すこともできる。
- 不正な扱いを受けたあなたは、何らかの対処をしたいが、腹は立てたくない。なのに腹が立つ。混乱した不快な感情だ。そこで、「このことに腹を立てたいのか？」と尋ねてみる。答えが「ノー」なら、腹を立てているのは〈チンパンジー〉だから、怒ってくれたことには感謝しつつ、その感情には引きずられたくないと伝えよう。そうすれば、〈人間〉がまえに出て穏当な行動ができるだろう。
- 何かをしたいのだが、それを止める心もある……。そんなときには、たいてい〈チンパンジー〉が反対している。たとえば、メールを片づけたい、仕事をやってしまいたいと思っているのに、〈チンパンジー〉がやる気を削ぐネガティブな思考や感情を与えるのだ。こういうときにも「こんな無気力やネガティブな感情でいいのか？」と自問してみよう。答えが「ノー」なら、その感情は〈人間〉から出たものではない。〈チンパンジー〉を管理して、気持ちを切り替えよう。

人はみなそれぞれちがう。誰かにとって適切なことも、ほかの誰かには当てはまらないかもしれない。だが、「〈チンパンジー〉と〈人間〉のちがいがわかると〈チンパンジー〉を管理できるようになる」という点は、すべての人に共通している。だから、ぜひとも学ぶべきだ。

典型的な〈チンパンジー〉思考

典型的な〈チンパンジー〉の言いまわしを知っておけば、退けられるようになる。

「でも、もし……したら？」

「でも、もし……したら？」は、チンパンジーが最初に出すお決まりの質問だ。
「でも、もしうまくいかなかったら？」
「でも、もしできなかったら？」
「でも、もし空が落ちてきたら？」

このように、〈チンパンジー〉はしょっちゅう「でも、もし……したら？」と質問として不安をかき立てる。〈人間〉もときにはこの質問をするが、それはおおむね計画を立てるための建設的な問いかけであり、どうにもできないことや起きる可能性もないことを無意味に心配するのとはちがう。

「でも……なので」

「でも、疲れているのでやりたくない」
「でも、やる気にならないので始められない」
「でも、悪いことが起きそうなので心配だ」

あげれば切りがない。基本的に〈チンパンジー〉は感覚をあらわにしつづけ、その感覚にしたがって、どう行動すべきか、何が起きるかを示唆する。あなたがこの性質を理解すれば、〈チンパンジー〉の示唆が論理的で賢明なときだけ受け入れるようになるはずだ。たとえば、インフルエンザにかかったときに「でも、具合がよくないので庭仕事はやめておく」と言うのなら賢明だ。

Key point

〈チンパンジー〉は自分の感情にしたがって将来の行動を決めたがるが、〈人間〉は何をする必要があるか、あとから振り返ってどう思うかを重視する。まったく異なる考え方だ。

ステップ②　脳の手順を理解し、受け入れる

すべての情報は、まず〈チンパンジー〉が受け取る

どんな状況でどんな行動をとるにしろ、すべての情報はまず〈チンパンジー〉に入り、心配すべきこと

があるかどうかもまず〈チンパンジー〉が判断する。なんの心配もなければ〈チンパンジー〉は眠り、その情報は〈人間〉に渡される。心配事があれば、〈チンパンジー〉は脳内の血流を保持し、みずから決定をくだす。

〈人間〉も〈チンパンジー〉も、いまこのときのことを考え、目のまえの状況を解釈するのは同じだが、〈人間〉は物事を冷静かつ論理的に解釈するのに対し、〈チンパンジー〉は感情的に解釈するのだ。

うまく管理できれば、〈チンパンジー〉と〈人間〉は効果的に協力し合える。〈チンパンジー〉は、その本能と衝動によって私たちの安全と健康を保つ。食事や就寝の時間を教え、危険を警告し、それへの対処法や、自分の欲望を満たすために何かに集中すべきタイミングも教えてくれる。ほとんどの人にとって、感情にしたがって行動するのは当たりまえで、何も悪いことはない。

問題が起きるのは、〈チンパンジー〉の提案が適切でないのに、主導権を渡してしまい、暴走を止められなくなったときだ。

脳の手順は……

なぜ〈チンパンジー〉をパワーオフして意思決定できないのか？

この答えは簡単で、〈チンパンジー〉が〈人間〉より力強く、すばやく行動するからだ。野生のチンパンジーの力は人間の五倍だ。同様に、頭のなかの感情的な〈チンパンジー〉もあなたの五倍の力をもっている。だから、望ましい自分になりたいなら、〈チンパンジー〉の管理法を学ばなければならないのだ。

意志の力で〈チンパンジー〉をコントロールしようとしても無意味だ。私はこれを「チンパンジーとの

〈チンパンジー〉との腕相撲

腕相撲」と呼んでいる。誰でも三歳になるころには、だいたいにおいて意志力はあまり役に立たないことに気づく。うまくいくのは、〈チンパンジー〉が寝ているか、無関心か、同意しているときだけだ。〈チンパンジー〉と懸案が異なるときには、意志の力はまったく当てにならない。だから、〈チンパンジー〉に対処する別の手段を学ばなければならない。

Key point

意志の力は〈チンパンジー〉の管理に向いていない。〈チンパンジー〉と腕相撲をしてはいけない！

日常生活で〈チンパンジー〉は絶えず危険を探していて、脅威を感じたり不安や心配になったりすると、思考の主導権を握りつづけ、その状況に感情的に反応する。あなた、つまり〈人間〉は、そのことがわかっていても、〈チンパンジー〉に乗っとられた状態では無力で、不快な気分だけが残る。脳内スキャナーで血流を調べれば、〈チンパンジー〉と〈人間〉が主導権を争っているのがわかる。〈チンパンジー〉と〈人間〉の脳内戦争だ。しかし、〈チンパンジー〉の力は〈人間〉の五倍だから、たんなる力比べでは〈人間〉が勝つ見込みはない。

〈チンパンジー〉は屈服させようとするのではなく「管理」しよう

Key point

野生のチンパンジーは人間の五倍の力をもっている。同様に、脳内の感情を司る〈チンパンジー〉の力も〈人間〉の五倍だ。だから、意志の力で屈服させようとせずに、管理すること。必要なのは、管理するための計画だ！

エイミーの報復行為

〈人間〉が出てきてはたらこうとしているのに〈チンパンジー〉に主導権を握られる典型的な例を見てみよう。

エイミーは車で通勤中、別の車に割りこまれた。そのとたん、彼女の脳内の〈人間〉と〈チンパンジー〉が行動を起こしはじめた。

〈人間〉は、「なんて馬鹿なことを。こんなことをするなんて哀れな人だ。でも、気にしてもしかたがない。つまらないことはさっさと忘れてしまおう」と言う。しかし〈チンパンジー〉は、「なんてやつ。馬鹿にしてる。頭にくる。本当に腹が立つ。目にもの見せてやる。偉そうなあいつが悪い。このまま逃がしはしない。憤慨していることを教えなければ。思い知らせてやる」と言う。

このとき、〈チンパンジー〉の管理のしかたを知らなければ、主導権は〈チンパンジー〉に移る。〈チンパンジー〉はアクセルを踏みこみ、相手の車の背後にぴたりとつき、嫌がらせをする。すると、相手の〈チンパンジー〉も事態に気づいて、挑発的な行動を返す。〈チンパンジー〉同士の争いは最高潮に達し、この争いは、相手の〈チンパンジー〉が道路をそれ、手を振ってさよならするまで何キロも続く。

それでもまだ、エイミーの〈チンパンジー〉はイライラが収まらず、仕事を始めて数時間後にようやく落ち着く。家への帰り道でも、同じことをするやつがいたらただではすまさないと鼻息を荒くする。

その晩、エイミーは友人と会って、この出来事について話す。友人は「どうして無視しなかったの？」と尋ねる。エイミーの〈チンパンジー〉は疲れ果て、ようやく〈人間〉に主導権を譲り渡す。〈チンパンジー〉が眠ると、エイミーは論理的に考えられるようになり、〈人間〉がこう言う。「馬鹿なことをしたわ。どうしてあんなに腹が立ったんだろう。ときどき自分が手のつけられない状態になってイヤになる」

エイミーは、心のはたらき方を理解していなかったせいで、最後は自分を責め、落ちこむことになった。もし理解していれば、その後のシナリオも解釈も、まったくちがったものになっただろう。

脳内の闘争——〈人間〉と〈チンパンジー〉の力の衝突

物事の決定をくだすのは、あなたの〈人間〉か〈チンパンジー〉だ。双方が同意すれば平和だが、意見が一致しないと、〈チンパンジー〉はあなたに攻撃をしかけ、ひどく感情的な苦痛をもたらすことになる。成功と幸せのためには、この争いを管理しなければならない。

典型的な感情の動きはこうだ。まず〈チンパンジー〉が状況を解釈し、〈人間〉に対して感情と対処法を提案する。〈人間〉はその提案を受け入れるか、拒絶するかを決める。もし〈人間〉が〈チンパンジー〉の提案に同意すれば、なんの問題もなく、感情にしたがって行動する。しかし、〈人間〉が、〈チンパンジー〉の提案を拒絶することにしたら、〈チンパンジー〉はまずまちがいなく喧嘩の火蓋を切り、暴れだす。そして、思いどおりにするために私たちを乗っとるか、私たちが感情に流されずに行動する方法を学ぶまで、感情の大混乱を引き起こすのだ。

問題の一端は、たいていの人が、〈チンパンジー〉は提案するだけで命令するわけではないことを理解していない点にある。そう、つねに感情にしたがう必要などない。選択肢はほかにもあるのだ。

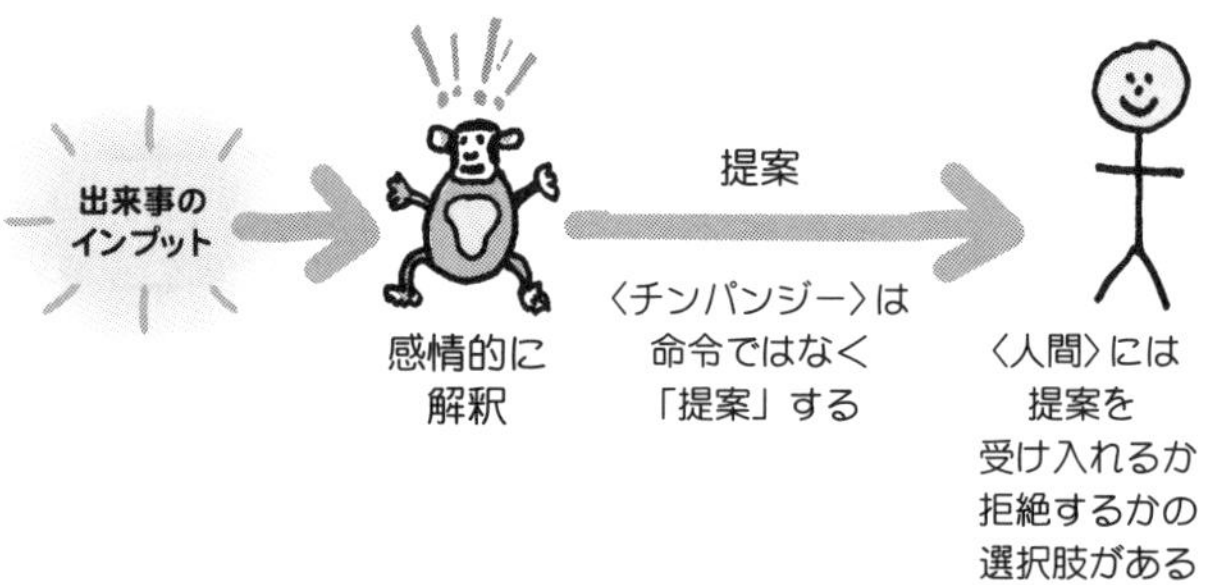
〈チンパンジー〉は提案する
出来事のインプット
感情的に解釈
提案
〈チンパンジー〉は命令ではなく「提案」する
〈人間〉には提案を受け入れるか拒絶するかの選択肢がある

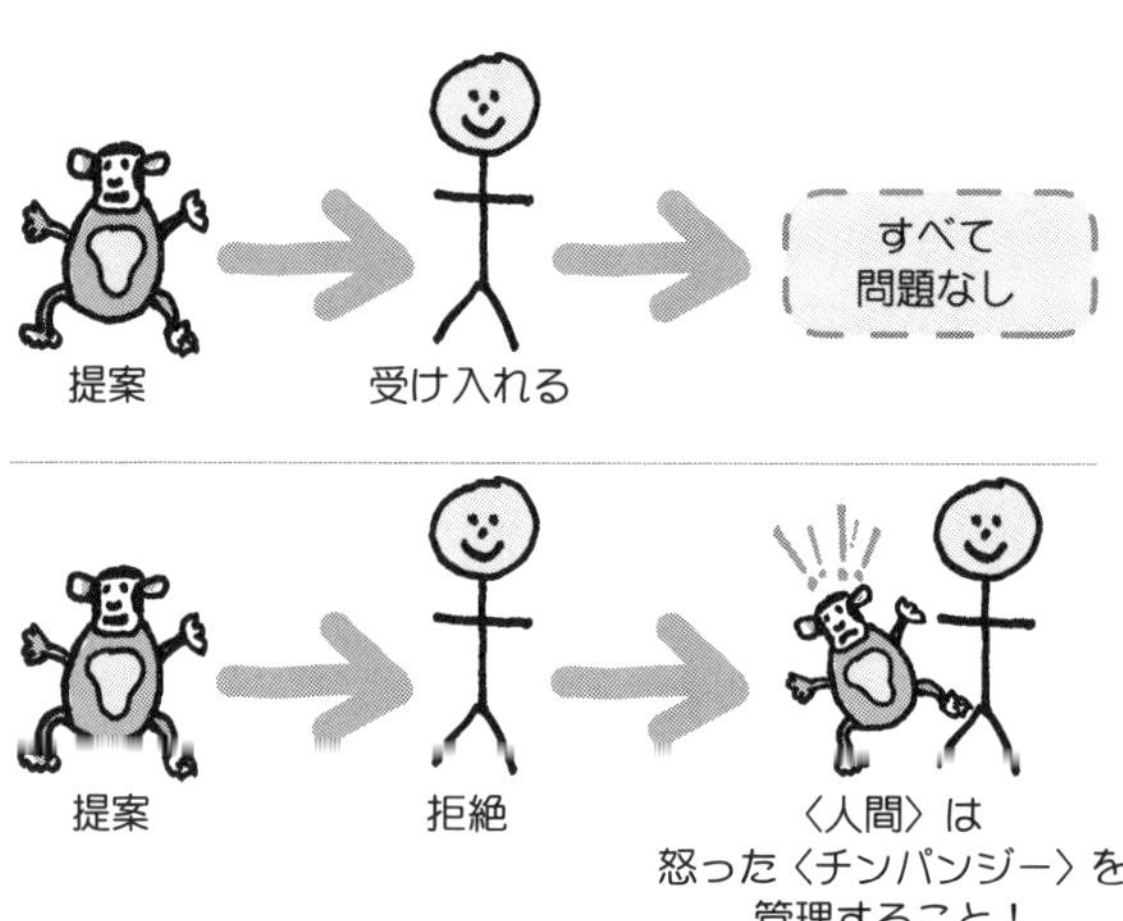
〈人間〉と〈チンパンジー〉は同意しないこともある
提案
受け入れる
すべて問題なし
提案
拒絶
〈人間〉は怒った〈チンパンジー〉を管理すること！

タクシー運転手と〈チンパンジー〉

あなたは電車に乗り遅れそうになり、タクシーをつかまえた。ところがその運転手は慎重に運転し、交差点でもゆっくり進む。あなたは後部座席でその様子を見ている。

脳内の〈人間〉は、「この人は安全運転だ。間に合わなかったとすれば、誰のせいでもなく自分のせいだ。家を出るのが遅すぎた。結果は受け入れなければならない」と言う。そして落ち着き、「遅れたって、別に世界が終わるわけじゃない」と自分に言い聞かせる。

だが、脳内の〈チンパンジー〉はそんなことは認めない。運転手が交差点で減速するたびにカッときてののしる言葉が浮かぶ。ついには運転手を攻撃する。

こうして、あなたの頭のなかで〈人間〉と〈チンパンジー〉の主導権争いが始まる。勝者を決めるのは〈人間〉だが、それも、何をすべきかわかっていればの話だ。〈人間〉が必要なスキルをもっていたら、〈チンパンジー〉をなだめて状況に対処できるが、もっていなければ、〈チンパンジー〉に主導権を握られ、その行動に振りまわされるだろう。

コーヒーとケーキ

友人とコーヒーを飲んでいて、「いっしょにケーキもどう?」と言われたとする。体重を気にしているのなら、〈人間〉は「やめておく」と答える。しかし、ケーキが好きなら、〈チンパンジー〉が「食べる」と答える。さて、〈人間〉と〈チンパンジー〉のどちらが答えるだろう?

たいていは〈チンパンジー〉が答え、そのあとこんなふうに正当化する。「たかがケーキひとつだ」、「好きなものを食べないなんて馬鹿げている」……、言いわけは無数にある。そして、食べたあとで良心を麻痺させるか、三〇分後にぞっとして、なぜ食べてしまったのか途方に暮れることになる。どちらも〈チンパンジー〉に乗っとられた結果だ。〈人間〉は「ケーキを食べたい」とは言わなかったのに、〈チンパンジー〉がそう言い、しかも〈チンパンジー〉は逃げおおせて、〈人間〉に罪の意識や失望を押しつけたのだ。

もちろん、あなた自身が食べることに同意したのなら、あなたも〈チンパンジー〉も幸せで、なんの問題もない。だが〈チンパンジー〉に乗っとられたのなら、その管理には問題がある。

不倫とさすらう〈チンパンジー〉

ときには、〈チンパンジー〉の衝動のせいで大きなトラブルに巻きこまれることもある。ケーキを食べるくらいならまだいいが、不倫となるとはるかに面倒だ。大勢の人を傷つける可能性もある。

多くの〈人間〉は貞節で、一夫一婦制を信じているが、〈チンパンジー〉には強い性衝動を含む別の懸案があるので、何かと出会いを求めてうろうろする。こうした非常に強い衝動をきちんと認識して対処するスキルと努力も、「チンプ・マネジメント」のひとつである。

憶えておいてほしいのは、何かよくないことが起こったとき、〈チンパンジー〉は言いわけにならないということだ。飼い犬が誰かに咬みついたとき、「すみません、でも犬が悪いんです、ぼくは悪くありません」とは言えない。犬とその行動の責任はあなたにある。同様に、**〈チンパンジー〉とその行動の**

あなたの〈チンパンジー〉だから、責任はあなたに！

責任はあなたにある。言いわけはできない！　「ああ、ひどいことを言ったし、やった。でも悪いのは〈チンパンジー〉だ。私じゃない」と言うことはできないのだ。

Key point
〈チンパンジー〉を変えることはできないが、管理はできる。そしてそれはあなたの責任だ。

ステップ③〈チンパンジー〉をしつけ、管理し、最適な結果を得る

〈チンパンジー〉の衝動は変えられないが、行動は変えられる

「心のマネジメント」の三つめのステップは、〈チンパンジー〉の根本的な衝動は変えられないという事実を受け入れることだ。〈チンパンジー〉はプログラムを変更できない感情装置だから、変えられない。あなたの〈チンパンジー〉は、つねに衝動的に行動する。感情とともに、攻撃性や神経症や衝動性にもとづく行動も引き起こす。

たとえば、「食べる」こと。〈チンパンジー〉はつねに食べたがる。あなたはその衝動と、そこから生まれる感情を受け入れなければならない。その衝動を消したり、意志の力で闘ったりするのではなく、受け入れ、対処するのだ。笑顔でリラックスして管理できれば、〈チンパンジー〉が望む衝動ではなく、あなたの望む衝動にもとづいて行動できる。つまり、〈チンパンジー〉を変えようとするのではなく、〈チンパンジー〉の欲求とはたらき方を知ったうえで、その行動と衝動をコントロールするのだ。歓迎できない〈チ

ンパンジー〉の思考や感情を全否定するのではなく。

管理するまえに育てる

〈チンパンジー〉への対処には、ふたつの局面がある——「育成」と「管理」だ。

これはとても重要なことなので、よく考え、学んでほしい。もし〈チンパンジー〉を育成したあと、しっかり世話をして必要性をすべて満たしてやれば、〈チンパンジー〉は満足し、ほぼ確実に面倒は起こさなくなる。そうなれば、管理はたやすい。逆に、世話をされなかった〈チンパンジー〉はいつでも面倒を起こし、あなたは苦しみを抱えつづけることになる。〈チンパンジー〉を育てて管理するのは感情面のスキルだから、そのための時間と決意が必要だ。

〈チンパンジー〉の育成

〈チンパンジー〉は、管理するまえに欲求を満たしておけば話を聞かせることができるようになる。たとえば、〈チンパンジー〉が不安がっているなら、安心させればいい。〈チンパンジー〉が攻撃的で支配欲が強ければ、スポーツのようにそれが許されることを探し、そこで存分に発散するのもいいだろう。

〈チンパンジー〉の衝動や欲求は人によってちがうが、たいていは縄張り、エゴ、支配、性交、食べ物、群れ、安全、避難場所、好奇心、父性母性の組み合わせになる。いくつか事例を見てみよう。

〈チンパンジー〉に対処する順番

縄張りの衝動

チンパンジーは、明確な縄張りを所有したがる。縄張りのなかなら安心して食事ができるし、その区域をよく知っていて落ち着くからだ。土地勘があれば、隠れた捕食者にいきなり襲われる危険も減る。

われわれの内なる〈チンパンジー〉も、もうジャングルにはいないのに、社会のなかで同等のものを求める。縄張りの本能を、たとえば自分の家や庭に当てはめるのだ。生け垣越しの隣人との言い争いや、私道が二〇センチはみ出したといったことも危険になりうる。実際、そうした諍いで死者が出た例は数知れない。縄張りの衝動は非常に強く、〈チンパンジー〉は問答無用で守ろうとする。だから、この衝動が抑制できないと、大惨事になりかねないのだ。

縄張りの衝動の対象は、自宅や物理的なものとはかぎらない。職場や心理的なものにも向かう。自分の責任範囲、たとえば担当する業務に踏みこまれたと感じたときにも、〈チンパンジー〉は苛立つ。もっと原始的なレベルでは、たまたま同じテーブルについた人にすら腹を立てたり、図々しいと思ったりする。

ある実験で、ふたりの人がテーブルに向かい合わせで座り、片方が意図的に自分の持ち物を中央の見えない線の向こうに押し出した。すると、実験の意図を知らないもう一方は、相手が自分の領域を犯したと考えて眉をひそめた。テーブルに線などないが、〈チンパンジー〉は本能的に線を引く。おまけに、誰もが均等にテーブルを所有するという暗黙のエチケットによって、線引きは〈人間〉からも支持される。こうして〈チンパンジー〉はときに〈人間〉の支持も得て興奮し、反応する。

縄張りの衝動に男女のちがいはない。ただ、男性の〈チンパンジー〉が境界を守って闘いがちなのに対し、女性は「巣」を守る。こうした本能は、種を存続させるためのものなので、毎日のように対応が必要になる。巧妙に隠れている場合もあるが、少し考えれば認識できるはずだ。

縄張りの衝動は今日の世界にも当てはまり、だいたいよくない影響を及ぼす。決めるべきことは、この衝動にしたがうか、したがわないかだ。〈チンパンジー〉の縄張りの欲求に気づき、文明的な方法でその欲求を満たしてやれば、〈チンパンジー〉は安心し、あなたを悩ますこともなくなるだろう。重要なのは、〈チンパンジー〉の欲求に気づいて面倒をみることだ。いまいる社会と共存可能な適度な縄張りを〈チンパンジー〉に与えてやれば、事態は改善する。しっかりした家と仕事があれば、〈チンパンジー〉は大いに安心するのだ。

整理しよう。まず〈チンパンジー〉の衝動があることに「気づく」。次に、社会に受け入れられる範囲で〈チンパンジー〉を満足させ、幸せにする「解決策を探す」。たとえば、〈チンパンジー〉の縄張りの衝動に気づいたら、一定の縄張りや空間を与えてやり、育てる。それは部屋かもしれないし、アパート、一軒家、きちんと定義された仕事かもしれない、場合によっては、現実逃避ができる本という心理的な空間かもしれない。どれを選んだとしても、〈チンパンジー〉を満足させるべく実行すること。行動するのはあくまで〈人間〉で、〈チンパンジー〉ではない!

もしも職場で脳内の〈チンパンジー〉が不安を訴えているとしたら、それは自分の役割がわかっていないからかもしれない。あなたがすべきは、上司と相談して役割をはっきりさせることだ。そうすれば、自分も幸せになるし、〈チンパンジー〉も落ち着く。そうしなければ〈チンパンジー〉はますます不安になり、世話をしてもらえないことに不満を表すが、職場での縄張りをうまく確立すれば、〈チンパンジー〉は落ち着いて、ジャングルのなかの居場所で安心するだろう。

親としての衝動

親としての衝動には、願望と欲求とともに本能――子孫を守る本能も混じっている。

その衝動が満たされないときにはどうするか？　衝動を昇華させればいい。昇華とは、エネルギーと衝動を別の建設的な方向に振り向けることだ。たとえば子どもの世話をする仕事について、この衝動を昇華させる人もいれば、ペットを飼って昇華させる人もいる。犬は子ども代わりになる定番の存在だ。ここでのポイントも、自分のなかの〈チンパンジー〉の衝動に気づけるかどうか、だ。気づけたら、望ましいと思う方法で欲求を満たすか昇華させればいい。

〈チンパンジー〉を育てる賞賛と評価

〈チンパンジー〉を育てる際のポイントは、〈チンパンジー〉と〈人間〉とでは賞賛と承認についての考え方がちがうということだ。〈チンパンジー〉は子どものように周囲から認められることを求め、〈人間〉は大人のようにみずからを認めることで自己評価する。もちろん〈人間〉も承認されたり、賞賛されればうれしいが、いつもそれを追い求めているわけではない。

それに比べて〈チンパンジー〉は、群れのボス（つまり、自分が考える重要人物）からの賞賛と承認を願う。これ自体はまちがいではないので、〈チンパンジー〉をがっかりさせてはいけない。〈チンパンジー〉を世話するためには、尊敬でき、重要な立場にいる人物からの賞賛を求めるべきだ。そうすれば〈チンパンジー〉は落ち着く。反対に、その人たちに承認と賞賛を求めなければ（もちろん、その価値があるときにだが）、〈チンパンジー〉は騒ぎはじめ、憤慨し、過小評価されたと感じて、たいていネガティブな感情が広がる。

〈チンパンジー〉を管理する

〈チンパンジー〉を運動させる

あなたの〈チンパンジー〉が何かに興奮して腹を立てているなら、まずその感情と意見を吐き出させるべきだ。これを「〈チンパンジー〉を運動させる」と呼ぶ。感情を吐き出した〈チンパンジー〉は落ち着いて、聞き分けがよくなるか、たんに眠るはずだ。

ここでいう感情を「吐き出す」とは、論理的でなくても、思ったままを残らず言うことを指す。〈チンパンジー〉はもとより非論理的なのだから、とにかく感情を表現させ、終わったあとで〈人間〉が分別のあるなしを判断すればいい。ほとんどの〈チンパンジー〉は、恐怖などの感情を吐き出すのに一〇分もかからない。あとは黙って〈人間〉の言うことを聞く（ときに二回目の運動が必要になることもあるが）。

ただし、「運動」の場所には注意しなくてはならない。本物のチンパンジーを運動させるときには、柵で囲まれた場所に連れていって放す。まちがっても近所のスーパーに連れていって鎖をはずしたりはしない。同じように、あなたの〈チンパンジー〉をスーパーで運動させてはいけない！

公の場で、まちがったときにまちがった人に対して自分の感情を不適切に表現するのは、スーパーで〈チンパンジー〉を解き放つようなものだ。一方、柵に囲まれた場所で〈チンパンジー〉を運動させるというのは、「私的な場

〈チンパンジー〉を管理する三つの方法

運動させる

檻に入れる

バナナを与える

所で適切な人に話す」ということである。「適切な人」とは、感情を吐き出しているのがあなた自身ではなく、話しているのはあくまでもあなたの〈チンパンジー〉だとわかっている人のこと。そういう人にならば思ったままを言えるし、相手もそれに反論せず、心配したり聞き返したりすることもない。これが「不適切な人」だと、〈チンパンジー〉の話を途中でさえぎり、事態をいっそう悪くする。

うまく〈チンパンジー〉を運動させたあとは、あなたも気分がよくなって、〈チンパンジー〉を寝かせ、〈人間〉として冷静に会話ができるようになる。〈チンパンジー〉が感情を吐き出しているときに邪魔をしても、聞こうとせずにもっと興奮するだけだから、くれぐれも、運動が終わるまでは黙って聞くこと！

多くの〈チンパンジー〉は、言いたいことを誰かに聞いてもらいたがる。理解されたり、慰められたり、自分の意見に同意してもらいたいのだ。とはいえ、なかには感情を表現するのが苦手な人もいるだろう。そういう人は、ひとりになったり、気持ちを書き出したりするのでもいい。

チンパンジーを運動させる

ぺちゃくちゃ
1 〈チンパンジー〉を閉ざされた場所に連れていく
2 ありったけ発散させる
3 〈チンパンジー〉の言うことに最後まで耳を傾ける
4 口をはさまない

感情を表現するといっても、叫んだり金切り声をあげたりする必要はない。大切なのは、胸のつかえをすべて吐き出して、全体を振り返り、正当な思いや考えを認めて行動に移すことだ。ときには〈チンパンジー〉の不満がきわめて妥当なこともある。その場合には〈人間〉がきちんと取りあげる必要がある。

チンパンジーを檻に入れる

〈チンパンジー〉が充分運動して、情報を受け取れる状態になったら、いよいよ〈チンパンジー〉の恐怖や悩みについて話し、対処する番だ。

〈チンパンジー〉を長いあいだ落ち着かせ、説得するためには、事実、真実、論理を使う。〈人間〉によるこの説得を、「〈チンパンジー〉を檻に入れる」と呼ぶ。

――ジョン、誤解される

ほぼ例外なく〈チンパンジー〉が表に出てくる、不公平なシナリオを紹介しよう。

ジョンは道路補修の現場監督で、ふたりの部下がいる。その日、ジョンは彼らと打ち合わせをして、仕事の内容をきちんと説明し、工事は今日中に仕上げなければならないから、問題があったらすぐに連絡するようにと念を押した。ところが、ほかの現場の監督を終えて数時間後に戻ってみると、ふたりの作業員は仕事を終えておらず、ジョンの帰りを待っていた。電話連絡もなかった。ジョンはびっくりして、自分の上司に連絡して報告するが、その上司がすでに現場に立ち寄り、ふたりと話をしていたことを知り、ショックを受ける。ふたりの作業員は、ジョンが指示も連絡先も残さずいなくなったので、悪いのはジョンだと話したという。ジョンの上司は彼の説明に聞く耳をもたず、ジョンを解雇する。あとになってジョンは、作業員のひとりがたまたま上司の甥だったことを知る。

明らかにジョンは理不尽な事件の被害者だ。彼の〈チンパンジー〉は怒り、苦悩する。〈チンパンジー〉としては理に適った反応だ。

ジョンは、安全な場所で〈チンパンジー〉を運動させ、感情を吐き出させなければならない。友人や近親者を呼んで話を聞いてもらってもいいだろう。この不正を理解し、認めてもらえば、〈チンパンジー〉も多少落ち着くかもしれない。しかし、〈チンパンジー〉はそれだけでなく、ふたりの部下に仕返しをして償いをさせたい。上司には説明を試みたが、聞いてもらえなかった。不当解雇を訴えて賠償を請求する手もある。ほかにも方法はありそうだが、〈チンパンジー〉はそんなことを調べたりしない！　だから、ここからは〈チンパンジー〉を檻に入れ、代わりに〈人間〉が考え、計画を練る番だ。

——ジョン、〈チンパンジー〉を檻に入れる

〈チンパンジー〉を檻に入れるためには、ジョンのなかの〈人間〉が〈チンパンジー〉に納得できる事実と真実を示さなければならない。〈人間〉のほうは、不快ではあるものの人生では理不尽な状況は生じるものだし、それが正されないこともままあると認めている。自分の正しさを認めさせるために闘う価値はあるかもしれないが、うまくいかずにあきらめなければならなくなることも覚悟しなければならない。世の中が不公平というのは事実なのだから、と。

そこで、ジョンは〈チンパンジー〉に語りかけ、正義を勝ち取るために使えるエネルギーと時間には限界があると認めさせる。人生の不愉快な真実を〈チンパンジー〉に突きつけるのだ。ジョンが合理的な計画を立てれば、〈チンパンジー〉は状況を受け入れ、しだいにあきらめる方向に進むだろう。

しかし、ジョンがしっかりと事実に即した答えを示さなければ、〈チンパンジー〉はおそらく納得しない。たとえば、ふたりの部下に復讐したいと思いつづけている〈チンパンジー〉に、「もう忘れろ。別に珍しい話じゃない」と言うだけではだめだ。「もう忘れろ」という答えがあまり役に立たないのは、ある程度の真実を含みつつも、ジョンから〈チンパンジー〉に対する命令や願望になっているからだ。

よりよい論理的な答えは、たとえばこういうものかもしれない——「今回の件は理不尽だが、解決はむずかしいかもしれないから、努力に期限を設ける必要がある」。さらに、こういう真実をつけ加えることもできる。「この正義が通らなくても、この世の終わりというわけじゃない」、「自分は大人だから、この問題に対処できる」、「この件もすぐに過去の記憶になる。まえに進もう」

どれもまだ説得力不足かもしれないが、はっきりしているのは、〈チンパンジー〉を檻に入れて前進するには、答えを見つけなければならないということだ。さもなければ〈チンパンジー〉の感情のままに行動し、なんの解決もできずに、いっそうひどい苦悩を味わうことになってしまうからだ。

ここで重要なのは、事実から目をそらさず、受け入れることだ。そうすれば〈チンパンジー〉に言い聞かせることができる。思い出してほしい。〈チンパンジー〉は提案するだけで、選択するのは〈人間〉のあなただということを。感情にまかせるか、建設的に考えるかの選択は容易ではないが、人生には思いどおりにいかないことがいくらでもあるのは、認めざるをえないだろう。

——アンディ、歯医者に行く

〈チンパンジー〉を檻に入れる例をもうひとつあげよう。

アンディは、歯医者に行って詰め物をしなければならないが、ひどく不安で気分が悪い。たかが歯医者で思い悩むのはばかばかしいとわかっていても、どうにもならない。

このときアンディがまず認識しなければならないのは、心配しているのが〈チンパンジー〉であり、自分ではないということだ。「こういう不安な気持ちでいたいか？」と自問すれば、答えは「ノー」だろう。ひどく心配しているのは〈チンパンジー〉なのだ。〈チンパンジー〉は生まれつき心配性だ。アンディは本当は状況を広い視野でとらえ、冷静かつ前向きな気持ちで歯医者に行きたいと思っている。要するに〈人間〉は「落ち着け。ただ詰め物をするだけだ」と言い、〈チンパンジー〉は「対処しきない。すごく怖い。行きたくない」と言っているのだ。

こうして〈チンパンジー〉と〈人間〉の争いが勃発する。

――アンディ、〈チンパンジー〉を運動させる

〈人間〉が望みの結果を得るには、正しい手順を踏まなければならない。そう、〈チンパンジー〉を運動させることから始めるのだ。

アンディの〈チンパンジー〉は言う。「ぼくは愚かでどうしようもない。どうして歯医者がこれほど怖いのか信じられない。馬鹿みたいだ。なぜわざわざ虫歯をつくった？　虫歯がなかったらなあ。そもそもなぜ歯が必要なんだ？　もっと丈夫なものにできないのか？」

話しつづけるうちに、内容はどんどんくだらなくなり、説得力が失われる。一〇分ほどで〈チンパンジー〉は疲れて黙るだろう。そうしたら、今度は〈人間〉が「不平は充分聞いた」と話しかけよう。

――アンディ、〈チンパンジー〉を檻に入れる

ここまで来れば、アンディは真実と論理を使って〈チンパンジー〉を檻に入れることができる。たとえばこんなふうに……。

「きみが本当に行きたくないなら、行くのはやめよう。歯の穴を放っておいて、当然起きる問題に対処してもいい。たしかに歯医者に行けば、それなりに痛い思いをするからな。その点は同意しよう」（〈チンパンジー〉が真実を話しているなら、同意するのが正しいこともある。真実を無視したまま「ポジティブ思考」をしても意味はない。大事なのは「現実思考」だ！）

「だけど、出かけて治療してもらえば、三〇分ぐらいですむ。その割に効果は大きい。終わったら幸せが訪れる。治療も痛みも永遠に続くわけじゃない。広い視野で考えよう。歯の詰め物をするだけだ。世界が終わるわけじゃない。さっさとやってしまおう」

アンディは、このほかにも〈チンパンジー〉に答えと真実を与えることができる。ポイントは、自分の〈チンパンジー〉にとって意味がある力強い真実を見つけることだ。ある真実は誰かの〈チンパンジー〉を落ち着かせても、別の〈チンパンジー〉には効かない。くり返そう。重要なのはあなたの〈チンパンジー〉を落ち着かせて、檻に入れ、眠りにつかせる真実を探すことだ。それがうまくできれば、〈人間〉が主導権を握れる。〈チンパンジー〉は、最初のうち協力を拒むかもしれない。ひとつの問題に対して、何度か「運動」をくり返さなければならないこともあるだろう。また、そうしてやっと〈チンパンジー〉を檻に入れることができても、ひとつの問題に対して何度か檻に入れねばならないこともある。それでも訓練を重ね、スキルを向上させれば、〈チンパンジー〉ではなく〈人間〉が主導権を握るようになる。

私たちは〈チンパンジー〉を支配するのではない——管理するのだ。支配と管理はちがう。〈チンパンジー〉はあなたの五倍強いから、意志の力で〈チンパンジー〉を支配しようとしても負けてしまう。あなたがすべきなのは、〈チンパンジー〉を運動させ、檻に入れて、管理することだ。

Key point

ひとつの問題に対して、何度か「運動」をくり返さなければならないこともある。また、ひとつの問題に対して、何度か〈チンパンジー〉を檻に入れなければならないこともある。

いつも〈チンパンジー〉を運動させなくても、真実と論理ですぐに檻に入れられることもある。

そういうときには、運動させて不必要に〈チンパンジー〉を刺激しては逆効果だ。なにしろ〈チンパンジー〉は非論理的、つまり予測不可能だから、なんの理由もなく不安になったり冷静になったりする。なぜそうなるのか理解しようとしても、論理的ではない以上、たいてい理解できない。理解しようとするよりも、感情に対処することに集中するほうが大事なときもあるのだ。

〈チンパンジー〉の感情的思考に対処する

〈チンパンジー〉は、結論に飛びつく、白と黒で考える、被害妄想など、とにかく感情的だ。だから、〈チンパンジー〉があなたの代わりに考えているのだと気づく方法と、それに対処する方法を知ることがとても重要になってくる。

あなたが「感情的になっている」か「冷静なのに不安を感じている」ときは、たいてい〈チンパンジー〉のしわざだと思っていい。それに気づいたら、次は対処だ。その方法はいくつかある。

たとえば、〈チンパンジー〉が白と黒との二分法で考えていたら、いったん止めて、代替案はないか、折衷案はないかと自問してみる。かりに、あなたがむずかしい人間関係を抱え、その関係を継続すべきかどうか悩んでいるとしよう。〈チンパンジー〉は、選択肢はふたつしかないと言い、決断を提案するだろう。この人間関係を清算して終わりにするか、関係を維持して良好なものにするか、と。だが〈人間〉のほうは、それは白黒二分的な思考だと認識する必要がある。

〈人間〉は折衷案を探る。代替案はないかと問いかける。いますぐ明確な答えが必要だと考えないことも選択肢のひとつに入れる。たとえば、一度中断して互いに距離を置く期間を設け、そのあいだに考えを整理して全体像を見きわめてもいいだろう。中断という妥協案によって、脳内の〈人間〉が〈チンパンジー〉と対話して落ち着かせる機会も生まれる。〈チンパンジー〉が感情を外に表し、運動して気分を持ち直す時間にもなる。

被害妄想は、過剰反応した〈チンパンジー〉が過敏で現実離れした提案をしているのが原因であることが多い。〈チンパンジー〉は不安を感じても事実を収集せず、隙間を妄想で埋めてしまうからだ。この場合も、最初のステップは〈チンパンジー〉に被害妄想を吐き出させる。そのなかに多少でも現実的な面があるなら、〈チンパンジー〉が同意できるように、〈人間〉がその考えの裏づけとなる事実と証拠を収集し、同時に反証も集める。それらを友人に聞いてもらえば、さらに客観的に見えてくるかもしれない。

もっとも大切なのは、事実を確定することだ。ほとんどの場合、ひとりか数人の関係者に尋ねて状況を明らかにすればうまくいく。中立な立場で適切な質問をし、答えを聞けば、被害妄想や強迫観念はすぐに消え去ることも多いものだ。

バナナを与える

〈チンパンジー〉を管理する三番目の方法は、バナナを与えることだ。バナナとは〈チンパンジー〉が欲しがるもののことで、気分転換と褒美の二種類がある。問題解決にはあまり強力ではないが、〈チンパンジー〉の管理にはとても有効だ。

気分転換のバナナの例

朝、ベッドから起き上がるのがつらいあなたに、脳内の〈チンパンジー〉が語りかける。「起き上がれない。ベッドは暖かいし、疲れが残っていて体が重い。あと五分寝かせて……」

ここでの問題は、〈チンパンジー〉に考えさせていることだ。これではダメ。代わりに、〈チンパンジー〉の気分を変えるために、「立ち上がるまでは何も考えない」と言ってみよう。そしてアラームを止め、すぐにこう言い渡そう。「何も考えるな。五つ数えたら起き上がる……5、4、3、2、1。はい、立ち上がれ」。まえの晩に準備ができていれば、すぐに高速カウントダウンの動作に入れるだろう。とにかく〈チンパンジー〉に考えさせてはならない。カウントダウンと動作を同時におこなうことで気分を変えるのだ。たとえば、カウント5で、即座に（考えることなく）シーツをめくる。カウント4で（何も考えずに）ベッドの縁に座る。カウント3で立ち上がり、2で洗面所に行く。そして1で〈チンパンジー〉に隙を与えず思ったとおりに実行できたことを祝福しよう。

このバナナ（考える暇を与えない連続動作）で〈チンパンジー〉を思考から遠ざけるコツは、すばやく開始することだ。実際、多くの人がこのやり方で朝ベッドから抜け出すのに効果をあげている。

もちろん、ほかの多くのシナリオでもこれは有効だ。たとえば、何かを待って時間をつぶしていると苛立つせっかちな〈チンパンジー〉をおとなしくさせたなら、すばやく単純な気晴らし（たとえば本を読んだり、音楽を聴いたり、クイズをしたり）をしはじめよう。

褒美のバナナの例

自分の〈チンパンジー〉に与える褒美には、驚くほど強力な効果がある。たとえば、メールを一〇通送らなければならないが取りかかれず、コーヒーを飲みたくなったら、〈チンパンジー〉に「メールを五つ送ったらコーヒーを飲んでいい」と言ってみる。それだけで突然〈チンパンジー〉が動きはじめることはよくある。五つ送ればコーヒーを飲めるという「バナナ」が、〈チンパンジー〉を活性化させ、メールを書かせるのだ。〈チンパンジー〉はあなたを作業に集中させ、手助けして、もう邪魔をしない。非論理的で奇妙な方法に思えるかもしれないが、〈チンパンジー〉は非論理的だから、たいていうまくいく。

ほとんどの〈チンパンジー〉に共通するバナナといえば、他人からの賞賛や承認だ。それらを褒美として用いるのはとても効果的である。たとえば、自宅の部屋のペンキを塗り直したいと思っているが、なかなか取りかかれないとき、塗り直したら友人を自宅に招待し、部屋を見てもらうことにすれば、それが〈チンパンジー〉に対する褒美になる。賞賛されたい（同時に友人のまえで恥をかきたくない）〈チンパンジー〉が飛び出して、あなたに部屋のペンキ塗りをさせても驚きではない。

バナナは〈チンパンジー〉を管理して短期間で物事を片づけさせる有効な方法だ。これを使えば、悩みから気をそらして中断させることもできる。ただ、褒美を与えても問題の原因に取り組むわけではないので、総じて〈チンパンジー〉を檻に入れるほど強力な手段ではない。

〈人間〉を成長させる

〈半分ずつの惑星〉での〈人間〉と〈チンパンジー〉の対立や争いにおいて、忘れてはならないのが、自分自身のことだ。あなた自身は〈チンパンジー〉とは別個の存在で、脳内の〈人間〉にも、〈チンパンジー〉と同じように欲求がある。〈人間〉の欲求は建設的で、それを達成したときに充実感を得る。生存に必須ではないが人生に満足と豊かさをもたらす趣味や関心事なども、これにあたるだろう。

Key point

〈チンパンジー〉は生存を欲し、〈人間〉は目的を欲する。

人生に目的意識をもてば、生きる意味が生まれ、成果、満足、幸せにつながる。成功と幸せについては、本書の後半でくわしくふれる。ここで伝えたいのは、あなたという人間をうまく機能させるには、〈チンパンジー〉と〈人間〉双方の欲求を考慮しなければならないということである。それなのに現実には、時間を奪い、大声でわめく〈チンパンジー〉に振りまわされる人があまりにも多い。

まとめ

- 「私は……がしたい？」は〈チンパンジー〉に乗っとられているかどうかを確かめる質問だ。答えが「ノー」なら、乗っとられている。
- 〈チンパンジー〉に関する責任はつねにあなたにある。
- 〈チンパンジー〉の強さはあなたの五倍。
- 〈チンパンジー〉はまず育て、それから管理する。
- 〈チンパンジー〉を支配しようとしてはいけない。管理せよ。

●〈チンパンジー〉の管理には三つの方法がある——運動させる、檻に入れる、バナナを与える。

おすすめのエクササイズ：「NEAT」エクササイズ

- **N**（Normal ふつう）
- **E**（Expected 予期）
- **A**（Accepted 受容）
- **T**（Taken care of ケア）

生活のなかで「NEAT」を学ぶ

管理がやっかいな〈チンパンジー〉の暴走や活発化は「ふつう（N）」のことだから、そういう場合もあると「予期（E）」しておくべきだ。自分は完全ではなく、〈チンパンジー〉がとても強いことを「受容（A）」し、その暴走や活発化を適切な方法で「ケア（T）」する。たとえば誰かに迷惑をかけたら謝罪し、落ちこむようなことがあっても自分を赦そう。

NEATとは、言い換えれば自分に責任をもつことだ。〈チンパンジー〉をうまく管理できないときには、落ち着いてNEATに考えよう。そして、落ちこまずに状況をケアしよう。罪悪感、恥ずかしさ、苛立ち、その他のネガティブな感情は、軌道修正を助けてもくれる。それを逆手にとって前進しよう。私たちの多くはたびたびまちがえる。つねに正しい人間などいないのだ。

4章

心の〈コンピュータ〉を理解するために

――導きの月（1）

〈導きの月〉とは、あなたの脳のなかにあるコンピュータのことだ。宇宙で衛星が惑星の安定装置の役割を果たしているように、〈導きの月〉も〈半分ずつの惑星〉の安定装置を担っている。これをうまく機能させれば、精神が安定し、〈チンパンジー〉の管理がはるかに楽になる。

〈コンピュータ〉の基本的な事実

〈コンピュータ〉の機能は？

あなたの〈コンピュータ〉には、ふたつの機能がある。

- 情報、信念、価値観の源になる。
- プログラムされた思考と態度によって無意識に考え、行動できる。

〈コンピュータ〉の情報の取りこみ方は？

人が生まれたとき、〈コンピュータ〉は空っぽのハードディスクにすぎない。そこへ〈人間〉や〈チンパンジー〉が態度や信念を入力する（多くの場合、知らないうちに）。〈コンピュータ〉に固有の思考や解釈はなく、蓄積された情報にもとづいて動作する。〈コンピュータ〉がうまく機能するかどうかは、入力情報がどのくらい役に立つもので正しいかによる。うまく機能すれば、成功や幸せにつながる。〈コンピュータ〉は、〈チンパンジー〉と〈人間〉が支援と指導を求める情報源だ。だから、〈チンパンジー〉や〈人間〉より強力になりうる。

〈コンピュータ〉に男女差はある？

簡潔に答えれば、「イエス」だ。男性の〈コンピュータ〉と女性の〈コンピュータ〉の機能はよく似ているが、いくつかちがいもある。たとえば、典型的な女性の〈コンピュータ〉は、典型的な男性の〈コンピュータ〉より言語能力が高い。女性の脳は男性の脳と比べて、言語を扱う「連合中枢」が発達しているのだ。逆に男性の脳には、数学と地図の判読に関する領域が女性のおよそ四倍ある（女性よりうまく機能するかどうかは別の問題！）。脳の別の部位では、神経伝達物質（情報を伝える化学物質）に対する反応のちがいも見られる。

男女の脳に物理的、心理的なちがいがあるということは、おそらく両者のはたらきも異なり、それぞれに向いている仕事や学習があるということだ。こういう議論をすると、批判または差別されたと感じて憤る人がいるが、それは誤解だ。少なくともここでは、人間に対する理解を深めようとしているだけである。

当然ながら、男女どちらにも例外はある。脳の研究は続いているから、今後さらに明らかになることもあるだろう。

〈コンピュータ〉はどのくらい速い？

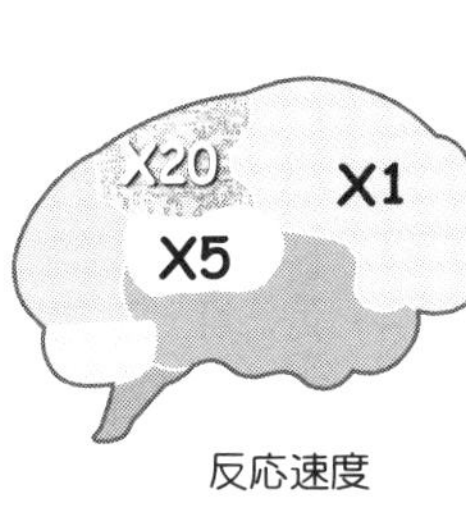

反応速度

〈コンピュータ〉の動作速度は、〈チンパンジー〉の約四倍、〈人間〉の二〇倍と考えられる。したがって、〈コンピュータ〉が正常に機能すれば、〈チンパンジー〉や〈人間〉が思考を終えるまえに、驚くべき速さで正確に命令を実行できる（上図の数字は、人の脳内で実際に計測される速度を反映している）。

〈コンピュータ〉の構成は？

- 〈自動運転〉＝建設的で役に立つ信念や態度。
- 〈グレムリン〉＝役に立たないか破壊的な信念や態度だが、取り除くことができる。
- 〈ゴブリン〉＝同じく役に立たないか破壊的な信念や態度。こちらは、しっかりと根を張っていて、取り除くことはきわめて困難。
- 〈人生の石板〉＝人生のよりどころとなる価値観や信念が刻まれている。

さらにくわしく見ていこう。

〈自動運転〉〈グレムリン〉〈ゴブリン〉〈人生の石板〉

〈コンピュータ〉のくわしい機能

- 自動機能
- 情報源となる

自動機能

「自動機能」とは、学習ずみの行動と信念、そして自動プログラムにもとづく機能のことだ。慣れ親しんだ行動や思考をし、ことばどおり、ほとんど眠っていても実行できるので、〈人間〉はほぼ何も考えない。たとえば、コーヒーをいれる、自転車に乗る。これらは、考えなくても自動的に実行できる。

〈チンパンジー〉も〈人間〉も、〈コンピュータ〉に入力してプログラムをつくることができる。そして〈コンピュータ〉がプログラムで動くようになれば、〈チンパンジー〉と〈人間〉は仕事を〈コンピュータ〉にまかせ、思考や解釈を休止することができる。こうして、〈コンピュータ〉は日常活動のほとんどを担っている。だから、日々をうまくすごせるかどうかは、〈コンピュータ〉に入力された情報にかかっている。もちろん〈コンピュータ〉を休止させ、メンテナンスの時間をとれば、情報を足したり取り除いたりすることもできるが、私たちのほとんどはそれをしていない。

なお、〈コンピュータ〉にプログラムされるのは、〈人間〉と〈チンパンジー〉が学び、〈コンピュータ〉に入力したものだけである。その点が、遺伝で継承されて〈チンパンジー〉の反応を引き起こす本能とは明確にちがう。

〈自動運転〉

〈自動運転〉

〈自動運転〉は、人生の成功と幸せを後押しするポジティブで建設的な信念、行動、自動機能を指し、何歳になっても〈コンピュータ〉に組みこむことができる。例としては、自転車に乗ること、うまくいかなくても落ち着いていること、問題より解決に集中すること、靴紐を結ぶこと、整理整頓して秩序立った日課をこなすこと、ポジティブな自己イメージをもつことなどがある。

〈ゴブリン〉と〈グレムリン〉

〈ゴブリン〉　〈グレムリン〉

〈ゴブリン〉と〈グレムリン〉は、多かれ少なかれ〈自動運転〉と逆で、〈コンピュータ〉に蓄えられた役に立たない破壊的な行動、信念、自動プログラムだ。〈ゴブリン〉は、たいてい幼い時期に〈コンピュータ〉に入力される。幼少期の〈コンピュータ〉は、どんな情報も変更できないようにしっかりと取りこむ傾向があるから、〈ゴブリン〉は程度の差こそあれ〈コンピュータ〉としっかり結びつき、削除するのがとてもむずかしい。裏を返せば、〈ゴブリン〉を抑える方法を学ばなければならないということだ。たいてい〈ゴブリン〉は八歳になるまえに、〈グレムリン〉は八歳以降に発生するが、〈グレムリン〉の結びつきはそれほど強くないので、見つければ取り除くことができる。〈ゴブリン〉と〈グレムリン〉を区別したのは、取り除けるものとそうでないものを知ることが重要だからだ。両者が区別できれば、不可能なことに挑まなくてもすむ。

――〈ゴブリン〉の例

〈ゴブリン〉でもっとも一般的なのは「冷蔵庫の扉シンドローム」だ。これは多くの欧米人に影響を与えている。

小学校への登校初日、子どもがワクワクしていると、先生が「お父さんとお母さんの絵を描きましょう」と言う。子どもは描いた絵をもって家に帰り、親に見せる。親は「とっても上手ね。あなたは頭がいい。自慢の子よ。みんなに教えてあげなくちゃ」と言い、冷蔵庫の扉にその絵を貼って、わが子の賢さを周囲に知らせる。

するとその子は、人生をともに歩む大きな〈ゴブリン〉をもつことになる！

同じ状況で、別のシナリオを考えてみよう。子どもが学校から絵をもって帰宅し、親に見せる。親はその子に「ちょっと待って」と言い、絵を脇に置くと、わが子を抱きしめる。「あなたは自慢の子よ。あなたのような賢い子がいてくれてうれしい。どれだけうれしいか、みんなに教えてあげなくちゃ」。そう言ってから、ふたりで絵について話し、親は絵とわが子を褒め、上手に描けているから冷蔵庫の扉に貼ったらどうかと提案する。

〈ゴブリン〉は
しっかり
結びついており、
変更不可能。
〈グレムリン〉は
ゆるい結びつき
なので、
削除可能。

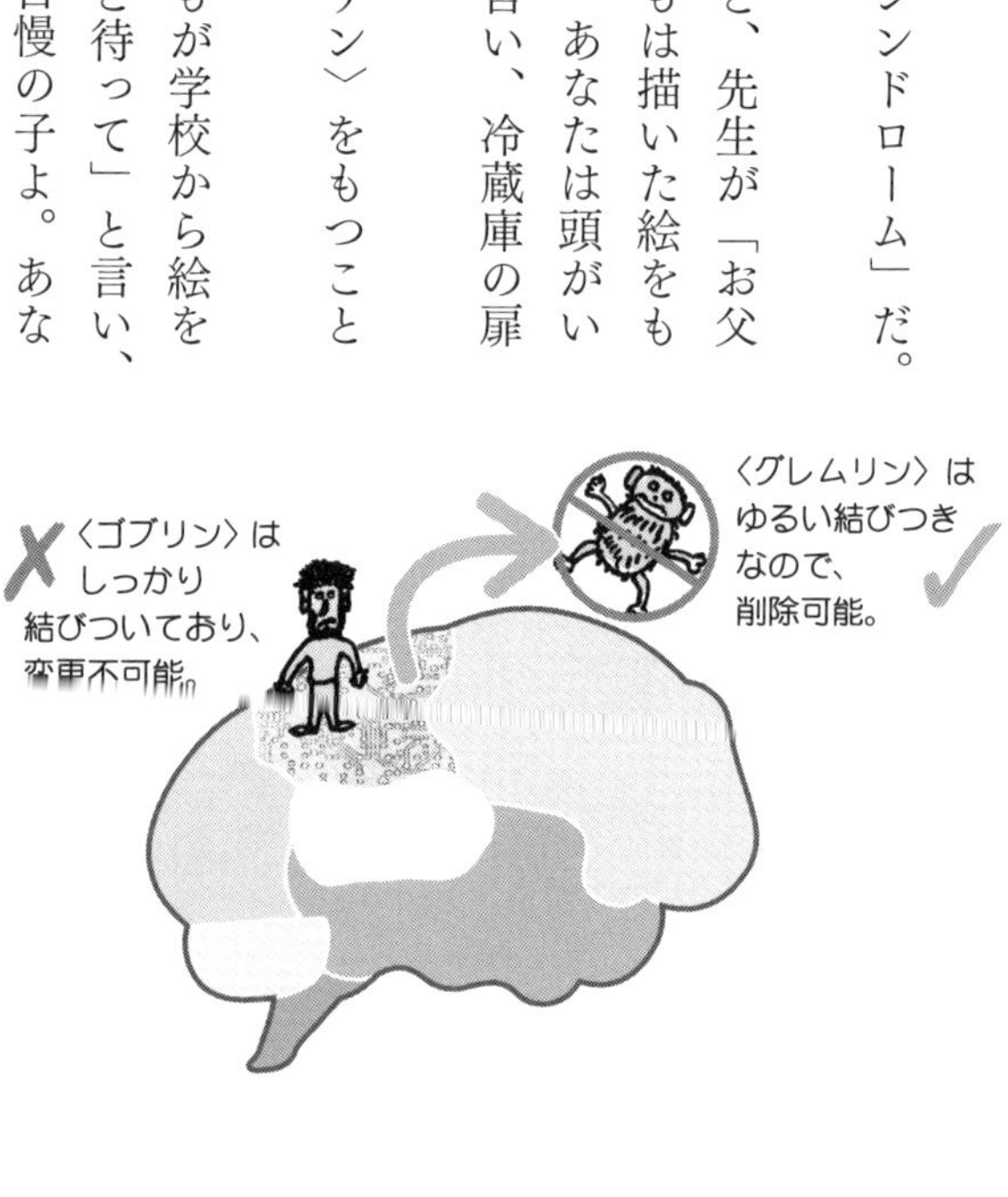

初めのシナリオでは、親は子どもの賢さを褒め、わが子がなしとげたことで胸を張る。言い換えれば、その子の価値は絵のうまさで決まると暗に示している。そして、みんなに見せたいから絵を冷蔵庫の扉に貼ろうと続ける。したがって、子どもに伝わるメッセージは、「**あなたの価値は人生で達成したことによ**

って決まる。他人から高く評価されるのは、何かをなしとげるからだ」となる。

一方、二番目のシナリオで子どもに伝わるメッセージは、「あなたはありのままですばらしい。愛され、尊敬されるのはあなた自身がすばらしいからであって、何かをなしとげたからではない」だ。親はさらに、立派なことをするのはすばらしいけれど、自分の価値と混同してはいけない、と続ける。もちろん、子どもが全力を尽くして何かをしたときには、でき具合がどうであれ、つねに褒めることが望ましい。

ふたつのシナリオは、理解しやすいように極端な見方をとっているが、ふだんから私たちは、自分が何をして、他人がどう思うかということをあまりにも気にしすぎていることに気づいてほしい。

試験を受けるとき、多くの学生は結果を心配し、怖れる。だが、かりに試験結果が本人以外に公開されず、不合格なら合格するまでひそかに何度でも受験できるとしたら？　ほとんどの学生は、「まったく怖くないし、心配もしない」と言うはずだ。明らかに、学生にとって問題なのは試験そのものではなく、他人に結果を知られることであり、その影響が及ぶことを怖れているのだ。

もしも誰からも悪く見られないとわかっていれば、私たちはまず怖がらない。不合格になったあとの対処もさほど苦にならず、自己評価が試験結果に左右されることもなくなる。冷蔵庫の扉の〈ゴブリン〉など怖くなくなる！

実際には誰もが他人の評価に影響されるが、〈ゴブリン〉を管理することは可能だ。うまく対処すれば、振りまわされないですむ。ここでやっかいなのは、〈チンパンジー〉が〈ゴブリン〉を助けることだ。〈チンパンジー〉には、群れに属することで生き残りたいという非常に強い衝動がある。群れの一員になるには、受け入れられなければならず、そのためには強くなって、まわりの役に立たなければならない。かくして私たちは、原始的な〈チンパンジー〉の本能にしたがって、他者に認められたいと思う。この衝動と〈ゴブリン〉が結びつくと強力になる。だから、多くの人は他人にどう思われるかつねに心配し、感情が乱れる。そんなことには振りまわされずに自分の人生を生きたいのに、〈チンパンジー〉と〈ゴブリン〉がそうさせてくれないのだ。

――〈グレムリン〉の例

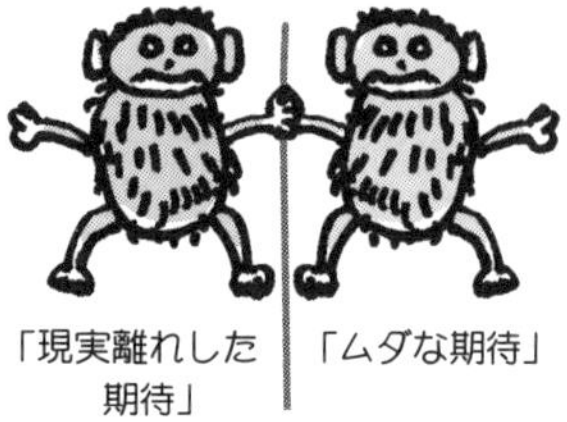

ほとんどの人には〈コンピュータ〉に居座り、ときどき姿を現す二種類の〈グレムリン〉がいる――「現実離れした期待」と「ムダな期待」だ。

双子の〈グレムリン〉

「現実離れした期待」　「ムダな期待」

どんな期待でも、あなたはそれが現実的で理に適っているかチェックしたほうがいい。その期待が現実離れしていたり、役に立たなかったりすると、まずまちがいなくネガティブな感情――苛立ち、怒り、失望などに襲われるからだ。

たとえば、「つねに約束の時間を守れ」と主張する単純な〈グレムリン〉を考えてみよう。もし遅刻してしまったら、理由はどうあれ、あなたはストレスを感じるだろう。だがそういうとき、この〈グレムリン〉を、「約束の時間は可能なかぎり守りたいが、できないこともある。でも、それで世界が終わるわけではないし、なんとかなる」という〈自動運転〉に置き換えることができれば、リラックスでき、計画どおりに進まなくても大人の対応ができるだろう。

「自分がすぐれていることを証明するために、つねに勝たなければならない」というのも、現実離れした期待の例だろう。もし、テニスの試合はただのゲームであって、結果にこだわる必要はないという信念があれば、楽しくプレイできる。もちろん勝利をめざさないという意味ではなく、広い視野で見るということだ。だが、自分の価値を証明するために勝たなければならないという信念があると、真剣になりすぎて、たぶん楽しめない。

このように、あなたの信念は、それがどんな行動につながるにせよ、反応のしかたや結果の扱いに影響を及ぼすのだ。

〈グレムリン〉には、ほかにも次のようなものがある。

- 状況に過剰に反応する。
- 必要もないのに気が向くままに食べる。
- 自分を責める。
- 決断に悩んで先送りにする。
- 怒りたくないときに怒ってしまう。

情報源としての〈コンピュータ〉

〈コンピュータ〉の情報源としての機能には、三つの面がある。

- 〈自動運転〉と〈グレムリン〉に対する総合的な情報源
- 「人生の真実」、「価値観」、「生きる力」を記した〈人生の石板〉
- マインドセット

〈自動運転〉と〈グレムリン〉に対する総合的な情報源

〈人間〉も〈チンパンジー〉も、何かを経験するたびに状況を解釈し、〈コンピュータ〉のなかをのぞいて、蓄えられている過去の経験、信念、記録を調べる。だから、あなたの決断や行動方針は、そこに収納されている情報に影響される。

例をあげよう。アダムの上司はとても厳しく、ただ批判するためにアダムを呼びつけ、クビにするぞと脅す。アダムのなかの〈人間〉は、上司のふるまいに不安になり、「この上司に会ったり批判を覚悟しろ、感情の準備をしておけ」と〈コンピュータ〉に入力する。これは役に立つ情報なので、〈コンピュータ〉に保管され、やがて〈自動運転〉(=将来の行動のもとになる正確で有益な信念)になる。

一方、アダムの〈チンパンジー〉は、その上司との打ち合わせで動揺し、〈コンピュータ〉に、「上司というものと会うと、いつでもつらい思いをさせられ、悪い知らせがある」という信念も入力する。これは行きすぎた普遍化だ。すべての上司がそのように行動するわけではないし、同じ上司でも場合によって行動が変わるかもしれないからだ。

この〈チンパンジー〉の解釈は役に立たないだけでなく、将来非常に有害な結果をもたらしかねない。真実ではないから、〈グレムリン〉(=将来の有害な行動につながりそうな信念)である。こうして〈コンピュータ〉には、ふたつのまったく異なるメッセージが入力され、将来の情報源として利用される。

次ページの図を見てほしい。〈人間〉と〈チンパンジー〉は、〈自動運転〉か〈グレムリン〉を選択でき、どちらを選ぶかによって、その後に起きることが変わる。

アダムがいまの上司のもとで働いているあいだは、上司から呼ばれるたびにどちらかのメッセージが機能するだろう。しかし、別の上司のもとで働くことになったらどうか。新しい上司は、以前の上司とちがってとても理解があり、部下をよく褒めて支援する。ある日、新しい上司から電話で面談に呼ばれる。アダムの〈チンパンジー〉は即座に潜在的な危険を感じとり、〈コンピュータ〉から参考になる情報を探す。すると〈グレムリン〉が「すべての上司は批判的で、話すと嫌な気分になる」と伝える。そして〈チンパンジー〉は、「悪い知らせだ。すべての上司は批判的で、話すと嫌な気分になる。クビになるかもしれない」と思う。

こうなると〈人間〉が介入する余地はない。〈チンパンジー〉と〈グレムリン〉のほうが強力だからだ。アダムはビクビクしながら上司の部屋に入る。心配しすぎ、どうせひどいことを言われると信じているので、上司と良好な会話ができる可能性は低い。これに代わるシナリオは、アダムの〈人間〉が〈自動運転〉を見直し、〈チンパンジー〉を安心させて、「新しい上司はまえの上司とちがう

この上司は
ときどき批判する
〈自動運転〉
すべての上司は
批判する
〈グレムリン〉
どっちを選ぶ？
情報源
どっちを選ぶ？

かもしれない。試してみよう」と言うことだ。

〈グレムリン〉も〈自動運転〉も、経験をつうじて形成される。教育や、経験を他人と議論することからも形成されるが、〈チンパンジー〉と〈グレムリン〉が密に連携しやすいのはわかるだろう。

一方、〈人間〉は〈自動運転〉を探し、脳のシステム全体を安定させて気持ちを穏やかにする。〈自動運転〉の項目が多数ある〈コンピュータ〉なら、〈チンパンジー〉をなだめたり止めたりして落ち着かせるだろう。だが〈コンピュータ〉に多くの〈グレムリン〉がいると、〈人間〉も〈チンパンジー〉も非常に不安定になる。

「人生の真実」、「価値観」、「生きる力」を記した〈人生の石板〉

〈人生の石板〉は、いわばあなたの究極の情報源だ。ここには「人生の真実」、「価値観」、「生きる力」が記されている。〈チンパンジー〉と〈人間〉は、この〈人生の石板〉を基準にしてあらゆることを考える。

くわしく見ていこう。

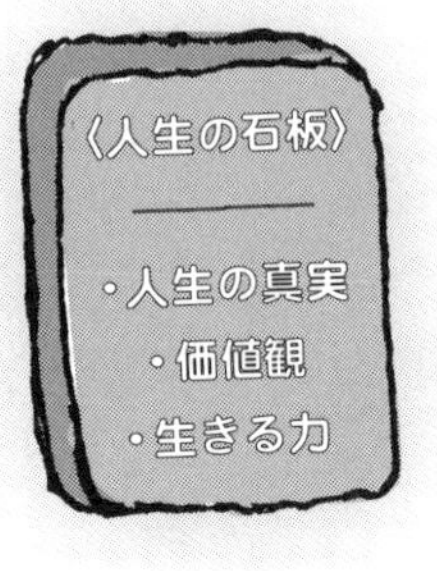

人生の真実

「人生の真実」とは、世界をどうとらえるかということだ。経験によってみずから導き出したものもあるし、外界（両親、教育、経験など）から受け入れたものもある。誰もが異なる真実をもっているが、多くの人が共有する真実もある。また〈自動運転〉と同じこともあれば〈グレムリン〉と同じことすらある。

「人生の真実」は、生きていくうえでよりどころにしようとあなたが決めたものであり、真実だと信じるひとまとまりの信念だ。たとえば、「人生はそもそも不公平だ」という信念がある。これは多くの人が「人生の真実」として受け入れている考えだろう。これを真実だと宣言し、座右の銘にして生きていれば、不公平なことがあってもさほど気にならないし、腹も立たないかもしれない。人生とはそういうものだと思っているからだ。公平をめざさないという意味ではない。不公平な出来事があっても受け入れ、対処するということだ。

これに対して、「人生は公平だ」ということを「人生の真実」と考え、座右の銘にして生きている人は、不公平な経験をすると、イライラして腹を立ててしまう。たとえば、店でトランプを買ったとする。家に帰って開けてみると、カードが一枚足りない。あなたは「こんなのおかしい」と叫んで店に戻り、事情を説明する。そして、新しいトランプと取り替えてもらえるものと期待する。合理的な期待だ。ところが店員は、申しわけないが交換はできない、店を出るまえに確認すべきだったと言う。当然あなたは抗議する。しかし結局、抗議は通らず、怒りだけが残る。このあと、あくまで争って勝つことに賭けるか、実りのない争いを避けるかは、あなたの選択だ。

私が最初に学んだ「人生の真実」は、次の三つである。

①人生はそもそも不公平だ。
②ゴールポストは動く。
③この世に確実なものは何もない。

これらの「人生の真実」、またはルールにしたがって生きていると、腹が立つことはかなり減る。逆に「人生は公平だ」と信じてすごしていると、つまずいて現実を思い知らされる。もちろん、これらの「人生の真実」は、ただ流されて生きるという意味ではない。不当な扱いを受けたときにも、深く傷つかずにいられるということだ。

現実社会では、かならず公平で善が勝つとはかぎらない。もちろん、そうなるように努力する価値はあるが、現実を無視するのは賢明でないだろう。

価値観

〈コンピュータ〉には、あなたにとって重要な暗黙の価値がしまわれている。「人生の真実」と同様に、「価値観」にのっとって行動するのは非常に有用で、〈人間〉や〈チンパンジー〉とつき合う際の指針にもなる。「価値観」は精神と心のよりどころを絶えず思い出させ、困難なときに〈人間〉と〈チンパンジー〉を落ち着かせるのだ。たとえば、あなたは「嘘をつくのは悪いこと」という「価値観」をもっているかもしれない。それは「人生の真実」というほど確固たるものではないが、ひとつの価値判断だ。

一般的な「価値観」としては次のようなものがある。

- 不誠実は悪いことだ。
- 家族は仕事より大切だ。
- 無私は美徳だ。

「真実」と「価値観」はちがう。真実は根拠にもとづくのに対して、価値観は個人的な判断だ。

生きる力

〈人生の石板〉に刻まれた「生きる力」を発見するために、ここで一〇〇歳になって死の床にある自分を想像してみよう。一分後には死んでしまうあなたに、枕元にいる玄孫（やしゃご）が尋ねる。「死んじゃうまえに教えて。人生で何をすればいいの？」

この質問について、いま考え、正直に答えよう。あと一分しかない。一分たったら、その答えを憶えておいて、この先を読んでほしい。

この質問に答えれば、自分にとって何が重要か、自分の〈宇宙〉で何が〈太陽〉かがわかるだろう。それがあなたにとっての人生、あなたの「生きる力」だ。

多くの人は、「なんでもやりたいことをやれ」、「幸せになれ」、「心配するな」、「思いきりやるんだ」などと答えるだろう。内容はともかく、玄孫へのそのアドバイスこそ、自分に向けたアドバイスだ。あなたの存在の本質であるそのアドバイスにしたがって生きていないなら、偽りの人生をおくっていることになる。偽りの人生は、何よりもあなたを不安にする。いますぐやめるべきだ。

〈人生の石板〉のまとめ

- 「人生の真実」とは、世界のしくみについてあなたが真実だと思うこと。

●「価値観」は、あなたが正しいと信じる原則や理想。
●「生きる力」は、あなたが信じる人生、どう生きるべきかを示すもの。

マインドセット（ものの見方）

情報源として機能する〈コンピュータ〉の最後の側面は「マインドセット」だ。マインドセットを理解するには、次の三つの質問が役に立つ。

●自己をどう見るか。
●他者をどう見るか。
●世界をどう見るか。

あなたの生き方は、自己、他者、そしていま生きている世界をどう見るかに大きく影響され、マインドセットはその三つを考えるときの基礎になる。

たとえばあなたが、自分はみなに愛されるとても知的な人間で、世界は喜びとチャンスに満ちた場所だと思っているとしよう。このマインドセットなら、毎朝気分よく目覚め、新たな経験を待ち望むだろう。誰かから嫌われたとしても、その人の世界に何か問題があり、それが解決すればまた好きになってもらえるだろうと思えるだろう。ご想像のとおり、このマインドセットはあなたの大きな長所になり、ごくまれにしか困難に巻きこまれなくなる。あなたが幸せでいられることはまずまちがいない。

では、逆の場合はどうか。自分は知的ではなく、他人からそれを隠さなければならないと信じているとしたら？　また、他人はあなたより優秀で、あなたの欠点を暴こうとしていて、世界は悪意に満ちた、毎日生き延びる努力が必要な場所だと思いこんでいるとしたら？このマインドセットが破壊的な影響を及ぼすことは容易に想像がつく。馬鹿に見えたり、愚か者の烙印を押されたりするのを怖れて、あなたは何も新しいことに手を出さない。他人に対して用心深くなり、まわりから見下されていると感じて、たびたび恨んだり、人の粗探しをしたりする。友人も少なく、この世界に居場所はないと感じて引きこもる。あるいは、つねに自分の力を証明しようと攻撃的になるか、他人から責められないように守りを固めるかもしれない。

いまあげたふたつのマインドセットは、誰もがはまりやすい両極端を表している。マインドセットは〈チンパンジー〉と〈人間〉に影響を与え、さらには日常の出来事に関する認知をゆがめて、〈コンピュータ〉に入力されるものを左右する。だから一度、自分のマインドセットがどのようなものかを考えるのはとても有意義だ。

マインドセットは、
自己、他者、世界の認知にもとづく

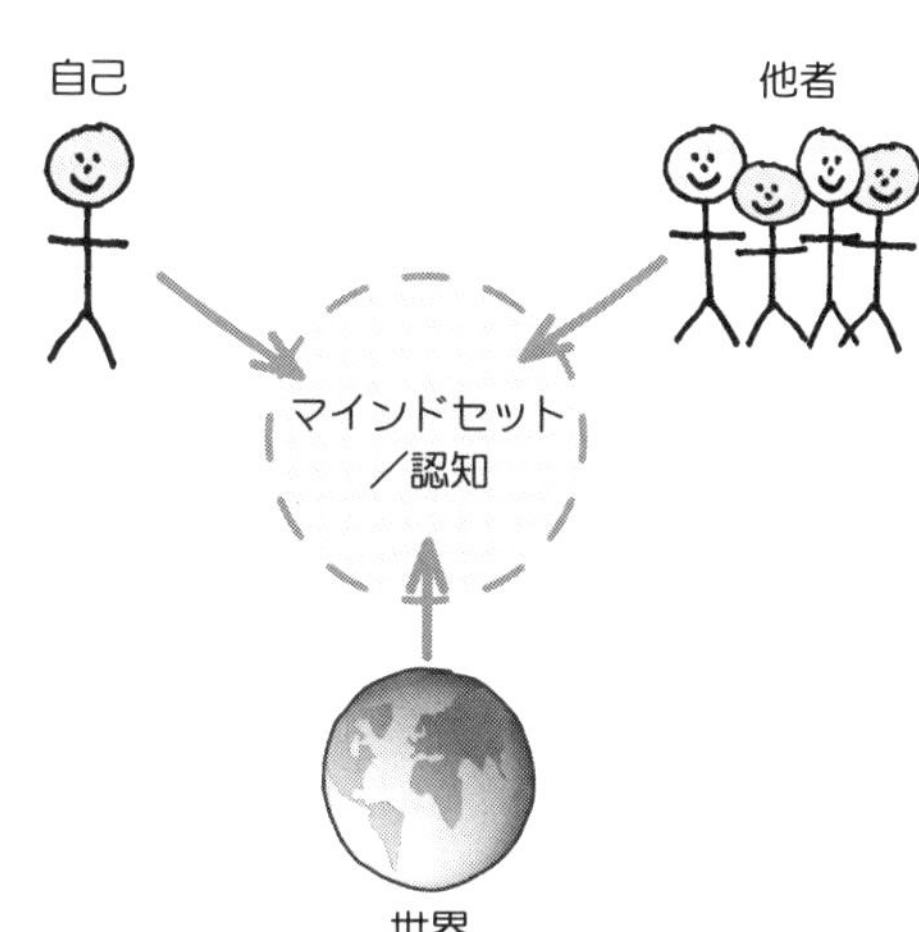

自分はミス・ワールドかミスター・ユニバースだと信じている人がナイトクラブに行ったら、その人はおそらく積極的で、自信にあふれ、堂々と店に入って、多くの人に会いたいと思うだろう。逆に、自分は『ノートルダムの鐘つき男』のカジモドのような外見だと信じていたら、自信がもてず、こそこそ歩き、

他者とのかかわりを避けるだろう。あなたのマインドセットは、世間への自分の見せ方や行動に大きく影響することを忘れてはいけない。

まとめ

- 〈コンピュータ〉にはふたつの基本的な機能がある——自動プログラムを実行することと、〈人間〉と〈チンパンジー〉への情報源になることだ。
- 〈コンピュータ〉は、〈人間〉の二〇倍、〈チンパンジー〉の四倍の速さで反応すると考えられる。
- 〈自動運転〉は、建設的で有用な、自動化された態度と信念だ。
- 〈グレムリン〉は、破壊的で役に立たない、自動化された態度と信念で、取り除くことができる。
- 〈ゴブリン〉は、破壊的で役に立たない、自動化された態度と信念で、しっかりこびりついている。
- 〈人生の石板〉は、「人生の真実」、「価値観」、「生きる力」からなる。
- マインドセットは、あなたのものの見方であり、それが生き方に影響を与える。

おすすめのエクササイズ：〈コンピュータ〉と〈人生の石板〉を見直す

〈コンピュータ〉のなかの〈グレムリン〉を見直す

〈コンピュータ〉は〈人間〉と〈チンパンジー〉の両方に影響を与えるので、その中身を定期的に見直すことが大切だ。日常生活のなかの「現実離れした期待」と「ムダな期待」という双子の〈グレムリン〉を探してみたら、多くの不快な感情の裏に、双子の〈グレムリン〉が隠れていることがあまりにも多くて、驚くだろう。

何かに腹が立ったら、その状況やほかの関係者について、自分の期待が現実的で有用かどうかを確認するいい機会だと考えよう。あなたの〈チンパンジー〉は、他者に非常に高い期待をしがちだ。そこを認識して、〈人間〉の期待に置き換えよう。たとえば「友だちならつねに同意してくれる」というのは〈チンパンジー〉の期待、「自分の意見と一致してくれることを願うけれど、友だちにもそれぞれ意見がある」というのが〈人間〉の期待だ。

〈人生の石板〉を可視化する

自分の〈人生の石板〉に何が書かれているかを確かめ、考える時間をとろう。あなたの人生を支える「真実」と「価値観」は何だろう？　自分の「生きる力」は何だろう？　考えがまとまったら書き出してみよう。それができたら、何を信じ、何をよりどころに生きていくか忘れないように、その〈人生の石板〉を目につく場所に貼っておこう。

5章 〈コンピュータ〉を管理するために——導きの月（2）

〈コンピュータ〉の管理とは、おもに建設的な思考と行動を確立することである。この章では、次の四つの方法を説明しよう。

- 〈グレムリン〉を見つけ、〈自動運転〉に置き換える。
- 〈グレムリン〉がこれ以上〈コンピュータ〉に入りこむのを止める。
- 〈人生の石板〉を完成させる。
- マインドセットを確立し、それにしたがって生きる。

〈グレムリン〉を見つけ、〈自動運転〉に置き換える

眠りについた〈人間〉と〈チンパンジー〉の代わりに〈コンピュータ〉の自動機能をはたらかせるには、適切なプログラミングが必要だ。〈コンピュータ〉がうまく動かなかったり、何をすべきかわかっていな

かったりすれば、〈人間〉と〈チンパンジー〉は不眠不休で介入しなければならない。

前述したように、有用で建設的な行動と信念が〈自動運転〉、無益で破壊的な行動と信念が〈グレムリン〉だ。〈人間〉も〈チンパンジー〉も、情報を受け取るとかならず最初に〈コンピュータ〉のなかを見て探る。そのとき〈自動運転〉から有用で建設的な意見をもらえれば、落ち着いて適切な行動をとることができるが、破壊的な〈グレムリン〉から情報を受けたら、それにしたがって行動してしまう。〈グレムリン〉は〈チンパンジー〉にネガティブな感情を引き起こし、〈人間〉を不安にさせる。そして、それはおそらく後悔するような行動とネガティブな結果につながる。だから、まずは〈グレムリン〉を見つけ、〈自動運転〉に置き換えることが、きわめて重要になる。

問題は、〈グレムリン〉は隠れていることが多いので、探し出さなければならないということだ。たとえば、「他人より劣っている」という信念（思い込み）は、たいていははっきり自覚していないから、見つける努力をしなければならない。コーヒーを買う列に並んでいて、誰かに割りこまれたとしよう。〈人間〉のあなたは丁重に「すみませんが、並んでいます」と言いたいだろうし、〈チンパンジー〉は、同じ内容をもっと激しい口調で言いそうだ。しかし、どちらも話すまえに、〈コンピュータ〉の情報を調べる。そのときそこに〈グレムリン〉がいて、「おまえは他人より劣っている」と言ったら、これが〈人間〉と〈チンパンジー〉の情報源になる。その結果〈人間〉は、自分にそんなことを言う権利はないと感じたり、割りこんできた人の反応を怖れたりしてしまうのだ。

〈グレムリン〉は非常に悪質で、あなたの大人としての行動をねじ曲げる。「おまえは誰よりもすぐれている」と言う〈グレムリン〉がいたら、大きな自信をくれるかもしれないが、同時にあなたは傲慢になり、威張り散らすかもしれない。長い目で見れば、最初の〈グレムリン〉と同じくらい役に立たないだろう。

〈グレムリン〉を〈自動運転〉に置き換える手順

〈グレムリン〉を見つけたら、次はこれを取り除くために〈自動運転〉を導入しなければならない。言うなれば、役に立たない信念を役に立つ信念に置き換えるのだ。

役に立つ信念とは、「人類はみな平等で、誰もが尊敬に値する」のようなものだ。これが脳内の〈自動運転〉にあれば、〈人間〉と〈チンパンジー〉が〈コンピュータ〉を調べたとき、「誰もが尊敬の対象である」と言ってくれる。そして〈チンパンジー〉か〈人間〉のどちらかが、それにふさわしい発言をする（〈人間〉が〈チンパンジー〉を黙らせ、「この件は私に丁重に応対させて」となるのが望ましい）。

行動するまえに、まず〈コンピュータ〉を調べてみよう

蓄積された情報

〈チンパンジー〉と〈人間〉は
つねに行動するまえに〈コンピュータ〉を調べる。

自分の〈グレムリン〉を見つける

〈グレムリン〉が活動していると、多くの場合、あなたはありがたくない感情をいだくとか、よくない結果を招くようなネガティブな体験をする。〈グレムリン〉が、あなたの望むことをやらせないか、望まないことをやらせているからだ。

ここで、〈グレムリン〉を見つけるために、望まない感情をいだいたときのことを思い出してみてほし

い。それは、たぶんネガティブな感情のはずだ。人はふつう「幸せすぎる」とか「ワクワクしすぎる」と文句は言わない！　ネガティブな感情とは、怒り、苛立ち、動揺、失望などだ。次に、そのときの状況を振り返ろう。何が起きていた？　あなたは何をしていた？　ほかの人は何をしていた？　あなたは何を考えていた？　次に、考えていたことに焦点を絞り、それが役に立つ思考だったかどうか自分に問いかけてみよう。真実の思いだったかどうかも。それが否定的な答えだったら、たぶんその正体は〈グレムリン〉であり、取り除くことができる。

ただし、ときには〈グレムリン〉と〈チンパンジー〉が同じことを言って、区別するのがむずかしいときもある。そもそもの〈グレムリン〉を〈コンピュータ〉に入力したのは〈チンパンジー〉だから、驚くにはあたらない。ふたつのちがいはこうだ。〈チンパンジー〉はいまここで考えるのに対して、〈グレムリン〉は〈チンパンジー〉がまえに言ったことを信念として思い出させる。たとえば、誰かから仕事を手伝ってほしいと言われたら？　あなたの〈チンパンジー〉は即座に「面倒くさい」と反応するかもしれない。一方〈グレムリン〉は、仕事を頼まれたときにはいつもたいへんだったことを思い出させ、自動的にネガティブな感情をあなたに与える。

〈グレムリン〉を取り除く具体例

〈グレムリン〉を取り除いて〈自動運転〉に置き換える具体例を見てみよう。

あなたは他人に「ノー」と言えず、結局いろいろ引き受けすぎて手に余り、腹を立ててしまうとする。この場合の〈グレムリン〉は、何か頼まれるたびに不適切に「イエス」と言ってしまうことだ。ほかの〈グレムリン〉（破壊的な信念）もうしろに隠れているので、それも探し出す必要がある。

何か頼まれるたびに不適切に引き受ける〈グレムリン〉を見つけるには、自分に次のふたつの質問をしてみるといい。

●誰かに「ノー」と言うことで、どのような印象をもたれると思っているか。
●誰かに「ノー」と言うと、結果はどうなるか。

その答えが、たとえば、「断るのは自分勝手だ。怠け者だと思われる」なら、ふたつの〈グレムリン〉が〈人間〉にまずい決断をさせている。

その〈グレムリン〉を真実で置き換えたら、こんなふうになるだろう。

●「ノー」と言うことは、自分の疲労や限界をわきまえた大人のまっとうな返答だ。
●「ノー」と言うことは、心のバランスのとれた人間の堂々とした行動だ。
●現実的な人は拒絶を受け入れ、あなたに「ノー」と言う権利があることを認める。
●世間は「ノー」と言える人間を尊敬する。

あらゆることに「イエス」と答えるのをやめるコツは、早い段階で流れを断ち切ることだ。そのためにも、何かを頼まれたら、〈人間〉に考えるチャンスを与えるようにしよう。たとえば、「うまくできるか、ちょっと考えさせてください」とか、「私がやっていいものか、少し考えさせて」ととりあえず答えるのだ。そうして、少し考える時間が必要だと答えることに慣れてくれれば、周囲の人もそれを尊重し、より賢明な判断をするチャンスが生まれるだろう。

このように、〈グレムリン〉を取り除くには工夫と時間が必要だが、あきらめなければ、かならずうまくいく。つねに「イエス」と言って、あとからあわてる人に勲章は与えられない。

自分にとっての「真実」を見きわめる

もし、あなたがティーンエイジャーの娘の部屋が散らかっていることに何度も腹を立て、なんとかしたいと思っている母親なら、そして、そのせいで母娘の関係もぎくしゃくしてきたのなら、「どんな信念のせいで腹が立つのだろう」と問いかけてみればいい。

この場合、怒りの原因となる信念はこんなふうだろう。

- 自分の部屋も片づけられないなら、私の娘は怠け者だ。
- 汚い部屋には有害な菌がいる。
- ここは私の家で、守るべきルールがある。

そして次に、これらの信念が正しいかどうかを問いかけるのだ。真実だと思ったとしても、次のように自問してみよう。

- 部屋のことで争うのと、娘と良好な関係でいるのと、どちらが大事か？
- この問題に対処する別の方法はないのか？

母親が怒れば、娘はかならず反発する。ただ怒るよりも、いまの信念をもっと有効な別の信念に置き換えるほうがずっといい。たとえば次のように。

●部屋が片づいていないからといって、怠け者とはかぎらない。たんにティーンエイジャーだから整理ができないだけなのかもしれない。
●娘は大人になるのを学んでいるところ、いちばんの学び方は、自分で一から発見していくことだ。
●片づいていない部屋を見ると不安になると伝えれば、私のために片づけてくれるかもしれない。
●ここは私の家だが、部屋は娘のものだ。

怒ることを選んでも、ルールを定めて守らせることに成功するかもしれないが、ルールを優先したことで娘との関係がこじれたとしても文句は言えない。

この例からわかるのは、私たち一人ひとりが、何を欲し、どんな行動をとり、何を信じるかを決めなければならないということだ。これは選択の問題であり、すべての選択には結果がともなう。あなたの生きる世界であなたの行動を決めることができるのは、あなただけだ。まわりの物事を変えたいなら、それらをちがう観点で見て、信念を変えなければならない。そうしないかぎり、〈グレムリン〉は居座り、あなたはその結果を受け入れなければならないだろう。

だからこれからは、ネガティブな感情の裏にある信念を特定したら、置き換える——これをくり返そう。脳のなかに新しい〈自動運転〉の経路をつくろう。そして、それを定期的に振り返ろう。

母親にも人生が必要

一部の女性の〈チンパンジー〉は、母性衝動から「どんなときにも家族をいちばんに考えないのは悪い母親」という〈グレムリン〉を入力する。その結果、彼女はすべての時間を家族の世話のために費やし、自分の時間はまったくなくなって、自分のために何かをすると罪悪感を覚えるようになる。言うまでもなく、こんな信念は有用でも健全でもない。心あたりがある人は「私の娘が母親になったときに、この信念がどんな影響を与えるだろう」と自分に問うてほしい。

〈グレムリン〉に置き換える

職場に向かう途中で、市街を運転していると仮定しよう。余裕をもって出発したというのに、突然、私道からバックして道のまんなかに飛び出している車に出くわした。その車がエンストして道路をふさいでいるせいで渋滞になり、いっこうにまえに進めない。いくら待っても、持ち主はなぜかその車を動かさない。対向車線の車もあなたを通してくれないので、身動きがとれない。一〇分がすぎ、このままだと職場に遅刻することに気づく。上司はとりわけ遅刻にうるさい。さて、どう対応すればいいのだろう。

典型的な人はこうなる。

まず〈チンパンジー〉がキーキーわめく。「この馬鹿は何してる?」、「なぜこの男は車を動かさない?」、「みんなが遅れるのがわからないのか?」、「まったく、なんでこんな目に遭わなきゃならない?」など。

次に〈人間〉が〈チンパンジー〉をなだめようとする。「まあまあ、彼も困ってるんだろう」、「わざとやってるわけじゃない」、「すぐに片づくだろう」

しかし時間がたつにつれ、〈チンパンジー〉の機嫌はどんどん悪くなり、〈人間〉も抑えようがなくなる。そこで両者が〈コンピュータ〉内の信念を調べる。そこにあるのは〈グレムリン〉だろうか、〈自動運転〉だろうか。

〈グレムリン〉なら、こんな信念だ。

- 出勤は邪魔されないものだ。
- 早く出発したのだから、こんなことは受け入れられない。
- うまくいかないものなどない。
- 誰かのせいで不都合が生じたら、怒って当然だ。
- 職場への道のりは私のコントロール下にあるべきだ。
- どうしようもない事情で問題が起きたのだとしても、当事者は非難されるべきだ。

よく考えればどれも馬鹿げているが、これらが頭のなかに隠れていると、〈チンパンジー〉が〈グレムリン〉の不合理な信念を聞いて怒りだしても不思議はない。

こんなときこそ、〈グレムリン〉を真実にもとづく〈自動運転〉に置き換えよう。逆転させた信念は次のようになる。

- 邪魔されずに出勤したいが、その保証はない。
- 早く出発したからといって、かならず間に合うとはかぎらない。
- うまくいかないこともある。
- 誰かのせいで不都合が生じても、怒る必要はなく、冷静に対処することは可能だ。
- 職場への道のりは私のコントロール下にない。
- どうしようもない事情で問題が起きたのなら、非難される筋合いはない。
- 遅刻したことで上司が怒っても、対処すればいい。

こうした〈自動運転〉が〈コンピュータ〉に備わっていれば、〈チンパンジー〉が怒ったりあわてたりしても、不適切な反応だとわかって落ち着く。だがそのためには、この反応の予行演習をくり返して、強化する必要がある。それでやっと〈コンピュータ〉内の伝達経路が上書きされ、無益なものを捨て去ることができるのだ。

「すべき（シュッド）」という巨大〈グレムリン〉

よくある破壊的な〈グレムリン〉は、「すべき」という表現をともなう。そういうことばを使いたくなったら、注意深く考えてほしい。往々にして不適切で、害を及ぼすからだ。

「自分が愛想よくしたら、みんなも愛想よくすべきだ」――こんな信念が〈コンピュータ〉のなかにあると、誰かから愛想悪くされたときに、〈チンパンジー〉が〈コンピュータ〉を調べ、怒ったり、苛立ったり、傷ついたりする。現実には、ほかの人があなたと同じ価値観をもっているとはかぎらないし、同じ信念をもって生きているわけでもない。この事実さえ受け入れられれば、〈グレムリン〉を〈自動運転〉に置き換えたくなるはずだ。

もし「すべき(シュッド)」を「かもしれない(クッド)」に置き換えられたら、生きるのが楽になる真実が手に入る。いまの例での〈自動運転〉は、「自分が愛想よくしたら、みんなも愛想よくなるかもしれない」だ。これなら、相手の愛想が悪くても失望したり驚いたりしなくなるだろう。

例をいくつかあげよう。ことばを置き換えただけのふたつの主張を比べ、感じ方のちがいについて考えてほしい。

「すべき」

- 食事にはいつも気をつけるべきだ。
- もっと整理整頓すべきだ。
- もっと〈チンパンジー〉をうまく管理すべきだ。

「かもしれない」

- 食事にはいつも気をつけたほうがいいかもしれない。
- もっと整理整頓できるかもしれない。
- もっと〈チンパンジー〉をうまく管理できるかもしれない。

「すべき」が評価、命令、罪悪感、敗北感を呼び起こしやすいのに対して、「かもしれない」は一般に、可能性、希望、ほかの道、選択、権限、変化の可能性などの感情を呼び起こしやすい。同様に、「しなけ(マ)

ればならない」に対しては「してもいい」がある。この置き換えも、いくつかの文で試してみてほしい。

何かが起きるかもしれないときに、ある程度の期待をいだくのは合理的だが、それが起きなければならないと要求するのは不合理だ。

〈グレムリン〉と踊る

〈グレムリン〉は、群れをなすと互いに強化しあい、バラバラにしにくくなる。虚偽や無用の信念のなかを飛び移っていると、あなたはしまいに〈グレムリン〉とダンスを踊るはめになるのだ。

たとえば、配偶者の親戚と会うことになったとするとしたら、あなたの〈コンピュータ〉内の〈グレムリン〉が目覚め、こんなふうに〈チンパンジー〉を扇動するかもしれない。

- 好印象を与えなければならない。
- 私はこれから査定される。
- 彼らとの共通点は何もなさそうだ。
- 馬鹿なまねをすれば、くだらない人間だと思われる。

こういう信念が輪になって踊っていたら、たとえそれが真実だったとしても役には立たない。

もし、個々の〈グレムリン〉を見つけ、それらがまとめてどうはたらいているかを知りたいなら、〈グレムリン〉が現れるたびに書き出してみることだ。それだけで、〈グレムリン〉を個別に取り除ける。ただし、一気にすべて取り除くのは無理だ。取り除くには、それぞれについて真実と論理にもとづいた答えが必要だし、ひとつずつ〈自動運転〉（＝許容できる真実）に置き換えなければならないからだ。

さっそく、いまの例で試してみよう。

まずは、個々の〈グレムリン〉に対して、自分が信じている真実にもとづく強力な答えを考えること。答えが見つかったら、次にそれを書き出し、頭のなかに根づくまでくり返し言い聞かせる。そのときには、自分を洗脳してはいけない。信じていないことでごまかしてもいけない。あなたが出す答えは、みずから真実だと信じられるものであること。そうでないと〈グレムリン〉は取り除けない。

もしかしたら、〈グレムリン〉を取り除くのに、何週間も何カ月もかかるかもしれない。〈グレムリン〉には追い払っても戻ってくるやっかいな習性があるから。それでもあきらめずに注意深く目を光らせ、〈グレムリン〉を見つけるたびに対処していこう。

〈グレムリン〉	**〈自動運転〉に置き換える**
●好印象を与えなければならない。	●私は自分以外の人間にはなれない。それをどう見るかは相手次第だ。
●私はこれから査定される。	●相手が私と会って査定するかどうかはコントロールできない。しかし、自分らしくいることはできる。

●彼らとの共通点は何もなさそうだ。 ●馬鹿なまねをすれば、くだらない人間だと思われる。	●共通点があろうがなかろうが問題ではない。いつでもこちらから質問し、答えを聞くことができる。 ●馬鹿なまねをしたとしても故意ではない。私にできるのは最善を尽くすことだけで、それをどう思うかは相手次第だ。

〈グレムリン〉がこれ以上〈コンピュータ〉に入りこむのを止める

〈自動運転〉も〈グレムリン〉も、議論や教育などを通して〈コンピュータ〉に入力される。あなたは人生で経験するあらゆることを解釈しているが、役に立たないネガティブな解釈をすると、〈コンピュータ〉のなかに〈グレムリン〉が入るのだ。反対に、その出来事や経験を建設的、ポジティブに解釈すれば〈自動運転〉が入る。だから、**〈コンピュータ〉に入力するときには、経験したことを慎重に考え、正しく解釈することが重要だ。**

かりに、職場の誰かがそっけない態度をとったとする。あなたの〈チンパンジー〉はそれを感情的に解釈し、「この人は私が好きではない」、「彼はどこかおかしい」、「私に何か非がある」、「私は誰からも好かれていない」といった結論に簡単に飛びつくだろう。可能な解釈はいくらでもある。

一方、論理的な〈人間〉はちがったふうに考える。「なぜあの人が冷たいのかわからない。理由を探らなければ」、「自分が楽しくすごせるなら、たいしたことではない」、「あの人は調子が悪いのだろう。体調がすぐれないとか、悩みがあるとか」、「たぶん私が怒らせたのだ。謝らないと」。こちらも延々と続く。

ここで大事なのは、〈チンパンジー〉の言い分を聞いたら、かならず新たな〈グレムリン〉が〈コンピュータ〉に入りこみ、古い〈グレムリン〉が強化されるということだ。ここはできるだけ〈人間〉の発言を聞いて〈チンパンジー〉を黙らせ、真実を見出し、〈自動運転〉を〈コンピュータ〉に入れたい。そのためには〈チンパンジー〉を相手にせず、〈人間〉の言うことを聞き、とにかく最初に事実を確認することだ。いまの例で言えば、その人と話してみれば頭痛がひどかったのがわかるかもしれないし、冷たい印象を与えてしまったと謝るかもしれない。すると〈コンピュータ〉には、「誰かが冷淡だったら、結論に飛びつくまえに事実を確認する」という〈自動運転〉が組みこまれる。

もし、その人が本当にあなたが嫌いで意図的に失礼な態度をとったのだとしても、〈コンピュータ〉にはこんな〈自動運転〉を組みこむことができるはずだ。「誰からも好かれるわけではない。それは受け入れなければならないし、何をしようがうまくいかないこともある」

いずれにしろ重要なのは、〈チンパンジー〉と〈人間〉の解釈と考え方を把握することだ。

Key point

〈人間〉がいつも正しいとはかぎらない。〈チンパンジー〉がいつもまちがうわけでもない。

〈チンパンジー〉と〈人間〉からは、役に立つ情報も立たない情報も〈コンピュータ〉に入力される。総じて〈人間〉は〈自動運転〉を、〈チンパンジー〉は〈グレムリン〉を入力するが、例外もある。

たとえば、かかりつけ医に診てもらったときに、医者を怒らせ、時間を浪費したと言われたとしよう。さらにその年の後半、別のかかりつけ医もまた怒らせ、時間を浪費したと言われたら、あなたのなかの〈人間〉は論理的に考え、医者がふたりともまちがうわけはないから、本当に彼らの時間を浪費したのだと解釈する。実際には、医者がふたりとも役立たずで、時間の浪費などではまったくなかったかもしれないが、〈人間〉は状況を誤った論理で解釈し、「私は医者の時間を無駄にする」という〈グレムリン〉を〈コンピュータ〉に入力してしまうのだ。同様に、〈チンパンジー〉が正しいこともある。たとえば、誰かに会ったときに、〈チンパンジー〉は相手のボディランゲージから、この人は信用できないと見抜くかもしれない。そしてその直感どおり〈コンピュータ〉に「この人物は信用できない」と入力する。〈チンパンジー〉の解釈が正しくて、あなたにそれを聞く賢さがあれば、これは〈自動運転〉となる。

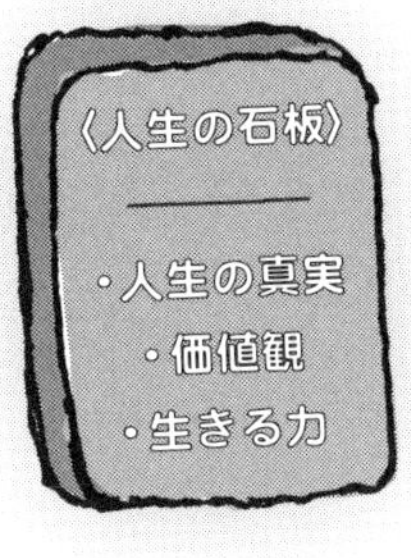

〈人生の石板〉を完成させる

あなたの〈宇宙〉に秩序をもたらすためにもっとも重要なのは、〈宇宙〉の中心にある〈太陽〉をすべての焦点にすることだ。〈太陽〉とは、あなたが信じる人生のすべて、そして自己実現のことだ。かりに宗教的な強い信念をもっている場合でも、その信念を明らかにし、それにしたがって生きているかどうかを確認することには価値がある。

もしも強い信念がなければ、人生の究極の目標と思えるものをしっかり定めなければならない。なぜなら、それがあなたの「生きる力」を定義するからだ。多くの人は、おのおの信念とかかわりなく、人生は自己実現と幸せのためにあるということに同意するだろうが、あなたにとって何が重要かを判断できるのは、あなただけだ。

Key point

あなたの〈宇宙〉全体を安定させる鍵は〈人生の石板〉である。

マインドセットを確立し、それにしたがって生きる

病院で医学生たちと共同研究をしていたときに、私はある実験をした。まず学生の何人かに、自分は医局長だと思いこむよう指示して、その後の行動を観察したのだ。すると、ほとんどの学生が通路の中央を歩き、スタッフや患者に礼儀正しく「おはよう」と挨拶し、自分のほうから話しかけた。

次に同じ学生たちに、今度は病院のパート雇いの清掃人で、もうすぐ解雇されそうになっていると想定してもらった。今度はほとんどの学生が通路の端を歩き、誰かが通りかかっても話しかけることはなかった。彼らは通路での行動を観察されていると知らされていなかったが、自己認識のちがいで行動も変わることをあとで確認して、驚いていた。

自分がどう受け止められているかを知りたいなら、まわりにどういう影響を与えているかを見るといい。

あなたは周囲に仲間だと思われているか？　周囲を元気づけているか？　何人かの友人に尋ねれば、あなたがまわりにどんな印象を与えているかは確認できるはずだ。不快な真実を告げられても動じないように心の準備をしておこう。厳しく批判されたら、少なくともその印象を変える出発点に立ったと考えればいい。自分についてどう考えれば建設的で、どう考えれば破壊的かを判断し、自分に現実的な期待をもつことができれば、先は明るい。

とはいえ、あなたの価値観は、まわりからどう見られているかや、何を達成するかよりはるかに重要だ。この点は忘れないでほしい。

Key point
友人はあなたの価値観と個性に惹かれる。業績や地位、資産に惹かれるのではない。

価値観と心がまえはどちらもあなたにとって重要で、あなたを定義するものだ。だから、自己イメージを形づくるときにはそれらを明確にして、改善しよう。業績をあげたり、資産を築いたりして満足を得ることを否定するつもりはないが、そうした行為はあなたの価値観に沿っていなければならない。ところで、すでに述べたように、マインドセットは自分だけでなく、他人や世界をどうとらえるかという問題でもある。ここで、両極端のふたりを想像してほしい。

ひとりは、自分はいまいる世界の所有者だと信じている。何しろ自分の世界だから自信満々で、堂々と話す。もちろん、地球は誰のものでもないが、私たちはそれぞれ自分の世界をもっていて、その統治方法は自分で決められる。そこに誰を入れるかについても、大きな権限をもっている。

もうひとりは、自分は誰かほかの人が治める世界に住んでいて、そこには帰属していないと考えている。こちらは自信がなく、そこにいる権利もないと思っている。その結果、不幸で、自己防衛に努め、世界を危険で怖ろしい場所と見なす。さらに、まわりから迫害されるので自分の立場を守らなければならないと思うかもしれない。他人の世界だと思うだけで、ほかにも多くのネガティブな信念が生まれるだろう。

私たちの大半はこの両極端の中間にいるが、気をつけていないとどちらかに流されてしまう。

まとめ

- 〈コンピュータ〉は正確に動作することが肝要だ。
- 〈グレムリン〉は探し出せれば〈自動運転〉に置き換えることができる。
- 〈人生の石板〉は精神のもっとも力強い部分だ。
- 〈人生の石板〉は完成させることができる。
- 〈人生の石板〉を毎日、目に見えるようにして強化すれば、心がかなり落ち着く。
- 人生に立ち向かう正しいマインドセットは自分次第で選ぶことができる。

おすすめのエクササイズ：〈コンピュータ〉を管理する

「すべき」＝〈グレムリン〉を「かもしれない」＝〈自動運転〉に置き換える

なんらかの圧力やストレスを感じたら、うしろに不適切な「すべき」＝〈グレムリン〉が隠れていないか見きわめよう。その〈グレムリン〉を「かもしれない」＝〈自動運転〉に置き換えて、生じる感情のちがいについて考えよう。このエクササイズをくり返しおこなえば、〈コンピュータ〉内の〈自動運転〉が増え、入力がなくても自動的に動くようになる。

究極の安定装置

あなたの〈人生の石板〉を振り返り、完成させ、それを貼りだし、必要に応じてつくり替えることの重要性は、いくら強調してもしきれない。それを心にしっかりと据えれば、〈チンパンジー〉、〈人間〉、ひいてはあなたの存在そのものを、もっとも安定させることができる。〈人生の石板〉は、あなたの〈心のなか〉と〈宇宙〉全体の究極の安定装置であることを、よく憶えておこう。

6章 個性と心の関係について——心は個性にどんな影響を与えるのか

前章までで、あなたの脳のなかには三つの部分、つまり〈人間〉、〈チンパンジー〉、〈コンピュータ〉があることが理解できただろう。この章では、〈コンピュータ〉（＝〈導きの月〉）がどのように〈人間〉と〈チンパンジー〉の対立（＝〈半分ずつの惑星〉）を安定させるかについて説明しよう。

〈コンピュータ〉と〈チンパンジー〉、〈人間〉とのやりとり

〈チンパンジー〉と〈人間〉が心配もせずリラックスしているときは、自動的に〈コンピュータ〉がはたらく。〈コンピュータ〉は自動プログラムで動作するので、意識的な努力をしなくてし日常の仕事をこなせる。しかし、なんらかの危機や未知の状況に遭遇したときには、〈チンパンジー〉と〈人間〉が目覚め、行動を支配する。

〈チンパンジー〉、〈人間〉、〈コンピュータ〉の入力処理

下の図のように、一連の動作は〈チンパンジー〉が危険の有無を判断することから始まる。その後、三つの脳のどれが状況に対処するのかは、おもにふたつの要因で決まる。

●〈チンパンジー〉が危険や脅威を察知するかどうか。
●〈人間〉になじみのある状況かどうかかどうか。

極度の危険や脅威があるときには、〈チンパンジー〉が主導権を握る。そしてそれが一般的な脅威なら、〈チンパンジー〉が〈コンピュータ〉を調べ、蓄積された情報を確認する。それでも〈チンパンジー〉が安心しなければ、〈チンパンジー〉が主導権を握りつづけるが、安心すれば〈人間〉か〈コンピュータ〉がはたらく。一方、〈チンパンジー〉がなんの脅威も検知しないときには、〈人間〉か〈コンピュータ〉があとを引き継ぐ。この相互作用をわかりやすく説明するために、ピアノの演奏を例にとろう。

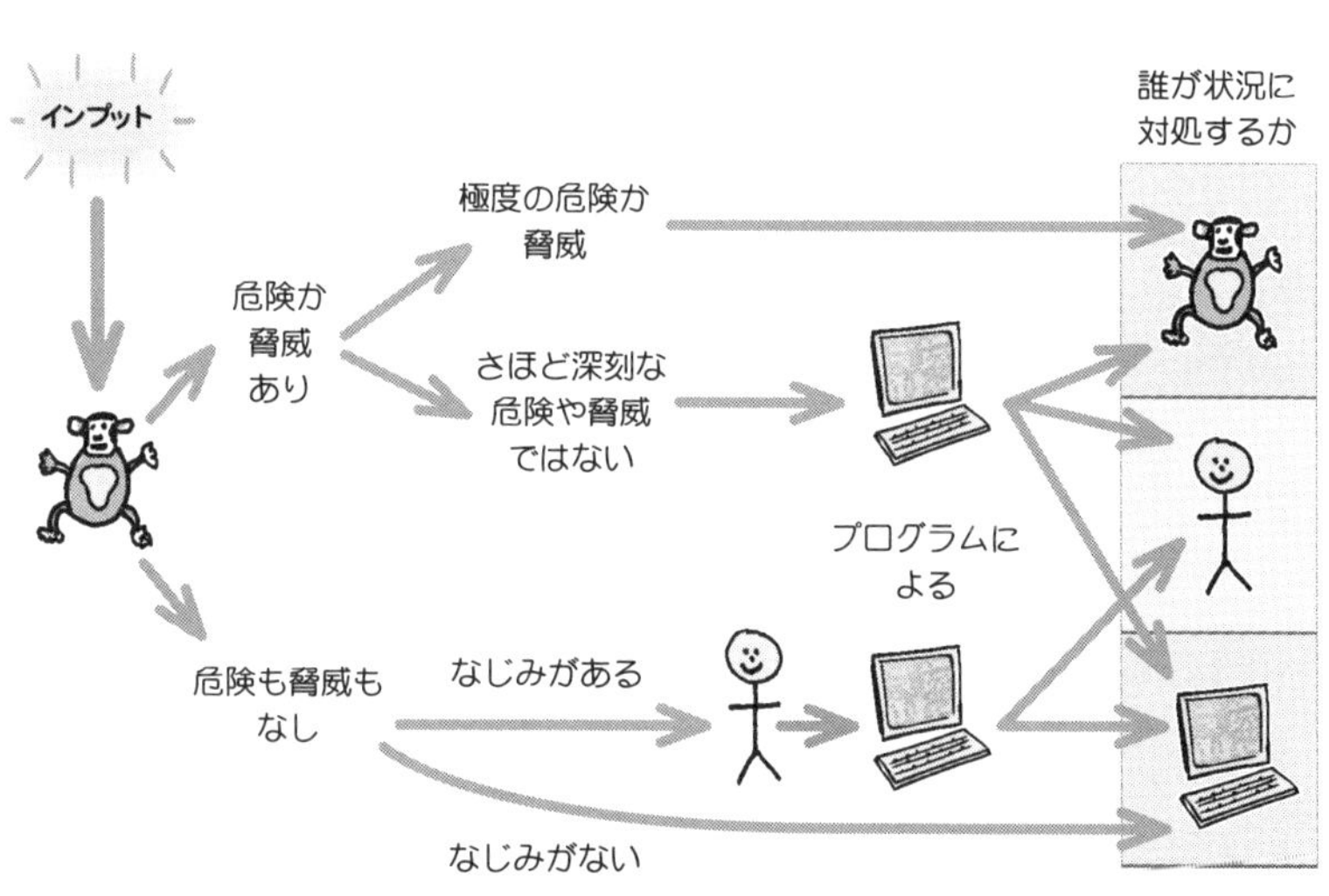

ピアニスト

ピアニストがお気に入りの曲を弾いている。過去に何度も楽々と弾いてきてよく知っている曲だから、〈コンピュータ〉にしっかりとプログラムされていて、なんら意識することなく指を動かせる。自動モードだ。いま〈コンピュータ〉は淡々と仕事をし、〈人間〉は気分よくリラックスしている。それでも〈チンパンジー〉は緊張しやすい。このとき考えられるのは三つのシナリオだ。

――シナリオ1

私が部屋に入るが、ピアノを弾きつづけている人にはなんの脅威も与えない。「コーヒーを飲みますか?」と訊くと、ピアニストのなかの〈人間〉がイエスかノーと答え、〈コンピュータ〉はミスなく演奏を続ける。〈チンパンジー〉は脅威がないので眠っている。

――シナリオ2

私が部屋に入り、ピアニストに「どうして指がそんなに自由自在に動くのか、教えてもらえませんか」と尋ねる。私は脅威を与えないので、ピアニストの〈チンパンジー〉は休んだまま、その質問は〈人間〉に向けられる。すると〈人間〉が目覚め、ゆっくりと考える。だが〈人間〉は物事を根本から考えなければならないので、調子が狂う(〈コンピュータ〉の二〇倍時間がかかる)。ピアニスーは演奏を中断し、「いますぐには考えられませんが、あなたが黙って見ているだけなら、あとでお答えします」と返す。そして中断した箇所に戻り、またすぐにうまく弾きだす。

――シナリオ3

私は有名なピアニストの集団を引き連れて部屋に入り、弾いている人に「どのくらいうまいか聞かせてもらいますよ」と言うなりピアノにもたれ、熱心に相手を見つめる。今回はその人物の〈チンパンジー〉が目を覚まし、危険を察知してあわてふためく。そして感情的で予測不能になる。会話を始めるのは〈チンパンジー〉だ。たいてい守りを固め、その人物の〈人間〉から主導権を奪ってしまう。ありがちな反応は、「今日は調子が悪いんです」と言って演奏を中断してしまうか、〈チンパンジー〉が弾こうとしてみっともない結果になるかだ！

計算の問題

もうひとつ、今度は三つの脳が共同ではたらく例をあげよう。思考がいちばん速いのは、すべての情報が整然と蓄えられている〈コンピュータ〉だ。もし単純なかけ算、たとえば3×3の答えを訊かれたら、即座に答えられるだろう。〈チンパンジー〉も、単純な計算であれば、なんら脅威を感じない。だが、13×17はと訊かれてわからなかったら、〈人間〉が〈コンピュータ〉の助けを借りてしばらく考えなければならない。

さらに別の複雑な計算を、赤の他人が集まったまえでやれと言われれば、あなたは脅威を感じ、脳内の血流が〈チンパンジー〉に直接向かうだろう。そのとき〈チンパンジー〉が何をするかは誰にもわからない。叫ぶかもしれないし、笑いだしたり、たんに計算を断ったりするかもしれない。確実にわかっているのは、脅威を感じたとき、血流がまず〈チンパンジー〉に、その後〈人間〉か〈コンピュータ〉のどちらかに向かうということだ。この例で、かけ算をうまくやりたければ、まず〈チンパンジー〉を管理したあと、〈人間〉が正解を〈コンピュータ〉に入力して、しっかり学ばせるといい。

初期設定されたプログラムをどう変えるか

脳内のメカニズムを理解したら、今度はそこに介入して、私たちのために動かす方法を学ぶ番だ。

脳内の情報処理を調整する方法は三つある。第一は、〈人間〉が介入し、〈チンパンジー〉がみずからの考えで動かないように管理すること。第二は、他者の助けを借りること。第三は、〈コンピュータ〉を使って〈チンパンジー〉を管理することだ。

〈人間〉の介入

2章（三四ページ）で述べたことをもう一度、図で復習しよう。今回は、介入する線を加えた。**起きたことに対して〈チンパンジー〉が最初に反応するのは止めようがない（ふたつの経路の第一ステップ）。**だが、〈チンパンジー〉がその反応にもとづいて行動するのを止める手立てはある。

つまり、〈チンパンジー〉がその出来事に反応し、状況に応じた感情的思考に入ろう

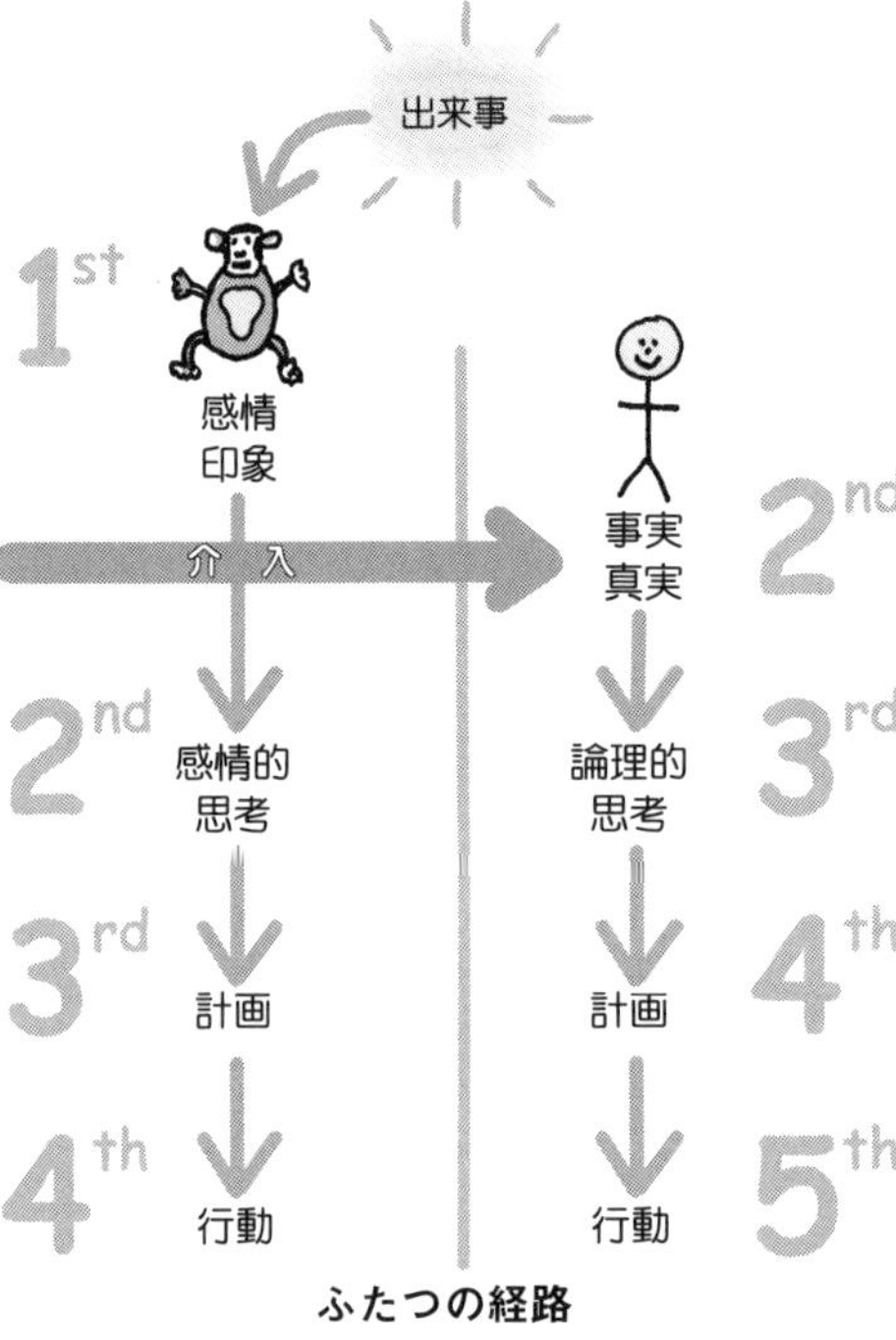

ふたつの経路

とするタイミングで、〈人間〉が介入するのだ。〈人間〉は「事実」と「真実」を用いて論理的思考をうながし、〈チンパンジー〉が感情的思考に進もうとするのを止めることができる。

骨折で休暇が台なし

次の例で練習してみよう。トニーは友人と、今度の休暇を国外ですごす計画を立て、とても楽しみにしていたが、出発する一週間前に転んで、脚の骨を折ってしまう。

この情報はまず〈チンパンジー〉に届く。〈チンパンジー〉は当然ながら、「フェアじゃない」、「こんなことが起きるなんて信じられない」、「これだけはやめてほしかった」などと金切り声をあげる。〈チンパンジー〉が最初に情報を受け取って反応するのを止めるすべはないので、トニーはそれを受け入れ、対処するしかない。

だが、そのあとのトニーには選択肢がある。感情的思考に入る〈チンパンジー〉に主導権を握らせるか、それとも〈人間〉を介入させるかだ。〈チンパンジー〉は不満と怒りで悲惨な想像ばかりし、建設的な計画はまったく立てないが、人間なら〈チンパンジー〉に事実と真実を示して反応を止め、論理的思考で建設的な計画をつくれるだろう。〈チンパンジー〉に示す事実とは、たとえば「起きたことは変えられない」、「このあとの数週間をできるだけ楽しむか、不平を言いつづけてみじめなままでいるかだ」、「理想的な状態ではないが、まだこのあとの数週間に楽しみを見つけることができる」などになる。

この場合、トニーは実現を心待ちにするような建設的な計画を立てなければならない。そうしないと、〈チンパンジー〉が主導権を握りつづけ、視野はさらに狭くなって、先の楽しみがまったくない悲惨な状態になってしまうからだ。もしトニーの〈人間〉が〈チンパンジー〉を管理できないのなら、誰かに支援を頼めばいい。トニーの感情に巻きこまれない友人なら、〈チンパンジー〉の言うことに耳を傾けてくれたあと、状況を論理的に考え、建設的な結果へと導いてくれるだろう。

とはいえ、〈人間〉が絶えず〈チンパンジー〉に話しかけ、落ち着かせるのは感情的に疲れる。便利で強力な手法ではあるが、疲労が大きい。こういうときに〈コンピュータ〉を利用すれば、それほど労力をかけずに〈チンパンジー〉に対処できる。

〈コンピュータ〉は力強く教える情報源

〈人間〉が〈チンパンジー〉を止めるときの問題点は、〈人間〉の行動が遅いということだ。また、事実や真実で〈チンパンジー〉に介入するのには多大なエネルギーを要するので、〈人間〉がそれらを思いつくまえに〈チンパンジー〉が反応してしまうこともある。〈チンパンジー〉の思考が〈人間〉より五倍速いことを思い出してほしい。〈人間〉は絶えず〈チンパンジー〉を追いかけることにもなりかねない。

しかし、〈人間〉を関与させなければ話は変わる。すでに述べたように、〈コンピュータ〉は〈人間〉の二〇倍、〈チンパンジー〉の四倍の速さで思考する。だから、〈チンパンジー〉が考えるまえに〈コンピュータ〉を起動できれば、〈人間〉と〈チンパンジー〉の対立は回避できる。

五八ページで紹介したエイミーの例をもう一度考えてみよう。運転中に別の車が前方に割りこんできたとき、〈チンパンジー〉は「こちらの縄張りにわざと入って挑戦してきた。反撃して勝たなければ」と言い、〈人間〉は「相手は礼儀知らずか、判断を誤ったのだろう。どちらにしても、つまらないことだ。そんなことで悩みたくない」と言う。

では、もし〈コンピュータ〉がこのふたつの入力情報を受け取ったら？　たぶん〈チンパンジー〉の意見にしたがうだろう。〈チンパンジー〉は最強だから。その結果、このドライバーは相手と争いはじめるが、たいてい得るものはなく、イライラだけが残る。そして、〈コンピュータ〉はこの結果を記録する。

次に同じことが起きたとき、〈コンピュータ〉は〈チンパンジー〉に争いはあまり役に立たないことを思い出させるが、〈チンパンジー〉は聞く耳をもたず、同じように攻撃的に反応する。激しい争いになって〈チンパンジー〉が傷つくと、〈コンピュータ〉はこれも記録する。さらにまた同じことが起きたとき、〈チンパンジー〉はやはり怒る。だが、〈コンピュータ〉を見ると報復は得策ではないとわかり、行動を止める。

〈チンパンジー〉はまだ立腹し、イライラを抱えたままだが、ここで代替案が出てくる。今度は〈人間〉が冷静に路上の報復行為について考え、〈チンパンジー〉のように考え、行動したくないと論理的に判断する。文明的な人間として行動することを望み、文明社会では好ましくない人々とも共存しなければならず、つまらないことで争っても不毛であることを受け入れるのだ。

こうして〈人間〉は、〈自動運転〉を〈コンピュータ〉に組み入れ、〈コンピュータ〉は晴れて〈人間〉と〈チンパンジー〉の双方に忠告する用意ができる。また事件が起きれば、〈チンパンジー〉はやっぱり即座に反応するだろうが、〈コンピュータ〉の〈自動運転〉が、原始的な衝動で行動するのは無益だ、どうせ勝てないし、喧嘩はよくない、と言うので、そのことばを聞くか、少なくとも一時停止する。その間に〈人間〉が同じメッセージをくり返して、思考の主導権を握る。やがて〈チンパンジー〉も落ち着いて、〈人間〉が運転を続けることになる。

トニーの例では、脚を骨折して〈チンパンジー〉が反応を始めたところだ。そのとき彼が〈人生の石板〉をしっかりもっていたとしたら、そこには、たとえば次のような絶対的な信念が刻まれているはずだ。

- 私は大人で、どんな状況にも対処できる。
- 人生はそもそも不公平だ。
- すべてのものは移り変わる。
- 失意はつらいが、広い視野で考えなければならない。
- 幸せはいろいろな方法で見つけ出せる。
- 心の平和をもたらすのは、起きることそのものではなく、それらにどう対処するかだ。
- 毎日が貴重だ。

　トニーがこうした真実を本当に信じていれば、〈コンピュータ〉を調べた〈チンパンジー〉が、それらを発見する。この動作は瞬時におこなわれるので、トニー自身、何があったか気づくこともなく、ただ穏やかに状況に対処するだけだ。脳スキャナーでの測定によると、このときの反応速度は〇・〇〇二秒未満と推定される。

　つまり、自分の信念と真実を何度も確認していれば、いつでも〈コンピュータ〉が〈チンパンジー〉の反応を止めるようになるということだ。しかも、ほとんどエネルギーを使わないので、〈チンパンジー〉を扱うには最高の方法だ。

〈人生の石板〉は〈心のなか〉における究極の力なのだ。

〈チンパンジー〉は
〈コンピュータ〉を確認する

あなたの個性

私たちはみな個性について深く考えるが、これを定義するのは容易ではない。ことばにするのはむずかしいが、広義では、「個人に根づいた予測可能な行動や反応」といえる。たとえば、知らないことに遭遇するたびに不安になる人の個性は、心配症ということになる。逆に、どんな状況でもあわてない人の個性は、冷静ということになるだろう。では、彼らの内面では、実際に何が起きているのだろうか。これには多くの説や議論があるが、本書のモデルを使って考えてみよう。

あなたが外の世界に見せる個性は、〈人間〉、〈チンパンジー〉、〈コンピュータ〉の混合だ。〈人間〉と〈チンパンジー〉には、建設的または破壊的、快適または不快というふうに、別々の個性がある。かならずしも〈人間〉がよくて〈チンパンジー〉が悪いわけではない。たとえば、あなたの〈チンパンジー〉はやさしく、〈人間〉はとても冷たいかもしれない。ただ、一般に〈チンパンジー〉はあまり役に立たない！

また、あなたの〈チンパンジー〉の個性は、あなた自身と

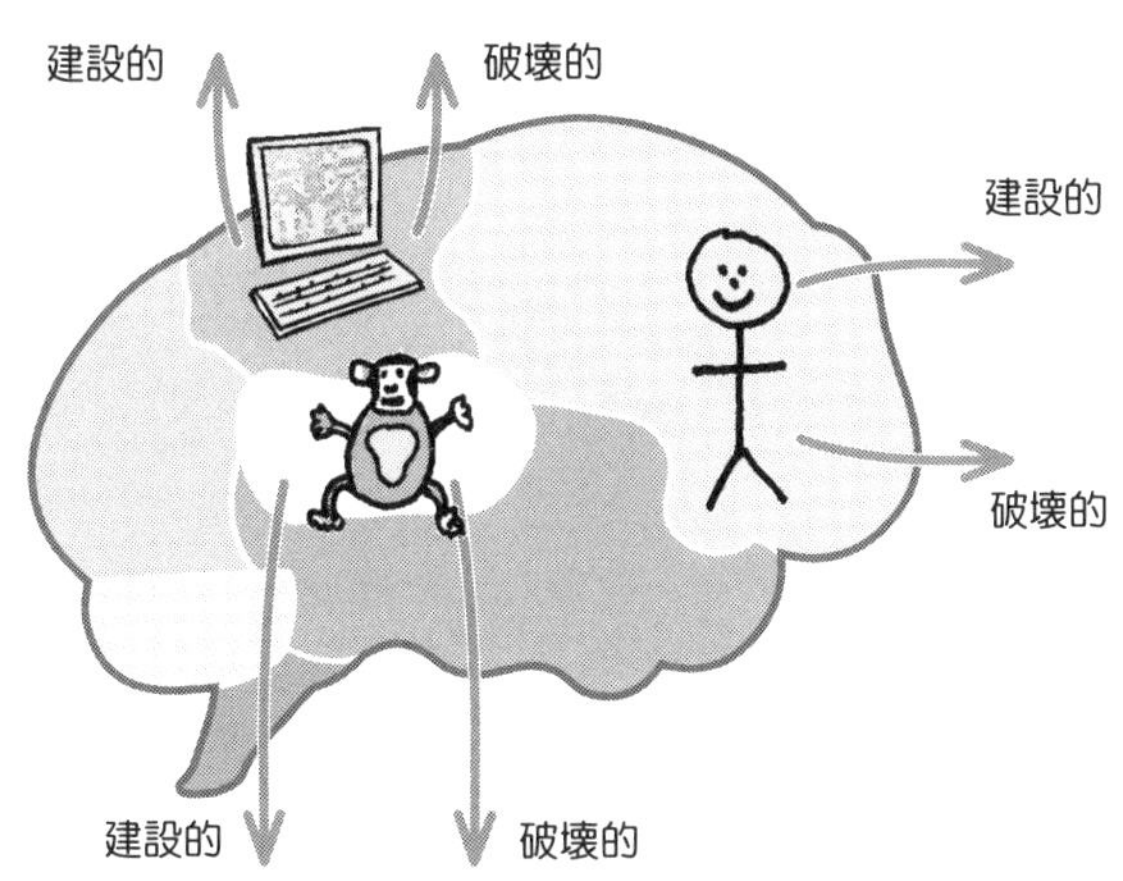

三者はそれぞれ別の影響力をもち、建設的にも破壊的にもなりうる

はなんの関係もない。そこを理解することも非常に大切だ。〈チンパンジー〉は、ともに働くようにあなたに与えられた、いわば「マシン」にすぎない。あなたの個性は、〈チンパンジー〉とけまったく異なるかもしれない。一方、〈コンピュータ〉は〈人間〉と〈チンパンジー〉が示したものをたんに修正するだけなので、あなたがどうプログラムするかによって、役に立ったり立たなかったりする。

個性は長い時間をかけて変わりつづける

脳は成長の段階ごとに構造の多くが変化する。また、ホルモンの分泌レベルも変わる　異なるホルモンは脳の異なる部位に影響を与え、人生のいろいろな時点であなたの「マシン」の機能や動作を開始させるのだ。すると、〈チンパンジー〉と〈人間〉も変化し、物事をちがったふうに知覚しはじめる。おそらくそのもっともわかりやすい例は、両親の考えを素直に受け入れる子どもと、両親の考えに自然と逆らいはじめるティーンエイジャーのちがいだろう。

言うまでもなく、個性の発達には社会的な要因も大きな役割を果たす。たとえば、独立したり責任を負ったりすれば、世間に対する態度は変わってくる。何かの責任を引き受けたことで、個性が突然変わることも少なくない。そこに脳の加齢も加わり、私たちの個性は変わりつづける。遺伝の青写真は変わらないとしても、〈チンパンジー〉と〈人間〉は成長し、絶えず発達していくということだ。

「生まれ」と「育ち」

〈チンパンジー〉、〈人間〉、〈コンピュータ〉はどれも、生まれと育ちの混合物である。「生まれ」とは、出生時に親から与えられた遺伝情報で、妨害がなければそのまま発現する。「育ち」とは、人生における経験や、その経験に対する反応と解釈、そしてそれらが将来私たちに与える影響をいう。

生まれ

〈人間〉、〈チンパンジー〉、〈コンピュータ〉はみな遺伝で受け継いだ特徴をもっている。たとえば〈チンパンジー〉は、さまざまな感情的な特徴、〈人間〉は論理的、芸術的に考える能力、〈コンピュータ〉は言語や音楽のプログラムをつくる能力を受け継いでいる。こうした特徴や能力は、人によって強さがまちまちだ。だから、不安になる特徴を受け継いだ人は、リラックスする特徴を受け継いだ人より冷静でいることがむずかしい。

育ち

人は、経験と、その経験で教えられたり反応したりすることによって学習する。深刻な経験で大きな影響を受けることもあれば、ありきたりでほとんど影響がない場合もあるが、たいていは経験そのものより、その経験をどう解釈するかのほうが重要だ。また、プロセスで大きな影響力をもっているのは、両親と社会だ。

一般的に、〈チンパンジー〉は育ちより生まれに支配され、〈人間〉は、生まれから得るものもありながら育ちのほうが勝っている。

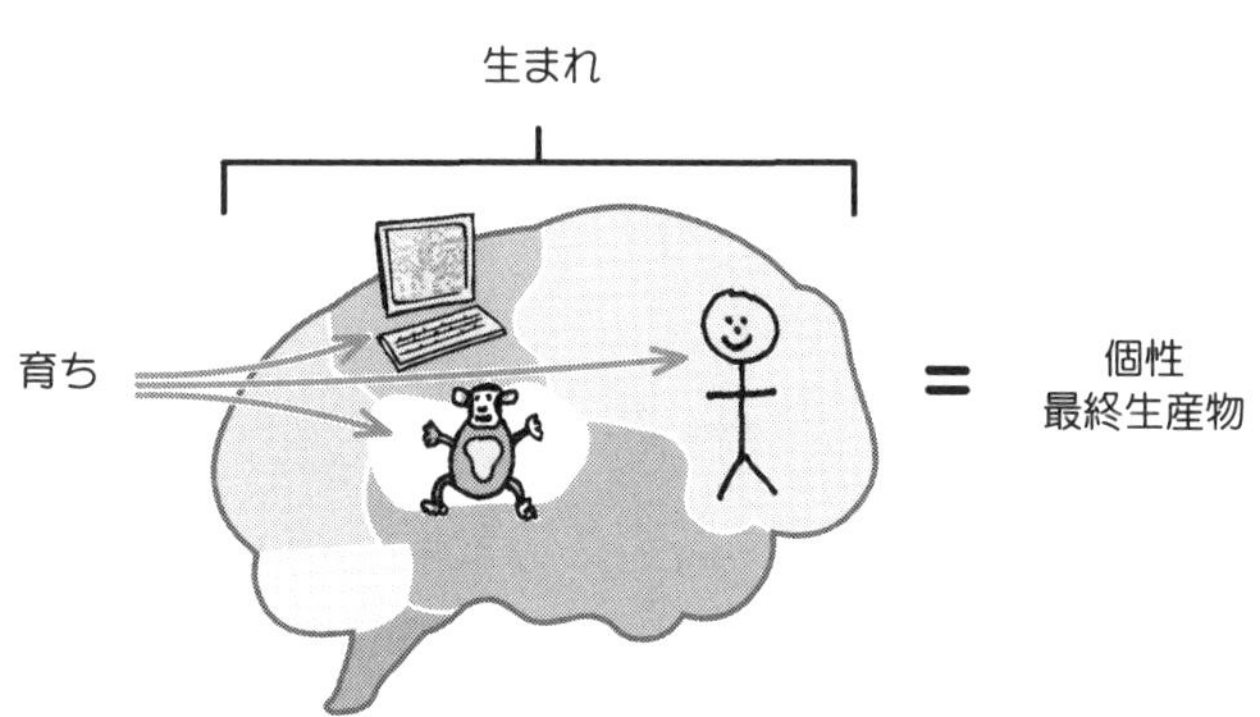

〈チンパンジー〉、〈人間〉、〈コンピュータ〉は、生まれと育ちの相互作用によって、最終生産物を生み出す

そして〈コンピュータ〉は、ふたつがほどよく混じっている。三者三様のそれらが相互に作用して、最終的な個性を形づくる。あるときには〈チンパンジー〉が出てくるし、別のときには〈人間〉が出てくるので、多重人格になったような気がしても、なんの不思議もない！

とはいえ、あなたの真の個性は〈人間〉である。〈チンパンジー〉はたんに主導権を奪い取り、しばしば本来のあなたではない望ましくない姿を表に出すだけだ。

個性を形づくるほかの要素

〈人間〉と〈チンパンジー〉のなかには、遺伝子と経験のほかにも、あなたの行動に影響を与える大きな要素がいくつかある。たとえば、衝動や願望を実現する「粘り強さ」は成功の重要な要素だが、これも個性の一部だ。さまざまな状況に対する「柔軟性」や「順応性」も事業の成功を左右する。たびたびくり返して定着した行動、すなわち「習慣」も個性の表れだと広く考えられている。だから、役に立たない行動は変える価値がある！

4章でマインドセットについて論じたが、あなたのマインドセットは〈コンピュータ〉内に構築され、明らかに個性の一部となって、〈人間〉と〈チ

マインドセットが個性の表れ方に影響する

ンパンジー〉の行動と思考に影響している。そのため、自己と他者にポジティブなイメージをもち、自分は快適な世界に住んでいると感じている人は、ポジティブで快適な個性を持つ可能性が非常に高い。

あなたの本当の姿は？

これまでにあげた要因のすべてが、多かれ少なかれ最終的な個性に影響を与えるのだとしたら、自分の本当の姿をどのように見定めればいいのだろう。簡単だ。自分はこうありたいと思うことを書き並べれば、それが「あなたの本当の姿」なのだ。たとえば、温厚で、やさしく、合理的で、ポジティブで、自信にあふれ、楽しい。そこから少しでもはずれているなら、〈チンパンジー〉に乗っとられている。これは非常に重要なポイントだ。

Key point
なりたいと思う姿、それこそが本当のあなただ。

いまはなりたい姿でなくても、たんに〈チンパンジー〉に乗っとられているだけだから、それを止めればいい、と理解することが大事だ。あなたは本当の自分でいたいのに、〈チンパンジー〉が妨害し、感情的思考で主導権を握りつづけて、好ましくない姿を世の中にさらすように仕向けているのだ。〈コンピュータ〉に〈グレムリン〉がいれば、〈コンピュータ〉もあなたに影響を与え、望まない姿にしてしまう。

この乗っとりを理解できないと、自分に幻滅したり、自分を責めたりしてしまう。そんなのはまったく意味がない。失敗したと思って自責や自己嫌悪に陥るのは、無益な時間と感情の無駄遣いだ。

そういう思考をやめ、本来の自分はこうありたいと願っているとおりで、それを〈チンパンジー〉と〈グレムリン〉が妨げているという理解に立てば、自分ではなく〈チンパンジー〉と〈グレムリン〉を責めながら前進し、〈チンパンジー〉の管理と〈グレムリン〉の除去に励むことができる。そのほうがはるかに建設的だ。

ここでさっそく、あなた自身に焦点を当てよう。あなたがめざす個性のリストには、正直、楽しい、自信に満ちている、信頼できる、親しみやすい、などがあるだろう。しかし、あなたが意識的に取り組まないかぎり、たとえ〈チンパンジー〉の妨害がなくても、実現する可能性は低い。大多数の人は、幸せや落ち着きを手に入れる能力があるのに、その部分を発達させていないのだ。あなたを「本来のあなた」にするには時間と労力がかかるが、開花させたい特徴を引き出すための計画を立てれば前進できる。それはすぐそこにあるが、いまは、おそらくたまにしか見えない。それをいつも見えるようにするのだ。方法を説明しよう。

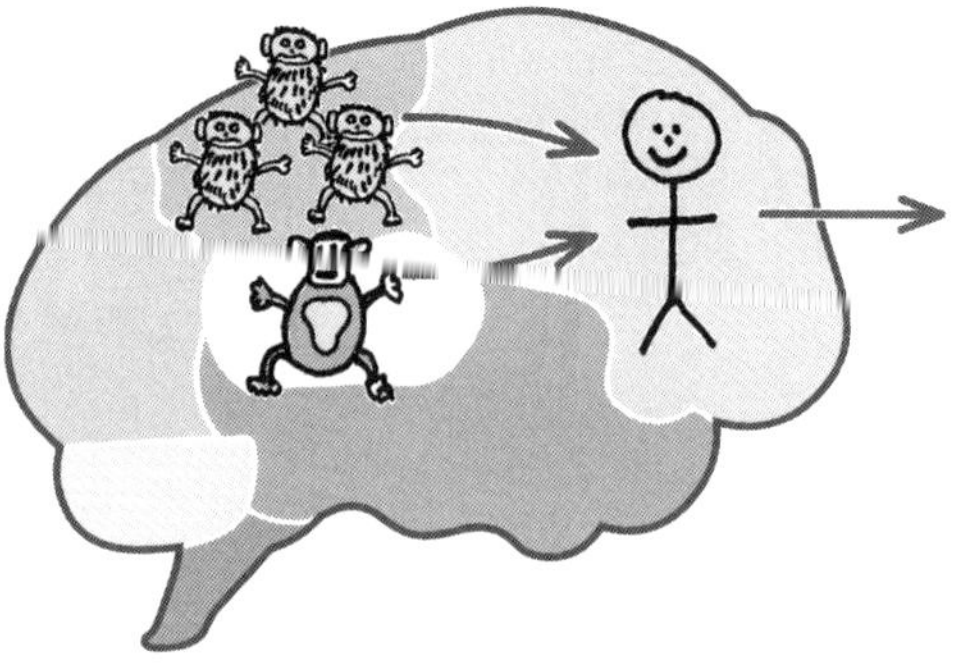

〈チンパンジー〉か〈グレムリン〉に乗っとられることもある

個性を変え、成長させる

多くの人がしたい質問は、「私の個性は変えられるの？　ほかの人はどうなの？」だろう。

かつて、私は同僚から、「どうやって人々を変えているの？」と訊かれたことがある。そのときの私の答えは、「そんなことはできない」だった。私にできるのは、一人ひとりが自分の〈チンパンジー〉を管理し、〈コンピュータ〉を調整、維持するのを助けることだけだ。私は他人の〈チンパンジー〉を変えたことはない。そもそも変えられないし、変えようと試みたこともない。だが、本人が〈チンパンジー〉を管理し、〈コンピュータ〉を維持するようには導いてきた。その結果、多くの人に本来の姿が現れた。

もし、あなたも〈人間〉を成長させ、自分の最上の部分を出したいなら、次のようなことに挑戦するといい。ただし、あなたの個性のどの部分も、成長させるまでには時間がかかる。だから、一度にひとつだけ取り組み、進捗を見ていこう。それが、結局はいちばんの早道だ。

- 自分を成長させる。
- 〈チンパンジー〉を管理し、〈グレムリン〉を取り除く。
- 効果的にコミュニケーションをとる。
- まわりに適切な人を集める。
- 自分の住みやすい世界をつくる。
- 自分の面倒をみる。
- 人生の質を高める。

これらを注意深く見ると、おのおのが〈心のなかの宇宙〉の惑星に相当するのがわかるだろう。つまり、あなたの本当の個性を成長させ、引き出すには、それぞれの惑星に取り組み、うまく機能させる必要があるということだ。〈心のなかの宇宙〉はそのためにある。

まとめ

- 〈チンパンジー〉はつねに〈人間〉より早く解釈する。
- 〈チンパンジー〉は、危険も脅威も感知していないときにだけ、〈人間〉に主導権を渡す。
- 〈人間〉は事実と真実を用いて、〈チンパンジー〉の反応に介入できる。
- 行動をとろうとする〈チンパンジー〉を落ち着かせるように、〈コンピュータ〉をプログラミングすることができる。
- 個性は、〈人間〉、〈チンパンジー〉、〈コンピュータ〉の混合物だ。
- 生まれと育ちの両方が、個性に影響を与える。
- マインドセットがあなたの印象に影響する。
- 自分のなかの〈人間〉、〈チンパンジー〉、〈コンピュータ〉にはたらきかければ、個性を調整できる。
- なりたい自分が本来のあなただが、〈チンパンジー〉に乗っとられて、それとちがう存在になっている。

おすすめのエクササイズ：本当の自分を知ろう

あなたの理想の人物の特徴を書き出してみよう。次に、実際の自分はこうだと思うことを書く。さらに、あなたをよく知る親しい友人に頼んで、あなたの個性だと思うものを書いてもらう。そして三つを比べてみよう。そのうえで、〈チンパンジー〉と〈グレムリン〉の妨害を止め、理想的な自分になるために、まずどの〈グレムリン〉を取り除き、どんな〈チンパンジー〉の行動を管理すべきか見きわめよう。

Part 2

日々をどう生きるか

7章 他者を理解し、関係を結ぶために ——他者の惑星

〈群れの月〉

〈他者の惑星〉

他者を理解する

- 他者の心と個性を理解する
- 物理的に異なる脳
- 異なるマインドセット
- 誰かと会うとき
- 第一印象
- なぜ他者を理解したいと思うのか
- 現実的な期待をもつ

〈他者の惑星〉とは、他者との関係や相互作用が生じる場所のことだ。この章では、人をよりよく理解するための基本的な考え方と、人と有意義で有益な関係を築く方法について解説する。

私のある同僚は、妻について悩みを抱えていた。妻はよく気むずかしくなっては不快なことを口にし、

そのくせあとで後悔して謝るのだ、と。だが彼は、それは妻の〈チンパンジー〉が勝手に暴走しているせいだと気がついた。彼女は〈チンパンジー〉を制御できないので、突然主導権を奪われ、あとで悔やんでいたのだ。また、同僚も妻の〈チンパンジー〉のことばに反応することで、自分の〈チンパンジー〉に乗っとられていた。つまり、口論していたのはふたりの〈チンパンジー〉で、〈人間〉同士ではなかった。そのことがわかってから、ふたりは助け合って〈チンパンジー〉を管理できるようになり、〈人間〉同士で共同作業をするようになった。

あなたの世界に住む、他者の心と個性を理解する

他者を理解しようとするかどうかは、あなた次第だ。だが、理解すれば最終的にはあなたの利益になる。考えてみてほしい。もし猫を飼っていたら、棒っきれを投げて取ってこさせるだろうか。投げて猫が反応しないと苛立つだろうか。あるいは、犬を飼っていれば、その犬が一日じゅうじっとしていて散歩を嫌がるとは思わないはずだ。つまり、相手を理解し、現実的な期待をいだけば、相手の助けになるし、あなたもイライラせずにすむのだ。

誰かに現実離れした期待をいだいて、わめいたり、苛立ったり、怒ったり、機嫌をそこねたりすることは、なんの利益にもならないばかりか、たいてい愚かな結果に終わる。他者のあらゆる責任に目をつぶれと言っているのではない。現実の世界に生きようと言いたいのだ。ほかの人の生き方は変えることができず、相手にまかせるしかない。しかし、彼らから最高のものを引き出し、限界を受け入れるかどうかは、あなたが決められる。当然ながら、相手の態度に我慢できなかったり、こちらが誠意を尽くしても折り合

えなかったりしたら相手から遠ざかることも、選択肢に含まれる。

誰かと協力しなければならないのに、まえに進めないとき大切なのは、ごく単純に言えば、目のまえにいるのがどういう人かを発見することだ。そうすればあなたは、彼らが〈チンパンジー〉を管理し、〈グレムリン〉に気づく手助けができる。あるいは、彼らの生き方に審判をくだすことも……。選ぶのは、あなただ。

物理的に異なる脳

私たちは、すぐそこにいる人の脳が自分と同じ配線であると思いがちだが、なかには異なる人もいる。たとえば自閉症スペクトラムの人の脳。自閉症では、脳の一部の領域がふつうに機能しない。自閉症といっても範囲が広く、重度の場合にはすぐに認識できても、軽いとほとんどわからない。だが、これに該当する人は、概して顔の表情やボディランゲージを読みとるのが苦手だ。それに他人の感情がなかなか理解できないので、不適切な行動や発言もしてしまう。本人に悪意があるわけではない。それがわかれば、その人とのつき合い方は変わるはずだ。

彼らはその一方、特定の領域についてはきわめて感受性が高いから、その人のすぐれた部分を引き出す手伝いをし、有益な関係を築くこともできるだろう。

イライラする父親

何年かまえ、私が医療施設ではたらいていたときに、ある父親が一八歳になる息子を連れてきた。息子を愛してはいるが、その奇妙な行動に苛立ってもう我慢できないという相談だった。たとえば、常識がなく、一回のシャワーでシャンプーをひと瓶使ったりする。それはいけないことだとどれほど説明してもやめない。それに、仕事から帰ってくると質問攻めにされる。できるかぎり答えてやるが、しまいにはイライラして、もうやめろと叫んでしまうという。

話を聞けば聞くほど、彼の息子は一種の自閉症であることがわかってきた。そこで私は父親に、息子さんの脳は構造上、行動の止めどきがわからなくなることがあると説明した。シャンプーが空になるまで髪を洗いつづける、ひっきりなしに質問するといった行動の連続はその典型だ、と。そのあと、私たちは父子どちらにも役立つ簡単で実用的な行動計画を立てた。まず、父親はシャンプーの容器に、一回の洗髪に必要な量だけを入れる。また、父親が帰宅したあと、息子は質問を三つまでにし、あとは自室でパソコンを使っていいことにした。これは非常にうまくいった。その息子はルールが明瞭なら受け入れることができたからだ。おかげで、父親のイライラもなくなった。

ここでの重要な教訓は、目のまえの人物が誰で、どのように考え、行動するのかをよく理解できさえすれば、状況は同じでもうまくつき合えるということだ。ただし、そのためには偏見のない心で他者を見なければならない。じつのところ、他者との関係は、相手への期待と自分の反応のしかたによって変わることが多い。自閉症は、その点をはっきり示す極端な例といえる。

注意すべき危険

物理的に異なる脳といえば、サイコパス（反社会的行為者、反社会性パーソナリティ障がいと呼ばれることもある）もそうだ。まず、神話を一掃しておこう――すべてのサイコパスが凶暴な殺人者ではない。

サイコパスは凶暴な殺人者にもなりうるが、それはむしろ例外だ。社会にいるサイコパスの大半はふつうに生活し、成功もしている。しかし、そのどこかで周囲の人々に大きな被害を与える。常時ではないが、犯罪にかかわることも多い。良心がないからだ。

興味深いことに、サイコパスはほとんどすべての職業、たとえば医師、弁護士、看護師、教師にも存在する。推計はまちまちだが、この種の脳はおよそ一五〇人にひとりと言われている。

ひとことで言うと、サイコパスの脳には、一般人がもっている人間性を司る部位、〈人間的中枢〉が欠けている。〈人間的中枢〉は罪悪感や悔恨、思いやり、良心などを生じさせるが、サイコパスはひたすら冷淡で、他人を利用することだけを考えている。では、サイコパスには行動に対する責任能力がないのか？　これについては多くの議論があるが、どう考えるにせよ、彼らの脳内の〈人間的中枢〉は欠けているか眠っているという証拠は数多くある。もし、サイコパスと出会ったときに、そうと認識できれば役に立つ。概して彼らは他者に破壊的な行動をとるからだ。傷つけられたり損害を受けたりしないように、極力接触を避けたほうがいい。

それでもサイコパスの疑いがある人間とかかわってしまったら、かならず誰かに助言を求めること。問題の人物の過去の行状も調べよう。被害を受けても、自分を責めてはいけない。だまされたり裏切られたりするのは、あなただけではない。サイコパスを変えようとはしないことだ。それは彼らの脳に深く刻まれた特徴なのだから。

パーソナリティ障がいとは何か

精神医学的にパーソナリティ障がいと診断された人には、特定の行動や信念がしっかり根づいていて、そうした特徴は変えることができない。そのことが、本人やまわりの人たちにさまざまな害を及ぼす。通常の行動や信念のように移り変わることがない、極端な形態と言える。

パーソナリティ障がいには多くのタイプがある。病気とは言いがたいケースもあるが、強迫観念にかられた行動、衝動的な行動など、一般人と比べて極端な特徴をもつ。彼らの脳は典型的な脳とは異なるタイプか、異なるはたらきをするという説を裏づける一連のデータもある。

異なるマインドセット

マインドセットについてはすでに述べたが、ときおり見かける特異な例をふたつ紹介したい。たいていの人はマインドセットの特徴のすべてではなく、一部を外に表す。その特徴を知っておけば、さまざまなマインドセットを認識する役に立つだろう。

白雪姫のマインドセット

このマインドセットは、男性より女性に多く見られる。まず理解の手始めに、「白雪姫」を「他者や環境の受動的で無垢な被害者であり、あらゆる責任を放棄し、物事を変える力がない存在」と定義しよう。その人の心は、多数の〈グレムリン〉に占拠され、人生にも自分にも固定された見方しかできなくなっている。

このタイプの人がそこから抜け出す第一歩は、〈グレムリン〉を列挙して、現状のマインドセットを把握することだ。〈グレムリン〉は態度と信念の混合物だが、次のすべてか一部が見つかるだろう。

- 自分の決定に責任はない。
- 自分の幸せに責任はない。
- 人生はつらく、これまでも苦労続きだった。
- まわりのせいでいまの状況に追いこまれた。
- 自分に物事を変える力はない。「そういうものだ」が口癖。
- 助けてくれる人はいない。
- みんな私を理解すべきだ。
- 落ちこぼれてどうしようもなくなるのが私の人生だ。
- 世間は無情だ。

「白雪姫」状態になった人は、こうした〈グレムリン〉を、よくかすかなため息やしぐさでまわりに知らせ、だいたいの場合、誰かに大きな貸しがあると感じさせようとする。自分は苦しんでいるけれど、その人の無理解や身勝手にめげずにがんばっていると感じさせたいのだ。また、耐えがたいことになんとか立ち向かっている、とまわりに伝え、反論されれば、攻撃に転じて非難しはじめるか、それらしく落ちこんで涙を流し、受動的攻撃行動〔訳注：直接の攻撃ではなく、無視やサボタージュなどの抵抗で相手を困らせる〕をとる（もちろん、涙の元凶はあなただと指摘しながら）。

「白雪姫」の典型的な行動は、おそらく本人がそれまでは口にしなかった悩みや不満を乗り越えられないときに表れる。パートナーが「何かあった？」と訊くと、頻出する答えは、「なんでもない」や、「不機嫌な理由は言わないほうがいい」だ。「白雪姫」はすぐに取り乱し、泣いたりすねたりする。その一方、自分の人生に対しては、なんの責任も力もないと言ってはばからない。不当に扱われていて、ほかの人に貸しがあるという感情は、沈黙やコミュニケーションの拒絶といった受動的攻撃につながりやすい。

また「白雪姫のマインドセット」に陥った人は、自力で人生に対する健全な見方を取り戻すのがむずかしい（対処しなければならない周囲の人たちは、なおさら）。ここから脱却するには、人生への取り組みを根本から変えなければならないからだ。しかし、本人が変わりたいと本気で思っているのなら、それに着手するしかない。

「白雪姫」がやるべきなのは、自分に何が起き、まわりにどう見えているかを正確に理解することだ。人生から最高のものを得たいなら、積極的に道を開かなければならない。自分のいる現実の世界から目をそらしてはいけない。苦しみを甘んじて受け入れろというのではない。大切なのは、自分で変えられることはすべて変え、適切な人々に助けを求め、それを受け入れること。周囲の人もあなたが本気で取り組むならきっと協力してくれる。

私たちの多くは、ときどき〈グレムリン〉の侵入を許して、多少なりとも「白雪姫のマインドセット」になってしまいがちだ。注意しよう！　人は人生の犠牲者にもなれるし、本物の笑みとともに人生とつき合うこともできる。それはあなた自身の選択だ。

「白雪姫のマインドセット」にならないためには、次のような考えが役に立つだろう。

- 誰も犠牲者は好きではない。
- 誰もあなたに借りはない。

●みな積極的に行動する人が好きだ。
●幸せになるのは罪ではない。
●幸せはあなたの選択による。
●幸せを求めることは利己的ではない。
●人生は自分がつくるものであり、誰かに投げこまれたものではない。
●誰もが自分の行動と態度の責任を負う。
●主体的にふるまうのは大人のふつうの行為だ。

あなたがこうしたことをきちんと理解し、さらに的確なことばを選び、理解を示すことに長けていれば、友人やパートナーのマインドセットの鍵を開け、踊っている〈グレムリン〉たちを解散させることもできるだろう。ただし、「白雪姫のマインドセット」に陥った人には対処すべき問題が隠れていることも多いから、心理療法などプロの支援を考えることも重要だ。

ボス狼のマインドセット

「ボス狼」は支配者的なマインドセットで、女性より男性によく見られる。
このマインドセットの特徴には、次のようなものがある。

●世界は自分のものであり、他人はそのなかにいる。
●他人の価値は、自分の野心の達成にどの程度役立つかで決まる。

- 状況に対処する最上の方法は他人にいっさい妥協しないこと、と信じて支配する。
- 思いやりは弱さの表れだ。
- 他人の意見はたいてい重要ではない。自分の意見が正しい。
- 価値がなさそうな人間は無視するにかぎる。
- あらゆる異議には攻撃と敵意をぶつける。
- 自分の誤りや不正は口先だけで認め、あとは放っておけばいい。

「ボス狼」は多かれ少なかれ独裁者か管理マニアであり、自分のやり方が物事をまえに進める最高の方法だと心から信じている。彼がもっとも力を発揮する場面は、意思決定とその遂行だからだ。そのせいで傷ついた人がいても弱者と見なすだけ。自分の成功とエゴが何より大切なので、評判はまったく気にしない。

このマインドセットは、ビジネスの世界でよく見られる。部下を褒めて潜在能力を引き出す（それによって事業がうまくいく）マネジャーとはちがって、「ボス狼」は集団を食い尽くし、攻撃的な態度で自分の地位を誇示し、利用する。実際、「ボス狼」は組織のヒエラルキーの高いところまでのぼることもある。すぐれたマネジャーは部下を活かすが、「ボス狼」は権限を委譲せず、部下の仕事が締め切りに間に合わないと腹を立てる（その締め切りもなんの相談もなく決めたものだ）。そんな「ボス狼」の業績は評価され、畏怖されるが、「ボス狼」自身は尊敬されない。同様に、「ボス狼のマインドセット」も不評だ。その地位をうかがう次の「ボス狼」もつねに存在するが、結局のところ「ボス狼のマインドセット」は周囲の人を不幸にするし、「ボス狼」が攻撃されて引きずりおろされるのは時間の問題だ。

このマインドセットが変わることはほとんどない。「ボス狼」自身が、これでは問題があるとか、他者とうまくやっていけないと認識しなければならないが、めったにそうはならないからだ。「ボス狼」への対処は現実的に考えるべきだ。つまり、受け入れるか、立ち去るか。

「ボス狼」のやり方を受け入れるにしても、完全に追従する必要はない。一対一で攻撃されない方法を学び、相手のマインドセットが変わらないだろうことを理解し、自分の意見をはっきりと述べ（それでふつう一目置かれる）、直接対決を避け（どうせいい結果は期待できない）、自分のなかの平和を保つ。あとは、行動を起こす順番が来るのを待つのみだ。

マインドセットにはほかにもいろいろな種類があるが、ここにあげたふたつの例で、人々がどうして〈グレムリン〉たちのダンスに巻きこまれてしまうのかが見えてきたと思う。マインドセットを理解すれば、他者が理解でき、よりよいつき合い方を学べる。そのことがわかったら、もう心配はいらない。

誰かと会うとき

誰かと会うとき、その人を理解するのに役立つのは次の三つだ。

- 先入観をもたない。
- できるだけ事前に期待しない。
- 偏見に注意する。

たとえば、初対面の相手が無口で、会話に興味がないように見えたら、あなたはその人を失礼な人だと決めつけて、これ以上相手を知ろうとか、また会おうとは思わないかもしれない。だがそれは、事実をすべて把握せず、真実を見出す努力もしないで、先入観だけで人を判断する態度だ。その人には悩みごとや、会話に集中できない理由はない、と勝手に考えている。さらには、会話に集中しないことでわざとこちらを挑発している、とも。こういう先入観は、ほかにいくらでも思いつくだろう。

事実はどうか。その人は何か悪いことを知らされたばかりかもしれないし、どこか痛いとか、よそよそしく見える別の理由があるのかもしれない。それらはあなたにはなんの関係もない。落ち着いて事実を探れば、判断はちがったかもしれないのだ。

人はそれぞれ自分の世界に生きている。他者の住む世界を認識したり、あなたの知らない事情があるかもしれないと考えたりするだけでも、先入観を排除するのに役立つことを憶えておこう。

Key point

他者や状況を理解するときの鉄則は、評価のまえにつ̀ね̀に̀事実を確認することだ。

ここで注意事項をひとつ――又聞きや噂は、「事実」の根拠にしてはならない。ある人が言ったり思ったりしたことを別の誰かから聞く又聞きは、大なり小なりその誰かの見方に影響されているからだ。あなたは、本人以外の人からの情報を鵜呑みになどせず、可能なかぎり本人から直接聞くようにしよう。

人に対して事前に期待することは、内容によっては妥当だ。たとえば、相手があなたに礼儀正しく接することを期待するのは合理的だろう。だが、あれこれ当てにしすぎてはいけない！　相手が決してあやまちを犯さないなどと期待するのは不合理だ。他人に何かを期待してがっかりすることは多いが、友人から裏切られたり、意地悪なことばを投げられたりすることはいっさいないと期待するのは愚かである。そんな期待をしていたら、長くつき合える友人はほとんどいなくなるだろう。

期待はときに偏見にもつながる。偏見はネガティブとはかぎらない。たとえば、年長者は賢明だというのは、年長者へのポジティブな偏見だ。だが、たとえポジティブでも、偏見は問題を生む。賢明な年長者もいるが、そうでない年長者も多いのだから。今後、誰かに会うときには、先入観や偏見、期待をいだかないよう心がけよう。そうするだけで、相手と建設的につき合えるし、相手の真の姿もわかるはずだ。

第一印象

第一印象は「初頭効果」とも呼ばれる。私たちは初めての人と会うとき、相手のしぐさ、服装、態度、声の抑揚、話の内容など多くの要素を拾い上げる。新しい状況には危険が潜んでいるかもしれないので、脳内の血流は直接〈チンパンジー〉へ向かう。そう、こうした手がかりから初対面の人を判断するのは〈チンパンジー〉だ。研究によると、〈チンパンジー〉が誤った第一印象をもった場合、訂正するには同じ相手とさらに七回ほど会わなければならない！　〈チンパンジー〉が頑固だったり、偏見をもっていたりすれば、もっと時間がかかる。その〈チンパンジー〉には信念を補強する〈グレムリン〉がいるからだ。第一印象が誤っていても変えない人がいるのは、そのためだ。

たとえば、金髪の人はあまり利口ではないとあなたが信じていた場合、金髪の男性が単純なバスの路線図に首を傾げている場面に遭遇したら？　バスの路線図を理解できないらしい彼を見て、その信念は裏づけられるだろう。その人と二度目に会ったときには利口そうに見え、職業は弁護士だとわかって驚くが、あなたは「あまり利口ではない」弁護士という結論を出す！　その後、彼と時間をかけて何度も会った末に、ようやくとても利口だったと悟るのだ。初対面のときには、たまたま特別な路線図に四苦八苦していたのかもしれない（みなそういうときがある）。

それでも、あなたはまだ金髪の人は賢くないと信じていて、弁護士の彼はあなたのルールからはずれた例外だと思う可能性もある！　そうなると、その先入観がまちがっているという結論にいたるにはさらに長い時間がかかるだろう。

証拠の使い方がちがう〈人間〉と〈チンパンジー〉

〈人間〉は証拠を探してから結論を導くが、〈チンパンジー〉はまず結論ありきで、そのあと結論に都合のいい証拠を探す。つまり、誰かについても、判断をくだしたあとで、それを証明する証拠を探す。〈チンパンジー〉の誤りはここにある。それは自作自演の予言であり、ただの感情的思考にすぎない。

なぜ他者を理解したいと思うのか

他者をきちんと理解したいなら、そのまえに、なぜそうしたいのか、それによって何を達成したいのかを自問

結論

結論を支持する
事実
真実
証拠
を探す

同じ質問、別の懸案

この人から
何を得たい？

こんにちは

こんにちは

あなた

他者

するといい。

　私見を述べれば、それはたぶんあなたの〈人間〉が、他者とよりよい関係を結びたがっているからだ。そうであれば、あなたは他者に対して寛容で、おそらくある程度は妥協できるはずだ。大事なことなので、くり返す。「あなたは寛容で、ある程度妥協できる」。裏を返せば、〈チンパンジー〉の懸案にしたがうかぎり、他者を理解できる可能性は低くなるということだ。〈チンパンジー〉は性格上、融通が利かず、他者に対してきわめて不寛容、懸案といえば他者を批判し、何がどのように起きるべきかという自分の信念に合致しないものを切り捨てることだから。

　一方、〈人間〉は他者に総じて寛容で、柔軟性と理解がある。**あなたはどうだろう。というより、あなたはどうなりたいだろう。**

他者とのあいだに橋をかけるのは、
すべてあなた！

他者をもっと理解するには、広い心をもち、相手をちがった角度から見ることが必要だ。そうしなければ、何も変わらない。

　これは非常に重要な点である。誰かとのあいだに橋をかけたいなら、あなたのほうからかけなければならない。相手が橋をかけてくれることを期待してはいけない。そういう態度ではたいてい失敗する。これはあなたが選択し、決定すべきことなのだ。考えてほしい。誰かと関係を築こうというとき、相手からの貢献を要求したり期待したりすれば、前途は多難だろう。双方向の関係を期待するのは合理的だが、頼りすぎてはいけない。

すべてあなたが用意して相手に引き渡す、ということではない。見返りを期待しはじめると問題が生じる、と言っているのだ。ほとんどの人は、あなたから橋をかけはじめたのを見れば自分も橋をかける。もしそうならなければ、そこで関係を終わりにするか、期待や要求をせずに充分やったと思えるまでやりつづけることだ。その関係にどれほどの投資価値があるかを決めるのは、つねにあなたである。

Key point
成功する人は他者に要求せず、相手の〈チンパンジー〉ではなく〈人間〉が対応したくなるような状況をつくる。

あなたが望む関係を築くには、それなりの努力と忍耐が必要だ。相手がいるので、うまくいく保証もない。ただ、こちらがどう接し、交流するかによって、相手の対応はかならず変わる。他者との関係で、この事実はぜひ憶えておくべきだ。

他者には現実的な期待をもつ

人間関係を損なうきわめて有害なこと、それは他者に現実離れした期待をいだくことだ。相手が敬意をもってあなたの話を聞き、人当たりがよくて協力的であることを期待するのはわからないでもない。しかし、相手があなたかあなたの発言に興味をもち、熱心に聞いて次々と質問し、激励してくれるとまで期待するのは無理がある。それはいわばボーナスだ！　世の人々はみな独自の存在であること、そして豊かな人間関係が可能なのは現実離れした期待で他人を判断せず、互いに尊重し合っているからだということを忘れないようにしてほしい。

最近、私の友人のひとりがガールフレンドのことで助言を求めてきた。彼女が時間をまったく守れないという。どこで何時に待ち合わせても、かならず二〇分くらい遅刻する。友人はすっかり頭にきた。本人に、もっときちんと時間を守れるようにしてあげたいんだがどうすればいいかと尋ねたが、ガールフレンドは何も答えず、遅刻しても平気な状態が続いているらしい。友人はこの問題を「解決すべき」だと言いつづけた。

おやおや、わが友人はなんと不当な期待をしているのだろう、と私は思った。これはガールフレンドの問題ではない。彼女には自分の人生を生きたいように生きる権利がある。毎回デートに遅刻したいのなら、それは彼女の権利だ。相手に自分の期待と条件を押しつけて、それを相手の問題と見なすのはお門ちがい、つき合いつづける義務はないのだから、どうするかは彼が決めればいい。

もちろん、イライラするのだと相手に伝えることはできる。もう我慢できないと言ってもいいが、自分の思いどおりになれと相手に要求することはできない。要するに、相手のありのままを受け入れてつき合いつづけるか、別れてしまうかだ。そして、それは彼が決めることだ。

あなたも、日々の生活で同じようなことをしていないか考えてみよう。もしそうなら、相手に対する期待が正当かどうか確認してほしい。人にはそれぞれの基準がある。だから、あなたの「正当」を他人に押しつけてはいけない。「正当」かどうかは、たとえば「この人にいじめられているか？」といった客観的な尺度で判断すること。その答えが「イエス」なら、相手の態度は不当だ。いじめや脅迫、恥をかかせるといった行為は明らかに正しくない。だが、相手が自分の時間をどう使うかとか、あなたとの関係でどうふるまうかといった類いは、相手が決めることだ。それが気に入らなければ、あなたにはいつでも立ち去る権利がある。

絵が欲しければ画家を探せ

人に期待するときには、相手の限界も考慮しよう。あえてこう言うのは、あまりにも多くの人が、その人がなれない存在や、できない仕事を期待してしまうからだ。絵を描いてほしければ画家に依頼すべきであり、画家に頼んだのでなければ、作品に文句はつけないこと。勝手に選んだ人に絵を依頼して、出来映えがよくなかったとしても、それは相手の落ち度ではない。提供できないものを依頼したあなたの責任だ。

男性には、ボディランゲージを読みとるのが苦手な人が多い。相手は自分の気分や困りごとがわかってもらえず、イライラしているのに気づかない。あなたの身近にもそういう人がいるかもしれないが、その男性が突然このスキルを上達させる可能性は低い。期待するほうが無理だろう。それは彼の問題ではなく、ありのままの姿。問題はあなたのほうにある。そこにはたぶんあなたの説明と感情表現が必要だ。もしかしたら、彼なりにあなたのボディランゲージを読みとろうとしているのかもしれない。ただ相手に読心術を期待するだけでは、ちっともお互いのためにならない！

絵を描いてほしければ、画家を探すことを忘れてはいけない。ボディランゲージを読みとり、言うまえに必要なものを悟ってくれるようなパートナーが必要なら、そういう人を探せばいい。なのにそれができないか、しようともしないパートナーを選んだのなら、不平を言ってはいけない。画家でない人が描いた絵を受け入れるかどうかは、あなたの選択だ。

寛容とは、言い換えれば「私たちは一人ひとり異なる」という現実への理解である。そのいちばん簡単な方法は、他者にあまり期待せず、ありのままを受け入れることだ。あなたの期待に応えようとしない、または応えられない人ならいっしょにいる必要はない。

猫はしゃべれない

こんなシナリオを考えてみよう。ある夜、友人から電話があって、飼っている猫が餓死しそうだと言う。なぜそんなことになったか尋ねてみると、「いや、毎晩チキンとフィッシュのどっちがいいか尋ねるのに、答えてくれないんだ。だから猫は何も食べられない」

ここで愚かのは、もちろん猫ではない！　これと同じように、あなたが依頼したことを相手ができないからといって苛立っても、なんの足しにもならない。誰かに苛立っているなら、猫にしゃべれと頼むようなことをしていないか、自分の胸に訊いてみよう。

それでもほかの人に期待してしまうなら、次にあげるような明白な真実を思い出すといい。

- 誰もが友好的なわけではない。
- 何があろうと変わらない人もいる。
- 決して理解しない人もいる。
- あなたを好きにならない人もいる。

- 人も〈チンパンジー〉も毎日移り変わる。
- あらゆる点で悪という人はいない。
- あらゆる点で善という人もいない。
- あなたの言うことすべてに毎回賛成する人はいない。

五人にひとりの法則

不人気になることや誤解されることがうれしい人はいないが、現実の世界で万人に好かれることは不可能だ。

ある集団から五人を選んで、あなたのことが好きか、あなたを理解しているかどうか尋ねたら、たぶん五人のうちのひとりは、あなたに好感をもち、あなたが何を言っても理解してくれる味方で、別のひとりは、あなたを嫌い、あなたが何を言おうと理解しないだろう。残りの三人はそれよりバランスがとれていて、あなたを客観的に評価するといったところではないか。

私たちの社会には、このそれぞれにあたる人が数百万もいる。だから、あなたが何をどう言おうが反対し、あなたを嫌い、批判する敵がいると予期すべきなのだ。そういう人は往々にして不合理で声高に非難するが、それに対してできることは何もない。独断的な批判は、できるだけ無視するにかぎる。そのぶん、協力的で建設的な発言をしてくれるバランスのとれた大多数の声をよく聞くことだ（ときに批判が混じっていたとしても）。

まとめ

- 人々から最高のものを引き出せるかどうかは、あなたの接し方と、相手への理解による。
- 他者に先入観や期待をいだくと、その人との関係に偏りが生じうる。
- 最高の人間関係を築きたいなら、ありのままの相手を受け入れて対処すること。
- 相手の行動や信念を受け入れられなければ、その人から離れる。
- 大切に思う人に時間を注ぎなさい。
- 五人にひとりの法則によれば、世の中にはあなたが喜ばせることができず、あなたのことを好きにならない人がかならずいる。それはどうしようもないと受け入れるしかない。

おすすめのエクササイズ：他者に対するあなたの影響力を評価する

他者への影響

なんらかのやりとりをした相手に対して、あなたがどんな影響をおよぼしたか振り返ってみよう。あなたはその人を褒めただろうか、けなしただろうか。活力を与えただろうか、奪っただろうか。その後も、何かやりとりがあるたび、その日の終わりに振り返ってみよう。あなたが何をしても人が協力してくれないときはあるが、そうやっていればかならず成功例が積み重なり、前進できる。

8章 適切な支援ネットワークを選ぶために――群れの月

- 群れの目的
- 群れを選ぶ
- 群れを維持する
- パートナーと群れ

〈群れの月〉とは、あなたを支援してくれる人々のことだ。あなたの群れに適切な人を招き入れる、あるいは不適切な人を招いたときの結果を理解することは、とても大切だ。支援してくれる群れをもてれば、群れの外にいる全員との関係が安定するだろう。

群れの目的

群れとは？

群れは少人数のグループである。彼らはあなたを助け、指導し、成長させてくれるが、もっとも重要なのは、互いが「支えて守ってくれる」と信頼しあうことだ。何でも群れが解決してくれるという意味ではない。窮地に陥ったら支えて応援してくれるということだ。

なぜ群れが必要なのか？

〈人間〉も〈チンパンジー〉も群れを歓迎するが、その理由はちがう。ほぼすべての〈チンパンジー〉は群れを必要とし、ほぼすべての〈人間〉は群れを欲しがる。このちがいは重要だ。〈チンパンジー〉と〈人間〉が異なる理由のまま群れのメンバーを選ぶと、悪い結果をもたらしかねないからだ。

そこで本章では、あなたが群れをつくるのを助けながら、よくある次のような質問に答えたい。

- なぜ、いつもほかの人を感心させなければならないと思うのだろう。
- なぜ、いつもほかの人を喜ばせなければならないと思うのだろう。
- なぜ、ほかの人がどう考えるかをこれほど心配するのだろう。

〈チンパンジー〉に群れが必要な理由

まず〈チンパンジー〉から始めよう。野生のチンパンジーは群れに属している。孤立したチンパンジーは、捕食動物やほかの群れのチンパンジーにたやすく捕まってしまい、おそらく生き延びることができないが、群れに属していれば、多くの耳と目で警戒できて安全が保たれる。だから、群れに入ることはチンパンジーの本能のなかでも非常に高い位置を占める。それは、チンパンジーがもつもっとも強力な衝動のひとつと言っていい。

あなたのなかの〈チンパンジー〉も、群れを見つけたい衝動は同じくらい強い。庇護者を懸命に探し、群れに入るためには、自分の生活やライフスタイルを変えることさえ厭(いと)わない。

大人の助けなんていらない、と考えはじめたティーンエイジャーの行動を思い出してみればいい。彼らはだいたい個別の集団をつくり、身なりや行動を共有する。集団のリーダーがオレンジ色の靴下をはけば、メンバーもみなオレンジ色の靴下がかっこいいと思って履(は)き、リーダーが緑色の靴下が流行だと言えば、メンバーもみな緑に変える。また、集団にはリーダーの地位をめぐる争いや分裂や再構成がたびたびある。仲たがいしたメンバーはたいてい打ちのめされ、悲嘆に暮れる。もし群れのなかで問題を起こせば追放されるので、集団に順応し、受け入れられることはとても重要だ。

これと同じように、脳内の〈チンパンジー〉も互いになれ合い、友だちをつくろうとする。とくに地位の高い〈チンパンジー〉と仲よくなれば安全だ。また、〈チンパンジー〉は強そうな外見で友だちを増やすので、他者を感心させることは大きな意味をもつ。群れから追放されることは、脳内の〈チンパンジー〉にとってもほとんど死に等しい。

こうしてみると、群れに受け入れられ、認められたい衝動がいかに重要で強力かがわかるだろう。あなたの〈チンパンジー〉は群れに入らなければならないと言い張り、群れのなかにいるために、強いと見なされ（他者をいつも感心させ）、確実に人気を得（みなを喜ばせ）、とりわけまわりから尊敬され（まわりの人が考えていることを気にかけ）ようとする。これが最初にあげた三つの質問の答えだ。

さらに、群れをつくるという衝動の結果、〈チンパンジー〉は〈コンピュータ〉にいくつかの〈グレムリン〉を投入する。「みなを喜ばせなければならない」、「いつも自分の能力を示さなければならない」、「失敗してはならない」などだ。私たちは知らず知らずこれらを信じ、それにのっとって生きるようになる。そして、その背後にある群れに対する衝動が、無益な習慣となって強化されていくのだ。

〈人間〉が群れを欲しがる理由

一方、〈人間〉の信念の基礎には、「社会」がある。ほとんどの〈人間〉は他者との共有や協働を楽しみ、互いに面倒をみあう社会、とくに弱者をいたわる社会を望む。また、友人たちといっしょにすごすことを楽しみ、彼らに尊敬と思いやりをもつ。人気を得てまわりから承認されたいとは思うが、他人にどう思われるかを気に病むべきではないと認識している。誰かが不幸だとしても、幸せになれるかどうかは最終的には本人次第だとわかっているから、心配しすぎることもない。このように、〈人間〉が群れを求める理由は〈チンパンジー〉とはまったく異なる。

困った展開！

問題は、〈人間〉が〈チンパンジー〉をまちがった方向に導いてしまうことだ。〈チンパンジー〉は、世界のほとんどの人は〈チンパンジー〉モードでふるまい、そうなった他者は危険だとわかっている。安全を保つには、よそ者を拒絶しなければならないと思っている。世界の全員が自分の群れの仲間ということはありえず、群れの外にいる批判的な人々を感心させ、喜ばせることはできないと確信している。

一方〈人間〉は、そこに社会の価値観と信念を持ちこみ、〈人間〉は〈チンパンジー〉の群れではなく〈人間〉たちのなかで生きていると考える。だから〈チンパンジー〉に、この世界はジャングルではなく

〈人間〉は、ときどき〈チンパンジー〉をまちがった方向に導く！

社会だ、全員が群れの仲間なのだから、全員の世話をし、全員を喜ばせなければならない、と論理的に語りかけて安心させる。すると〈チンパンジー〉はそれを聞き入れはじめ、全員を自分の群れの一員と見なす。これが悲惨な結果をもたらす。残念ながら世の中は完全ではなく、多くの場合、人々は〈人間〉モードではなく〈チンパンジー〉モードで行動するからだ。

〈人間〉に誤った方向に導かれて、「すべての人を群れに受け入れなければならない」と〈チンパンジー〉が誤解すると、特定の群れに属さなくなった〈チンパンジー〉は非常に弱い立場になる。明らかに群れの仲間ではないのに、無理に招き入れられ、ほかの〈チンパンジー〉から頻繁に攻撃を受け、咬みつかれたりもする。この場合は、〈人間〉ではなく〈チンパンジー〉が正しく、そのことばを聞くべきだったのだ。群れはそれぞれ。「みんな一緒」でなくてもいい。

とはいえ、私たちは社会の構成員である以上、一定の敬意と〈人間〉的なあたたかさで人に接する必要はある。では、どうすればいいのか。あなたの〈人間〉が、「誰に対しても気さくで親しみやすい」という基本ルールをふまえつつ、「全員に対して親しみやすくはしない」という〈チンパンジー〉のルールも受け入れればいい。そう、ときには〈チンパンジー〉に耳を傾けるのだ！

群れの衝動を制御する

群れの衝動がコントロール不能にならないようにするためには、〈チンパンジー〉を安心させ、教育する必要もある。〈チンパンジー〉には、安心と承認を与えてくれる群れや、喜ばせることのできる仲間の存在が欠かせない。だが、このとき群れのメンバーを見誤り、全員を喜ばせて認めてもらおうとすると、コントロール不能になる。そんなことは不可能だからだ。もし、みなをいつも喜ばせたいとか、感心させたいと思ったり、つねにまわりの承認を求めたり、他人の考えが気になりすぎたりするなら、それはあなたの群れの衝動がコントロール不能になっているということだ。

そういうときには、落ち着いて自分の群れを再検討してみよう。誰が群れの仲間かを判断し、その仲間を喜ばせ、彼らから安心を得るのだ（章末のエクササイズを参照）。外部の群れはあなたを歓迎しない。誰に対しても親しみやすく、礼儀正しいのはもちろんけっこうだが、群れの衝動がコントロール不能になる危険は認識しておこう。

群れを選ぶ

〈チンパンジー〉の選択――〈チンパンジー〉は誰を必要とするか

あなたの〈チンパンジー〉は、群れを安全・安心にできる強い仲間を探す。もし、あなたの〈チンパンジー〉が生まれついてのリーダー（調査によれば、四人にひとりがそういう〈チンパンジー〉の保有者）なら強い手下を探すが、それ以外はリーダーか親代わりを探す。ほとんどの〈チンパンジー〉がヒーローや人気のある存在を探すのは、そのためだ。

また、多くの人の〈チンパンジー〉は、影響力があり裕福な〈チンパンジー〉を好む。そうした性質の〈チンパンジー〉は群れを格段に強くし、安全を提供してくれるからだ。〈人間〉も富を求めるが、それは別な理由からである。

つまり、〈チンパンジー〉の群れの仲間の選択基準は、何を提供してくれるか、または自分の満足のために何を提供できるかだ。しかもそれを、外見や、ほかのかなり表面的な特徴によって選択する。さらに〈チンパンジー〉は、なじみのものも好む。安心感が得られるからだ。たとえば、出会った相手が同じ町の出身だったり、同じような人生経験をもっていたりすると、その相手に引きつけられる。〈人間〉から見ればほとんど共通点がない人でも、〈チンパンジー〉はなじみと共通の土台があれば安心し、相手を受け入れる。その一方、自分と似ていない相手や経歴が大きくちがう相手は警戒したり、拒絶したりする。こんなふうに共通の経験や経歴に頼りすぎると、欠陥のある群れができる可能性がある。

私たちの〈チンパンジー〉は、尊敬できる人や世間の評価が高い人を見つけると、その人の個性や人格を忘れる傾向もある。それで、ようやく相手をよく知ったときに、〈人間〉が「能力は賞賛に値するかもしれないが、好ましい人物ではない」と考え、結局、その人物を群れから排除したりする。

だから、〈チンパンジー〉に群れのメンバーを選ばせるときには注意が必要だ。同じ町の出身だったり、似たような経験をしていたり、立派で裕福だったりしても、あなたの群れに向いているとはかぎらない。〈チンパンジー〉は感覚でメンバーを選ぶが、当てにはならない。価値のある群れのメンバーを除外するかもしれないし、問題を引き起こす不適切なメンバーを入れてしまうかもしれない。それよりも、誰を引き入れ、なぜ引き入れるのか（どんな役割を果たしてもらうのか）を明確にすることが重要だ。〈チンパンジー〉が得る第一印象は、まちがっている可能性があること（正しいこともあるが）も思い出そう。

〈人間〉の選択――〈人間〉は誰を欲しがるか

私たちのなかの〈人間〉にはまったく異なる懸案がある。〈人間〉は、友だちづき合いができる似たような性格の人々に囲まれていたいと思っている。〈人間〉は心の友、精神的な同志、友人を求める。仲間を選ぶ基準は、たとえば、誠実、正直、無私の心、自責の念、ポジティブな姿勢、ユーモア感覚などだ。そうした人々はあなたを理解し、気にかけ、ときにはあなたの態度や行動を実際に目にして諭すことで、あなたを成長させてくれる。

〈人間〉はまた、信頼できて予測可能な人を探す。予測可能な人とは、ひとことで言えば、自分の〈チンパンジー〉をうまく管理し、めったに〈チンパンジー〉が表に出てこない人だ。たまに出てきても、攻撃を受ける可能性は低い。

正しく理解するか、誤って理解するか！

ここまで読めば、あなたの群れのメンバーを選ぶのは、〈人間〉、〈チンパンジー〉というふたつの存在であることがわかったと思う。〈人間〉は論理的に考え、人間性のある人々を探し、〈人間〉のもつ重要な資質で群れのメンバーを選ぶ。逆に〈チンパンジー〉は感情と感覚を用い、外見や力といったかなり表面的な資質で群れのメンバーを選ぶ。両者のバランスをとるのは容易ではない。

あなたを傷つけるような人々を群れに招き入れたくなければ、時間をかけて自分の群れを定義することだ。最適な群れの大きさも人それぞれだ。自分のパートナーだけがいる群れを心地よく感じる人もいるし、大きな群れをもつ人もいる。それはあなたが選ぶことであり、決まったルールはない。

問題が生じるのは、〈チンパンジー〉が群れのメンバーを選び、〈人間〉が反対したときだ。たとえば、〈人間〉は信用できず利己的な人物を選ぶことはないが、それがいっしょにいて愉快な人気者だったら〈チンパンジー〉が執着するかもしれない。〈チンパンジー〉はまた、お世辞や一見親切なことばを真に受けて、加入を認めてしまう。

よくあるその深刻な例として、自尊心の低い人の〈チンパンジー〉が、身体的、心理的に自分を痛めつけるパートナーを許容して、いっしょにいつづけるというのがある。彼らは、「でも、あの人はやさしいから」とか「あなたはあの人のことがわかっていない」などという言いわけを用意する。このようにして虐待に甘んじている人は、状況を正しく認識し、自分の〈チンパンジー〉の感情に対処することを学んだほうがいい。そうすれば、不安を自己肯定感や自尊心に置き換えることができる（とはいえ、それは容易ではないから、専門家の助けが必要な場合が多い）。

もちろん、あなたはほかの群れにいる友好的な〈チンパンジー〉と仲よくなることもできるが、彼らを群れのメンバーと混同してはいけない。彼らは敵対的ではないが、親密な仲間でもない。典型的な群れのメンバーには、パートナーや近親者、親友が含まれる。多少考えたり気をつけたりすれば、たんに友好的な相手と群れのメンバーのちがいを区別して、のちに心理的な葛藤が生じるのを防ぐことができるはずだ。

だが、これがうまくいかないと、不適切な群れに入った野生のチンパンジーのように攻撃されて、ひどくすると殺されてしまう。あなたも誤った友人と親しくなった挙げ句、攻撃された経験があるかもしれない。だから、群れは適切に保つ必要があるのだ。

もうひとつ、群れは固定されていないということも心得ておきたい。メンバーは、あなたの指示を待たずに出たり入ったりできる。友人が自分の群れから去ったのに、そのことを認めずいつまでも執着していると、傷つくのはあなただ。去る人は去るにまかせ、その時点で自分の群れにいるメンバーをしっかり認識することが、幸せの鍵になる。

群れとそのなかでの役割を維持する

群れにはメンテナンスが必要だ。つまり、メンバーの面倒をみることが重要で、そのためには彼らの要求を認識し、応えようと努力しなければならない。メンテナンスするうえでの課題のひとつは、「役割を遂行できないメンバーにそれを決して押しつけない」ことだ。たとえば、たいていの人には父母役が必要で、通常は実の両親がその役割を果たすが、両親がいないときには誰かがその役割を担う。その誰かとは、頼りになる上司かもしれないし、医師や看護師のような専門職の人かもしれないが、まちがった相手にまちがった役割を割り当てると、まずうまくいかない。

誰かにある役割を割り当てたのに、それを期待どおりに果たしてくれないと、つい苛立ちや怒りが生じるものだ。逆に、あなたがほかの人から望まない役割を背負わされることもあるかもしれない。いずれにしても、ほかの人とのあいだに役割のやりとりがあるときには、両者が同じ理解をしていることが重要だ。

このことはとくにパートナーに当てはまる。あなた自身の要求を満たすために、相手にあなたの親や子どもの役割を求めるなど、見当ちがいな期待をすると、悲惨な結果になりがちだ。

役割を混同した場合も、往々にして対立が生じる。よくある例は、嫁と姑が夫／息子をめぐって争うことだ。母親と妻それぞれと彼との関係はまったく異なる。どちらもほかの人に替えがきかない役割がる。にもかかわらず境界が混乱すると、必要のなかった役割が生まれて争いになる。自分が他者に与えた役割、他者から与えられている役割は充分理解しなければならない。それができていれば、家族や会社の同僚との関係はより良好になり、感情的な反応や対立もなくなっていくだろう。

言うまでもなく、「リーダー」は群れのなかの重要な役割のひとつだ。〈チンパンジー〉も〈人間〉もリーダーを必要とするが、理由はちがう。〈人間〉が支援者や指導者、まとめ役としてのリーダーを欲しがるのに対し、〈チンパンジー〉は群れを守り、戦闘を率いる強力で支配的なリーダーを求める。あなたが求めるリーダーの役割は何だろう？

パートナーと群れ

ふたりの人間が恋に落ちると、自然に自分の人生のさまざまな役割をパートナーが担ってくれることを期待してしまう。だが、そうなることはきわめてまれだ。パートナーがすべての要求に応えてくれることなど、まずない。ひとりに自分のすべての要求を満たしてもらおうとするのは非常に危険だ。そんなことをしていると、相手との関係がうまくいかなくなったときに何も残らない。

しかし、それもまた個人の判断だ。うまくいく場合もあるのかもしれない。

まとめ

- 自分の群れを確立することは、〈チンパンジー〉を安心させるために不可欠である。
- 群れのメンバーを〈人間〉と〈チンパンジー〉が選ぶときのちがいを認識しよう。
- あなたの群れの外からの意見は重要ではない。
- メンバーの役割を明確にすると、群れがうまく機能する。
- 群れを機能させるには、時間をかけなければならない。

おすすめのエクササイズ：自分の群れをつくる

自分の群れを確立する

自分の群れを再検討しよう。本当に加えるべき人は誰かを慎重に考えて、それを〈人間〉が選んでいることを確かめながら、メンバーの一覧をつくろう。うまくいくポイントは、群れにいないのは誰か、頼って招き入れる相手としてふさわしくないのは誰か、を認識することだ。

メンバーの役割を明確にする

群れのメンバーがそれぞれ何をあなたに提供してくれるか、あなたが各メンバーに何を提供できるかを考えよう。メンバーに役割を果たしてもらうとき、その人に適さないものを依頼していないか、要求に適したメンバーを見つけているかに注意すること。まずは、あなたの要求を書き出すのが出発点になるだろう。

群れに投資する

誰が群れのなかにいるかを確かめたら、積極的に時間をかけて相手とつき合おう。ないがしろにされたメンバーは去りがちだから、きちんとみんなの面倒をみること。それぞれのメンバーのために、あなたは最近何をしただろう？　振り返ってみてほしい。

9章 効果的なコミュニケーションをとるために——つながりの惑星

- 重要な会話のために準備する
- 未解決の対立に対処する
- コミュニケーションの正方形
- 四通りのコミュニケーション

コミュニケーション

ここまでは〈心のなか〉の機能と〈他者の惑星〉のはたらきを見てきたので、本章では二者の精神の相互作用について考えよう。苛立ちや対立の原因は、コミュニケーションのまずさであることも多いから、そのスキルを向上させる意義は大きい。一定の時間を割けば誰でも上達する。

四通りのコミュニケーション

一対一のコミュニケーションには、次ページ上図のように四通りある。人はみな　チンパンジー〉モー

四通りのコミュニケーション

ドか〈人間〉モードになれるが、〈チンパンジー〉モードは感情をあらわにした会話、〈人間〉モードは論理的で感情にかられない会話をする。ひとりの人の〈チンパンジー〉モードと〈人間〉モードがごく短時間で入れ替わることもある。

理想的な会話は、論理的で感情が抑制された〈人間〉対〈人間〉の会話、悪夢のシナリオは〈チンパンジー〉同士の会話である。後者の「会話」は極度に感情的で、攻撃と反撃のくり返しになる。また、ひとりが〈人間〉モード、もうひとりが〈チンパンジー〉モードの場合も、あまり意義のある会話にはならない。

コミュニケーションの鍵となるのは、準備だ。そこで、ここからはコミュニケーションの基礎について考え、続いて重要な会話のためのチェックリストをつくってみよう。最後に、未解決の対立の対処法について簡単にふれる。

コミュニケーションの正方形

「コミュニケーションの正方形」は、コミュニケーションの基礎を表したもので、四つの角と中心からなる。日常生活で効果的なコミュニケーションを増やすためには、この正方形をぜひ憶えてほしい。

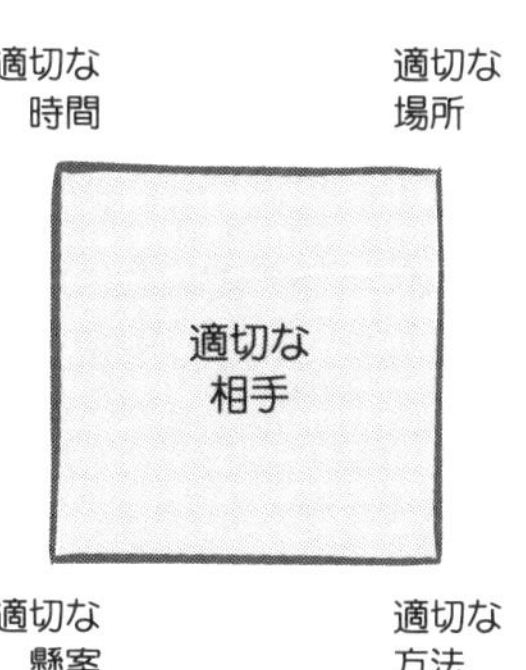

終わりなき「まちがった相手の道」

そもそも、この正方形の中心が適切でなければ、コミュニケーションは時間の無駄であり、何もあなたの利益にならない。だが現実には、終わりなき「まちがった相手の道」がそこらじゅうにある。たとえば、特定の誰かに対する批判や議論があると、不思議なことにそれはあらゆる人に伝わるのに、本人だけには届かない。結果として、人々は話題の当人に接触して問題を解決する代わりに「まちがった相手の道」をたどり、状況に満足することも解決策を見出すこともできないまま、大勢の人に不平不満を述べることになる。すると今度は彼ら自身が問題になり、批判を受けるはめになる。

もし適切な相手と話せば、多くの時間と努力、感情的なストレスを省くことができる。それなのに適切な相手と話せないおもな理由は「主体的説明」の欠如にある。これについて解説しよう。

主体的説明か攻撃的説明か

「主体的説明」とは、自分の世界で受け入れられるものと受け入れられないもの、そしてその理由を、感情抜きで穏やかに説明することだ。それに対して「攻撃的説明」とは、感情と態度を攻撃的に表現しながらメッセージを伝えることだ。

> 主体的説明＝感情的にならずに話す。ことばを慎重に選ぶ。
> 攻撃的説明＝感情をむき出しにする。相手を感情的にさせる。

このふたつのまったく異なる説明に対して、相手の〈チンパンジー〉がどんな感情的な反応をするかは容易に想像できるだろう。攻撃的説明をすれば、相手の〈チンパンジー〉はかならず目覚めて、反撃してくるか、ひるむ。どちらにしても話は聞かない。すでに感情に支配されて動いているからだ。だが、主体的説明をすれば、相手の〈チンパンジー〉ははるかに出にくくなり、話を聞いて適切に反応してくれる可能性はずっと高くなる。

では、どうすれば主体的説明がうまくできるのか。その方法は次の三つからなる。**効果的にコミュニケーションをとるには、この三つのすべてを使う必要がある。**いずれも「私」ということばを用いて、

①相手に、自分の望まないことをはっきりと話す。
②相手に、自分がどう感じているかを話す。
③相手に、自分の望むことをはっきりと話す。

メッセージがきちんと伝わるように、「さえぎらないで聞いてほしい」とつけ加えてもいい。そのうえで、あなたが認識した事実を話せばいいのだ。聞いてくれることに感謝すると、さらに効果がある。

例を使って説明しよう。

あなたが、なんらかの理由で打ち合わせに遅れたとする。到着すると相手はとても怒っていて、大声で遅刻の無礼をとがめられた。そのとき、あなたがまず注意すべきなのは、自分の声まで感情的にならないようにすることだ。そうでないと、相手からもっと感情的な反応が返ってきて、状況は悪化するばかりだ。途中でさえぎろうとすると、やはり逆効果になりがちなので、相手の〈チンパンジー〉が叫び終わるまで

待つのが得策だ。途中で反論はしない。そして全部聞いたあとで、次のように表明するのだ！

「あなたに聞いていただきたいことがあります。私の発言を途中でさえぎらないでいただけるとありがたいのですが」

「私が遅刻したのは事実です。理由は時間をまちがえていました。大変申しわけありません」

「私は、怒鳴られたくはありません」

「私は、怒鳴られると脅されているように感じてしまいます」

「私としては、穏やかな口調で話していただきたいのですが」

「私」ということばを使っていることに注意してほしい。「どうか大声を出さないでください」でも悪くはないし、うまくいくかもしれないが、「私」ということばを使って説明すれば、相手にはっきりうれしくないのだと伝えると同時に、自分の意見の表明にもなる。「どうか大声を出さないでください」は「要求」であって、「意見の表明」ではない。

あなたも、三つの主体的説明を、実際に静かに、しかしはっきりした声で口に出し、コツをつかもう。次に、今度は同じことを強い感情をこめて言ってみれば、主体的説明と攻撃的説明のちがいがわかるはずだ。問題は、発言の内容ではなく発言のしかただ。さらに、あなたが攻撃的に説明されたらどう感じるか、あなたの〈チンパンジー〉がどう反応するかも考えてみよう。

多くの人は主体的説明ができない。それは、たいてい「私は人より劣っている」、「ほかの人ほど自信がもてない」、「私の感じていることなど重要ではない」といった〈グレムリン〉の考えのせいだ。群れに受け入れられたい衝動が「好かれなければならない」、「いつもみなを喜ばせなければならない」という思いをいだかせ、それが「私にはなんの権利もない」となるのだ。その他の誤った思考としては、「ここは私の世界ではない。私は他者の世界に間借りしている」、「私には自分の意見を主張する権限はない」、「他者にノーとは言えない（喜ばせなければならないから）」などがある。

こうした自尊心の欠如は正すべきだ。

四隅の要素

さて、「コミュニケーションの正方形」に話を戻して、次は四隅の要素を見ていこう。

- 適切な時間
- 適切な場所
- 適切な懸案
- 適切な方法

適切な時間

まちがった時間、たとえば、相手が聞く状態にないときや、あわただしい会話しかできないときを選ぶと、コミュニケーションはうまくいかない。それに、言いたいことをきちんと伝えるには、適切な長さの時間も必要だ。これを軽視すると、たんに問題をこじらせ、事態を悪化させるだけになる。相手の言うことも聞き、自分の主張も伝えるのに必要な時間をしっかりとる。そこで時間をかけなければ、すべてが中途半端になって、苛立ちが募るだけでなく、あとで会話を再開するのもいっそうむずかしくなる。もちろん、問題の状況に即したタイミングも考えよう。事態が落ち着くまで黙っていたほうがいい場合もある。

適切な場所

まちがった場所（うるさすぎる、混雑しすぎているなど）を選んでしまうと、会話の内容に集中するのがむずかしくなる。双方の〈チンパンジー〉が興奮して、ろくなことはない。こみ入った会話をするなら、第三者に邪魔されない場所を選ぶべきだ。また、個人的な話をするときに、ほかの人に聞かれるような場所はふさわしくない。どちらの「縄張り」にも属さない中立の場所を選ぼう。

適切な懸案

適切な懸案については、よくふたつの問題が生じる。ひとつは、隠れた懸案に踏みこんでしまうこと。もうひとつは、本来の懸案からそれてしまい、論点をはずしてしまうこと。どちらの場合も互いにイライラし、不安は解消されないままになる。

それを防ぐためには、適切な懸案を事前に頭のなかで整理しておくことが重要だ。議論したいことがはっきりしていれば、それだけ成功する見込みも増す。会話の最中もよく意識して、たとえ脇道にそれて別の懸案に移ってしまっても、最初の懸案を堅持しよう。

会話の初めに自分の懸案を伝えておくのもいい方法だ。備忘のために懸案を書き出すのもいいだろう（もちろん、相手にも懸案があることを忘れないよう、開始前に尋ねること）。そのうえで、話そうと決めていたことはしっかり話す。本来の懸案に取りかかるのがむずかしいからといって、ごまかしたり、別の話に差し替えたりしてはいけない。長い目で見て、混乱と苛立ちにつながるのは明らかだから。

しかし、懸案をきちんと話すときに何より大事な点は、ふたりのあなたが会話に参加するということだ――あなた自身と〈チンパンジー〉である。

――〈チンパンジー〉の懸案

〈チンパンジー〉の懸案は、感情にもとづいている。典型的には「勝ちか負けか」という考え方だ。これはジャングルの掟から来ていて、白か黒だけで中間がない。だから〈チンパンジー〉がかかわると、会話の結論は勝ったか負けたかということになる。また、〈チンパンジー〉はつねに感情をあらわにしたがる。そして、相手のあらゆるまちがいを攻撃し、同時にあらゆる批判から身を守る。ときには自分が批判だと感じただけのものに対しても。さらに体裁を気にし、潔白でいたがる。おまけに、潔白でなかったときには言いわけしたり、どうしようもない状況だったのだと正当化したりする。

――フランクとピーターの四つの懸案

フランクとピーターは隣人で、フランクの庭の生け垣がピーターの庭の日当たりをさえぎっている件について話し合おうとしている。

まずフランクの心の〈人間〉と〈チンパンジー〉を覗いてみよう。〈人間〉は平和的な解決を望み、お互い満足できる結果となるように会話を運びたい。物事は広い視野で見なければならない、妥協する必要もあるかもしれないと考えている。フランクは、背の高い生け垣が好きだとしても、隣人にはかなり不快だろうということが論理的にわかっている。

だが、〈チンパンジー〉にとって、そんなことはどうでもいい。典型的な〈チンパンジー〉なら、生け垣は縄張りの象徴だと信じて譲歩したがらない。ピーターの申し出を自分の力、エゴ、支配権への挑戦と見なして、会話を勝ち負けの問題と考えるのはまちがいない。妥協もほとんどしないし、退却はありえない。すると会話では、〈チンパンジー〉が自分の信念に合う事実を選び、それに固執することになる。必要なら感情的な威嚇や身ぶりを使っても支配権を得ようとする。

もちろん、ピーターにも〈人間〉と〈チンパンジー〉がいて、〈人間〉のほうはフランクの〈人間〉と似た懸案をもち、歩み寄りと円満な解決を望んでいる。相手の意見も聞き、理解したい。必要なら自分の立場も変えていい。しかし、ピーターの〈チンパンジー〉は闘志満々だ。生け垣は領土権への侵害で、相手の〈チンパンジー〉が強引に支配権を得ようとしていると見なしてしまう。

こうした懸案のちがいに気づかないかぎり、どちらも〈チンパンジー〉に乗っとられて怖ろしくまずい状態に陥るだろう。

〈チンパンジー〉に共通する懸案

〈チンパンジー〉が望むのは……

- 勝利

フランク

ピーター

〈チンパンジー〉と〈人間〉が支配権を争う

- 感情表現
- 相手への攻撃
- 自己防衛
- 主張を通すこと
- 譲歩せず立場も変えないこと
- 正しく潔白であるように見えること
- 自分に非があるときには、挑発された被害者だと言いわけすること

〈チンパンジー〉は、自分から話しはじめて大声でわめき、ことばと身ぶりで相手を圧倒する。たいてい相手の話は聞かず、言いたいことが伝わるまで待つ。自分の立場は変えず、すべてをその立場と信念に合わせる。〈チンパンジー〉が立場や信念をめったに変えないのは、それが敗北に映るからだ。負けるわけにはいかないから、譲らない。問題と自分の感情に集中し、解決は二の次になるのだ。

――〈チンパンジー〉のやり方

対立する状況にあるとき、〈チンパンジー〉は次のようなやり方に出る。

- 感情的になり、大声を出す。
- 不適切に相手をさえぎる。

- 感情的なことばを使う。
- 早口と大声で相手を圧倒する。
- ボディランゲージで圧倒し、威嚇する。
- 問題に集中する。
- 感覚で動く。
- 必要なら不正なやり方も厭わない。

――〈人間〉の懸案

それに対して、〈人間〉の懸案は「勝ち負け」ではなく、双方が喜んで満足できる良識的な結果にたどり着くことだ。白か黒かにこだわらず、グレーの部分で対処を考える。〈人間〉は自分がまちがう可能性や、別の説明ができる可能性も受け入れる。つまり、立場を変えられるし、状況を正しく把握するために相手の話をよく聞く。だから、自分の外に目を向け、他者や法律から受け入れ可能な正しい事実を見出せる。そこに示されたルールにかならずしも同意しなくても、受け入れることもできる。意見はたんなる意見であり、誰かが勝って誰かが負けるということではないと理解しているので、譲歩もできる。こうして〈人間〉は感情を抑制し、まず他者の意見を聞いて、その人の見解を探る。問題そのものではなく、解決を重視する。ゆっくりと穏やかに話し、相手の話を聞いて理解しようと努める――それが〈人間〉だ。

〈人間〉に共通する懸案

〈人間〉が試みることは……

- まず他者を理解する
- 他者の発言を認める
- 相手の話を聞いてすべての情報を集める
- 解決を探る
- 感情や印象でなく、事実を用いる

〈人間〉の方法

対立する状況にあるとき、〈人間〉は次のような方法をとる。

- 興奮しない。
- 感情的でない「やさしい」ことばを使う。
- まず聞く。
- ちがう観点も求める。
- 立場を変えることをためらわない。
- 「意見」は「事実」ではないと理解している。
- 論理的に考え、議論する。
- 相手と共通の土台を探す。

- 論理的に考えて共同の決定に至ろうとする。
- 妥協してみなを満足させる。
- ちがいを許容する。

——あなたの選択

なりゆきにまかせると、たいていはまず〈チンパンジー〉同士が争い、多くの不快な発言が飛び交う。その後、落ち着きを取り戻したところで、まだ関係が大きく損なわれていなければ、ようやくふたりの〈人間〉があとを引き取り、双方が満足できる解決策にたどり着こうとする。ただ、〈人間〉同士が建設的な会話を交わしている途中で、片方か双方の〈チンパンジー〉が目覚めて攻撃を再開し、会話を台なしにしてしまうこともあるから注意が必要だ。

もっとも建設的な会話の方法は、それぞれの〈人間〉が、まず自分の〈チンパンジー〉と議論して、〈チンパンジー〉が言いたいこととその理由を探り、一部は採用できないが、一部は理に適っていると〈チンパンジー〉に言い聞かせることだ。それを済ませてから、〈チンパンジー〉の合理的なほうの意見を相手に落ち着いて伝えれば、好結果を得る。だが、こんな理想的な第一ステップは、めったに実現しない！ほとんどの人は自分のなかに〈チンパンジー〉がいることを認識していないし、たとえ認識していても、〈人間〉に代弁させずに、〈チンパンジー〉の主張を許してしまうからだ。

適切な方法

双方の〈チンパンジー〉をうまく管理するためには、会話を始めるまえに、手紙やメールで連絡をとったほうがいいだろう。この方法にもマイナス面はあるが、明らかなプラスの面がふたつある。ひとつは、伝えたい内容を慎重に考える時間ができる。もうひとつは、相手にもあなたのメッセージを咀嚼(そしゃく)し、答えを考える時間ができる。状況によっては、第三者を介するのが適切な場合もあるだろう。

また、一対一で会話する際には、事前にどう準備し、どう会話を進めるかを予習しておこう。そうすれば会話を始めるまえに、「全体を〈人間〉的なやり方で進めるのが正しい」という心がまえにしておける。

Key point

重要な会話を成功させたいなら、最善の方法は準備をすることだ。

表現方法とコミュニケーションのパッケージング

メッセージをどう伝えるかは、会話を成功させるためにとても重要だ。これは、製品を売ったり、贈り物をあげたりするのに、見せ方やパッケージングが大きな比重を占めるのと少し似ている。非常に大切なテーマなので、ここで少し時間をかけて、どんな表現とパッケージングができるかを考えよう。

私たちがコミュニケーションをとるとき、メッセージはかならずパッケージに入っている。かりに、あなたがカフェでコーヒーを飲んでいて、カウンターへスプーンを取りに行ったが、戻ってくると席に誰かが座っていたとしよう。あなたは、その席は自分の席だと言いたい。単純なメッセージだが、パッケージのしかたはいくらでもある。声を張り上げる、微笑んで穏やかに話す、自分の権威を見せつける。やさしい目つきも、脅すような目つきもできる。「お願いします」とも言えるし、面と向かっていきなり「ここはおれの席だ」とも言える。あなたは、こうしたすべての選択肢からどれかを選ぶ。検討しやすいように、パッケージのタイプを四つに分けよう。

- ●ボディランゲージ
- ●口調
- ●ことばの使い方
- ●雰囲気

ボディランゲージ

誰もが毎日、ボディランゲージを読みとっている。ボディランゲージは、ことばを介さずにメッセージを伝える。話す代わりに、顔の表情、体の位置や動きを用いる。

研究によれば、ボディランゲージを手がかりに状況を判断するのは、男性より女性のほうがはるかにうまい。前述したとおり、他者のボディランゲージを読みとるのは〈チンパンジー〉で、〈人間〉が気づかないうちにしていることも多い。

――ボディランゲージの実例

「見おろして」話されると、たいていの人は脅されたように感じて萎縮し、そのメッセージを、ネガティブな感情とともに解釈しがちだ。身体空間を侵されたときも同様だ。人は体の周囲の空間を自分のものと感じているので、あまり親しくない人が接近しすぎると、たちまち落ち着かなくなる。適切な身体空間は文化によってちがい、個人差もあるが、一般には、手が届かない以上の距離があれば安心できるようにプログラムされている。それより近い距離では、相手と親密でないかぎり不安になる。

「腕を組む」のは、たいてい攻撃から守りに入っているときだ。情報過多になったとき、与えられた情報が必要かどうかわからないときの身ぶりでもある。もしかしたら、たんに寒いとか、腕を組むのが癖なのかもしれないが、重要なのは、あなたが腕を組んでいると、相手は拒絶されたと解釈することだ。

私たちが誰かと話すときには、たいてい相手の顔を見る。その「表情」が相手の感情を表しているからだ。好きな人に会うと瞳孔が広がり、相手はそれに気づいて安心する。逆に嫌いな人に会うと瞳孔が小さくなりがちで、それに気づいた相手は不安になるかもしれない。

私たちはよく「微表情」と呼ばれるものを浮かべる。これは、四分の一秒足らずの短い時間に、無意識のうちに非常に強い感情を示す表情のことで、ある種の人々はそれを読むことができ、たとえば他人の嘘を見抜けることが研究でわかっている。だが、おそらくあなたでも、話している人を録画したあとスローで再生し、唇、目、眉毛、鼻、口、筋肉などを含む顔のすべての要素を観察すれば、嘘と関連した動きを読みとることができるだろう。

はっきり言えるのは、ふつうの人でも、他者の怒り、退屈、ストレスといった強い感情をボディランゲージで識別できるということだ。ボディランゲージは、発信されるすべてのメッセージの半分以上を占め、人は学ぶまでもなく自然にそれを読みとっていると言う研究者もいる。

ただし、だからといってボディランゲージを過大評価してはいけない。なぜなら、ボディランゲージは通常、〈チンパンジー〉と〈チンパンジー〉のあいだで交わされるからだ。相手の〈チンパンジー〉との混乱したやりとりなど、誰も望まないだろう。

口調

私たちのコミュニケーションのほぼ三分の一は、「口調」で成り立っている。そして、口調は次の三つに細分できる――速度、音量、アクセントだ。

――**速度**

話す速度は、焦り、苛立ち、興奮、半信半疑など、多くの感情や感覚を表現している。早口で話せば、相手の〈チンパンジー〉が警戒するが、逆にゆっくり話せば、相手の〈チンパンジー〉もリラックスして、〈人間〉が出てきやすくなる。また、私たちは見聞きしたことをまねる。相手が早口で話せば早口で応じたくなり、相手がゆっくり話せばゆっくりと応答する可能性が高くなる。

Key point

落ち着いて話せば、意図したメッセージが伝わりやすく、相手も耳を傾ける。

――**音量**

会話の音量によっては、速度と同じように〈チンパンジー〉を警戒させる。そして、ここでも〈チンパンジー〉は相手の声の音量や調子をまねる。

これについて私は以前、三歳の男の子で実験をしたことがある。まず男の子に、その日にどこに行ったか話してほしいと頼んだ。そしてその子が動物園に行ったときの話を聞きながら、わざと声を大きくしたのだ。すると、男の子はすぐにまねをして、最後にはほとんど叫びあうようになった。興味深いことに、男の子は数センチの距離でも自分の声が聞き取れているかどうか確かめるために、私の身体空間にまで入ってきた。

そこで、今度は話しながらわざと声を小さくした。すると魔法のように男の子も小声になり、私から身を離した。さらに、ささやき声になると、私に聞かせようとまた身体空間に近づいてきた。最後にはふたりとも通常の声量に戻ったが、男の子は自分がどうふるまったかまったくわかっていなかった。

これほど劇的な反応はないとしても、誰かと話すときには、声が相手の〈チンパンジー〉にどんな影響を及ぼすかを考慮してほしい。

要するに、相手の〈チンパンジー〉を興奮させず、〈人間〉に聞かせるためには、ゆっくりとふつうの声量で、静かに話すことだ。ゆっくりと、静かに。とはいえ、わざとらしく話すと相手を逆に苛立たせ、それとなく制御しようとしているととられかねない。そうなったら、まずまちがいなく相手の〈チンパンジー〉が表に出てくるから注意しよう。

――アクセント

アクセントは非常に興味深い。文中でアクセントを置くことばを変えると、意味がまったく変わってしまうからだ。「あなたの声はすばらしいと私は思う」という文も、どこにアクセントを置くかによって、意味が四通りに変化する。

アクセントを置く場所

- あなたの声はすばらしいと私は思う。
- あなたの声はすばらしいと私は思う。
- あなたの声はすばらしいと私は思う。
- あなたの声はすばらしいと私は思う。

意味すること

- そう思うのは私だけだ。
- 自分の言っていることが正しいか、まちがっているかわからない。
- あなたはほかの人よりすぐれている。
- 声はあなたの最良の部分だ。

これらの文の末尾を上げるか下げるかでも、意味は変わる。一般に文末を上げれば、質問をしているか異議を唱えていることになるが、上げることが慣習になっている文化もある。いずれにしても、あらゆる文のアクセントは文脈に即して考えなければならないということだ。

ことばの使い方

ジャングルに棲むチンパンジーは、ほかのチンパンジーを攻撃するときには、木の枝や歯、拳を武器にする。逆に友好的なメッセージを送りたいときには、食べ物を分け与えたり、毛づくろいをしてやったりする。

一方、人間はおもにことばでコミュニケーションをとる。ことばは友情や親切を表せるが、同時にもっとも危険な武器にもなりうる。人から人へのことばによる攻撃は、チンパンジーの歯や拳による攻撃と同じくらい残忍な被害を与えうるから、用心しなければならない。

では、ことばのまったく異なるふたつの使い方を見てみよう。ひとつめはコミュニケーションの手段として、ふたつめは危険な武器としての使い方だ。

コミュニケーションの手段として使うときに重要なのは、ことばの選択だ。木を切りたいのにドライバーを持ち出したりはしないように、会話でも誤った道具、つまりことばを選択すると、ひどい結果になりかねない。その理由のひとつは、ことばには相手の〈人間〉と〈チンパンジー〉の両方が反応するからだ。〈人間〉はことばの論理的な面を拾い、〈チンパンジー〉は感情的な面を拾うが、私たちが使うすべてのことばには感情的な内容が付随している。だから相手のことばを聞くと、そこから感情を連想し、脳内に感情を引き起こす化学物質が分泌されることになる。

とはいえ、死や愛といったことばが非常に感情に訴えるのに対して、リンゴや机にそういう面はほとんどない。もちろん、個人差もあるから、同じことばが人によっては別の感情を引き起こすことがある。もし、あなたが誰かに「私は隣のあ

選択と反応

ことば選びは慎重に

の人が大嫌い」と言ったとすると、「大嫌い」ということばが相手とあなたの両方から反応を引き出すが、「私は隣のあの人があまり好きではない」と言った場合には、あなたも相手も「大嫌い」とはちがう感情をいだくだろう。だから、ことばの選び方をまちがえれば、相手の〈チンパンジー〉が腹を立て、たちまち外に出てきて意見を言うことにもなる。

人の話を聞いていないときでも、〈チンパンジー〉はよく現れる。多くの人が自分を攻撃することばを使っているが、あなたがいつも「自分は役立たず」などと言っていると、〈チンパンジー〉が悪さをしはじめるのだ！　選ぶのはあなただ。

ことば次第で〈チンパンジー〉が変わる例をいくつかあげてみよう。

一一〇ページで紹介した「すべき（シュッド）」と「かもしれない（クッド）」を思い出してほしい。このどちらかを使うかによって、文の意味と、会話で使われたときの感情に劇的なちがいが生じる。「すべき」ということばには、規範や期待の意味が含まれる。その結果あなたが期待を満たせなかった場合は失敗したことになるから、このことばは、失敗、責任、罪悪感、脅威、不充分といった感情と結びつきやすい。それに対して、「かもしれない」を選べば、「規範を守るべきだ。守れなければ失敗だ」といった感情は起きず、代わりに、チャンス、選択、可能性、希望などにかかわる感情が生まれる。

「すべき」

「あの競争に勝つべきだった」

↓自分にプレッシャーをかけ、失敗を宣言し

「かもしれない」

「あの競争に勝っていたかもしれない」

↓状況を見てよく考え、次回はもっと準備

ている。

「減量して健康になるべきだ」
→プレッシャーと義務を感じる。あとで判定される可能性もある。

「あなたは彼女に謝るべきだ」
→〈チンパンジー〉の反感と罪悪感をあおる。

して臨む余地がある。

「減量できるかもしれない」
→希望と可能性を感じる。

「あなたは彼女に謝ったほうがいいかもしれない」
→反省をうながし、対決以外の選択肢を示す。

もちろん、「すべき」ということばが適切で、「かもしれない」ということばが不適切なときもあるが、このことばを使うときにはよく考えたほうがいい。

続いて、次のふたつの文を見てほしい。

- 「紅茶をいれてほしい」
- 「紅茶をいれてもらえるとありがたい」

最初のは命令に近い。二番目は提案と要求で、受け手に選択の自由がある。

何かをしろと指示されるのを好む〈チンパンジー〉はめったにいない。だから、他者に命令する権力や権威を暗示する「……してほしい」という言い方は、〈チンパンジー〉の憤りや対決につながる可能性がある。

選択することばと、それが他人に与える影響については、ふだんから注意深く考えてほしい。そのために時間をとり、ときどき使うことばを変えていけば、まわりの人々の反応も、さまざまな状況で生じる感情も、変えることができるのだから。

注意事項

「してほしい」が正しい場合もある。たとえば、きっぱり意見を言うときには「してほしい」や「したい」でいい。

状況によっては、主体的説明（一七六ページ参照）が必要になることがある。誰かと関係を断ちたいなら「私はこの関係を終わらせたい。もう続けたくないから」と言ったほうがいい。議論の余地のない表明になる。これを礼儀正しく「この関係がうまくいくとは思えないので、終わらせてもらえるとありがたい」と言えば、まだ議論の余地を残している。

大事なのは、厳密なルールはないということだ。だからこそ、あなたの選んだことばが自分や周囲に与える影響について、深く考えてほしいのだ。

ふたつめの「危険な武器」としてのことばの使い方は自明だろう。ことばはダメージを与えることができる。相手を傷つけるために使えば、攻撃そのものだ。ことばは武器である！　うっかり誰かを傷つけるまえによく考えたほうがいい。

雰囲気

人の雰囲気は、外見、態度、気分、他者とのやりとりのしかたが混じり合って形成される。そして、その雰囲気を感じとるのは〈チンパンジー〉である。相手の雰囲気を勘ちがいして、うっかり友好的でない人や機嫌の悪い人に接近すれば、深刻な結果になりかねない。しかし多くの人は、警報ベルが鳴らないかぎりこの点を意識的に考えたりしない。

子どもや犬の雰囲気なら知ることはたやすい。どちらも大人にありがちな「仮面」を使わないからだ。単純でわかりやすく、隠しごとをしない。犬は私たちに気づくと、すぐに感情をあらわにし、友好的でリラックスした雰囲気か、敵対的で動揺している雰囲気をつくる。子どもも同様に、何を感じているのかすぐにわかる。

だが、大人だとなかなかそうはいかない。あなた自身はどうだろうか？　自分の雰囲気について考えるのは有意義だ。ほかのどんなメッセージにも増して影響を与えることがあるからだ。ためしに、ふたつの簡単な質問に答えてみよう。

- 会話の相手がどんな雰囲気なら好ましいか。
- 相手がどんな雰囲気なら安心でき、話を聞く気になるか。

このふたつはほぼ同じことを訊いている。上機嫌でくつろいだ愉快な相手が真剣に話を聞いてくれることを望まない人はいない。

雰囲気は選ぶことができる。あなたの雰囲気をよくしたいなら、意図的に自制して、望ましくない状態を招きそうなものに対処しよう。それは多くの場合、「チンプ・マネジメント」に注意を払うことでうまくいく。相手にどんな雰囲気を伝えているか考え、それをあなたが望むものに変えていこう。

Key point

ボディランゲージ、口調、ことばの使い方、雰囲気に対処すれば、コミュニケーションの効果は大きく改善する。

重要な会話のために準備する

本章の最後に、重要な会話に向けた準備について述べておこう。まずは、段階に分けたチェックリストから。

チェックリスト

ステップ① 会話の相手は懸案にふさわしいか

ステップ②　会話の時期は適切か

ステップ③　会話の場所は適切か

ステップ④　自分の〈チンパンジー〉と〈人間〉の懸案を確認する

会話の準備の第一は、何を望んでいるかを明確にすることである。言い換えれば、懸案は何か、会話が終わったときに何を達成していたいか、だ。ここで考慮すべきもっとも重要なことは、〈人間〉と〈チンパンジー〉の懸案はまったくちがうかもしれないということ。おそらく〈人間〉は解決策を、〈チンパンジー〉は感情表現を欲する。だからまず、あなたの〈チンパンジー〉の懸案と〈人間〉の懸案を見きわめなければならない。

ステップ⑤　〈チンパンジー〉の懸案の不合理な部分を取り除く

感情的になったり腹を立てたりするのは理解できるし、理に適ってもいるが、それを表に出しても結局は役に立たないことを〈チンパンジー〉に説明する。〈チンパンジー〉の感じることは、〈チンパンジー〉にとっては非常に合理的だが、あなたのためにはならない。だから、その感情は正常だと認めつつ、「勝たなければならない」、「復讐しなければならない」といった許容しがたい懸案は、識別して取り除こう。

ステップ⑥　〈人間〉モードで会話に臨む

〈人間〉が〈チンパンジー〉を代弁する

会話はかならず〈人間〉モードで臨み、〈人間〉のやり方でコミュニケーションをとること。必要なら、会話を始めるまえに〈チンパンジー〉を運動させなければならない。

ステップ⑦ 会話を適切なパッケージに入れることを忘れない

会話のまえに自分のボディランゲージ、口調、ことばの使い方、雰囲気について考えておく。

ステップ⑧ 相手の「チンプ・マネジメント」を助ける

会話を始めたときには、相手の〈チンパンジー〉も出てきやすいので、その〈チンパンジー〉に運動をさせる。つまり、反論や反応をせずにじっと聞く。たとえ不愉快なコメントでも、数分間しゃべらせれば落ち着いてくる。聞いているうちに、あなたのものの見方が変わり、あちらの言い分にも一理あると思うこともあるかもしれない。ほとんどの人にとって、〈チンパンジー〉はあまり愉快な存在ではなく、たいていはあとから自分の言動を後悔し、時間を巻き戻したいと思う。もし誰かの〈チンパンジー〉が暴走し、その人があとで悔やんでいるなら、放置しておくのは残酷だし無益だ。つき合いを続けたいなら、相手の〈チンパンジー〉が制御不能になったことをどこかの時点で赦し、〈人間〉が表に出る機会を与えよう。あくまで「つき合いを続けたいなら」だが。

ステップ⑨ 相手の〈人間〉と〈チンパンジー〉の懸案を見つける

相手の〈チンパンジー〉が落ち着いたら、〈人間〉があなたに協力しはじめるだろう。相手の本当の要求を聞き出すのはこのタイミングだ。

ステップ⑩ 自分の懸案を明確にする

ここでようやく、あなた自身が会話で達成したいことを説明する。成功の可能性を高めたいなら、あなたの〈チンパンジー〉を黙らせておくことを忘れないように。

ステップ⑪　共通の土台と目標とする成果について合意する

「かならず合意できる事項」から始めるとうまくいく。また、始めるまえに、取りかかりたいこと、達成したいことについて合意しておくといい。

ステップ⑫　自分の懸案のまえに相手の懸案に取り組む

相手の懸案が解決すれば、こちらが話したいことを聞いてもらえるという絶大な効果がある。それがなければ、相手は話をさえぎり、まず自分の懸案から話そうとしつづけるだろう。

ステップ⑬　自分の懸案に取り組む

ステップ⑭　合意したことをまとめる

理解し、合意した事項を相手からあなたに知らせてもらうのがいちばんだ。重要な会話をしてメッセージを伝えたときには、相手が正しく受け止め、理解したことを確認したい。会話の最後に時間をとって、この確認をするのが有効だ。最良の方法は、あなたの発言を相手がどう理解しているか尋ねること。誰でも誤解はするし、話の一部を聞き逃す。完全に理解してもらうには、メッセージの一部かすべてをくり返さなければならない場合も多い。だから、非常に重要なことを伝えたら、なぜあなたがそれを伝えたか、なぜ重要なのかを相手に尋ねよう。これで理解度を確かめることができるし、双方の理解に食いちがいがあっても解消できるチャンスが生まれる。

Key point

誰かに何かを言ったとき、相手が聞いて理解したと思ってはいけない。

ステップ⑮ 笑顔で感謝する

会話ができたこと、時間をとってもらったことへの感謝を相手に伝えよう。それは礼儀正しいだけでなく、相手に対する敬意の証になる。人は他人の心が読めない。精神的なダメージは往々にして、口にされたことではなく、口にされなかったことからも生じるものだ。

未解決の対立に対処する

どれほどすぐれた方法をとっても、対立や不和が消えないことはある。強い感情の対立でそれが長引くようなら、第三者に関与してもらったほうがいい。そのとき選ぶべきは、中立の立場で論争や対立を解決できる人だ。

ふたりの人間が意見のちがいで対立したときの基本的な対処法は三段階ある――交渉、調停、仲裁だ。このうち、調停と仲裁には第三者の関与が必要になる。

交渉

交渉は、もめごとの決着をつける最初のステップだ。あなた自身が相手に接触し、互いの言い分を聞いたうえで、共通の着地点を見つけようとする。双方の意見を尊重し、合意できないときには、相違点について合意する。

調停

交渉で合意できず、それでも解決が必要な場合や、双方が、そもそも相手と会うこと自体がむずかしいと考える場合、調停が次のステップになる。ここでは中立の人間が、相違点を解決する手助けをする。調停者自身は判断しない。会話を進行させ、双方が望む結果を得るために最良の環境を提供するだけだ。言い換えれば、両者を落ち着かせ、会話とふたりの〈チンパンジー〉を管理するのだ。

仲裁

仲裁は、決断をくだしたいが合意できない場合の次なるステップだ。合意で選んだ仲裁人が、ふたりの意見を聞いたあと、その後の行動について最終判断をくだす。両者は仲裁者の判断に同意できてもできなくても、それを受け入れなければならない。

まとめ

- 効果的なコミュニケーションは、効果的な行動のために欠かせない。
- コミュニケーションを向上させる方法はあるが、それ以上に大事なのはそれらを使いこなすスキルだ。
- コミュニケーションのスキルも、ほかのスキルと同様、発展させて維持するには一定の手間暇がかかる。
- 「コミュニケーションの正方形」の中央は「適切な相手」、四隅は「適切な時間」、「適切な場所」、「適切な懸案」、「適切な方法」だ。
- メッセージのパッケージングは、相手に受け入れられるかどうかの決め手になる。

おすすめのエクササイズ：効果的なコミュニケーションと交渉のエクササイズ

適切なことばを選ぶ

言いたいことがあるときには、適切なことばを選ぶよう、意識的に努力しよう。〈ノンパンジー〉が極端に感情的なことばを使いがちであるのを忘れないように。極端なことばは避け、穏やかなことばを使おう。たとえば「この音楽には我慢できない」の代わりに、「この音楽はあまり好きではない」と言う。言い方を変えれば、聞き手の感情や会話の雰囲気が急に悪くなったりはしない。

重要な会話に向けた準備

重要な会話、むずかしい会話をするときには、本章で述べた一五のステップにしたがってみよう。ことばの選択にはくれぐれも気をつけて！

10章 適切な環境をつくるために
――現実世界の惑星

〈チンパンジー〉の世界
〈人間〉の世界
〈コンピュータ〉の世界

あなたの心が三つの異なる機能、〈チンパンジー〉と〈人間〉と〈コンピュータ〉で構成されていることはすでに述べたが、おのおのの脳の領域は、別々の世界を知覚しているので、その三つの世界を理解し、それらの世界（環境）を自分に適したものにしていくことがとても大切だ。あなたが効果的に活動して幸せになれるかどうかは、そこにかかっている。

三つの世界とは次のとおりだ。

- 〈チンパンジー〉の世界＝ジャングルにいて、あらゆるところに危険と縄張りを見ながら、ジャングルの掟にしたがって生きている。

- 〈人間〉の世界＝社会にいて、ほかの人々と、法を守って生きている。
- 〈コンピュータ〉の世界＝〈チンパンジー〉と〈人間〉の知覚を理解し、解釈して、あなたが生きる現実世界をつくりだしている。ここでは社会とジャングルが永遠に入れ替わりつづけている。

そのうえで、あなたがすべきことは次のとおりだ。

- 〈チンパンジー〉と〈人間〉の世界のちがいを認識する。
- そのふたつの世界を、それぞれの欲求を考えながら、両者が生きるのに好適な環境にする。
- ふたつの世界を統合し、両者が共存できるようにする。

〈チンパンジー〉の世界

〈チンパンジー〉は、つねにジャングルにいるときの心理状態にある。たとえば強い縄張り意識と群れへの帰属意識。そこから、安心感を得ようとなじみのものを切望する（自分の群れや決まった手順）。群れの外からのいかなる侵入も潜在的な危険と見なし、必要に応じて攻撃するか、逃走する。

境界をめぐる紛争

したがって〈チンパンジー〉は、自分がジャングルのどの場所にいるのか、境界がどこにあるのかを知りたがる。あなたは、組織化、親密さ、安心といった〈チンパンジー〉の欲求を認識して、世話しなければばならない（ただし、もし強い群れに属していれば、〈チンパンジー〉は自信をもち、大胆になり、好奇心にあふれ、環境をあまり心配しなくなる）。

社会ではなくジャングルにいるという〈チンパンジー〉の解釈は、ときには衝動に不適切にしたがう危険ももたらす。生け垣や私道の権利といった境界紛争が、文字どおり殺人を引き起こすことがあるのもそのためだ。あなたの〈チンパンジー〉が、自分が暮らす世界をジャングルと解釈し、ジャングルの法則にしたがって行動していることを決して忘れてはいけない。駐車場所を取られたなどという馬鹿げた口論も、〈チンパンジー〉が縄張りを侵害されたと考えて行動すれば、深刻な対立になりうるのだから。

今後は、どんな種類の境界紛争でも、〈チンパンジー〉ではなく〈人間〉に解決させること。職場でも、あなたの〈チンパンジー〉がほかの〈チンパンジー〉に縄張りを荒らされたと信じていたら、〈人間〉を表に立てて解決すること。〈チンパンジー〉に主導権を握らせると、しばしば的はずれの強力な感情で議論を進めてしまうだろう。

ジャングルの適切な場所

あなたの〈チンパンジー〉にジャングルのなじみのない場所で暮らすことを強いれば、つらい結果が待っている。そうした環境にある〈チンパンジー〉はまちがいなく心配になり、あなたに不幸と不安を与えるだろう。それを防ぐためには、いまの環境のなかで幸せにしてあげること、具体的には〈チンパンジー〉が生きやすい感情的環境を整える必要がある。

実例をあげよう。昔、友人が電話で私にアドバイスを求めてきたことがある。昇進を打診されたと言って、喜び、興奮していた。だが、新しい職務を引き受ければ、家庭ですごせる時間は減り、仕事上の責任は重くなる。私はいくつか質問だけをして、決断は任せた。それは「仕事が変わったら、家庭と職場で生じる感情的なストレスはどのくらいになるかな？　あなたはそれを管理できる？」といった質問だった。

友人は、考えてみると言って一度電話を切り、そのストレスは自分の手に負えないだろうと判断した。新しい状況になれば、〈チンパンジー〉はつねに緊張するだろう。昇進の打診は光栄でうれしいが、引き受けるのは賢明ではない。結局、昇進は断った。

数年後のある日、私はその友人に、あの決断をどう思っているかと尋ねてみた。すると、いまはとても幸せだと答えた。感情的に対処できないことを追い求めなくてよかった、と。もちろん、仕事を引き受けて、新しい環境で〈チンパンジー〉の管理を学ぶこともできただろう。だが私たちには、自分の〈チンパンジー〉の限界を受け入れなければならないときがある。その限界がどこか、人生のバランスをどうとるのかを決められるのは本人だけだ。

別の例もある。私のところにある同僚がやってきて、いまの仕事がみじめだとこぼした。同僚の〈チンパンジー〉は、明らかにもっと権威のある役職につきたがっていたものの、うまくいかないのではないかとひどく怖れ、心配してもいた。話を聞いてみると、彼の〈チンパンジー〉の不安を解消する必要があること、〈人間〉と〈チンパンジー〉が合理的に議論して、新しい仕事がもたらす結果に対処しなければならないことが見えてきた。話し合ううちに彼の〈チンパンジー〉は落ち着き、新たな生活の展望とやりがいのある仕事にワクワクしはじめた。同僚は新たな職につき、〈チンパンジー〉は幸せになって、彼の生活の質は向上した。

世の中には、人生を「まちがった」場所ですごしている人も少なくない。心の平和を保つ鍵は、自分のライフスタイルが〈チンパンジー〉の欲求に合っていないことを認識し、対処することにある。たいていの場合「適切な場所」とは、仕事と家庭生活の両方が幸せになる環境のことである。

縄張り

ジャングルのなかに〈チンパンジー〉が生きる適切な場所を設けたら、次は〈チンパンジー〉が何を望むかを考えよう。あなたの〈チンパンジー〉が縄張りで幸せにすごし、外を出歩いたり落ちこんだりしないための提案がいくつかある。

適切な家計と蓄え

収入の範囲で生活することを学ぶと、〈チンパンジー〉の動揺を効果的に防ぐことができる。生活改善のために借金するかどうかは、〈チンパンジー〉を交えて決断しなければならない。大きな借金をしても〈チンパンジー〉があわてない人もいれば、そうでない人もいる。お金を借りているといつも心配になるなら、借りないにかぎる。〈チンパンジー〉に訊けば、対処できるかどうかがわかるだろう。時間をかけて、感情的に対処できることと、できないことをはっきり理解しよう。

適切な友人

あなたの〈チンパンジー〉が心地よく感じる相手と、そうでない相手がいる。それを認識して、できるだけ適切な友人たちとつき合うこと。

適切な仕事

適切な仕事につくことも大事だが、そこでの役割と責任をつねに〈チンパンジー〉に知らせて安心させておくことも忘れないように。〈チンパンジー〉が仕事をするには、やればできるという自信が必要だ。

適切な食事

〈チンパンジー〉に適切な食べ物とは、感情を満足させるもののことだ。〈チンパンジー〉は満足感と心の平和を必要とする。ストレスや不幸といった不適切な感情を押しつけて、胃痛を起こさせてはいけない。

適切な休息

適切な休息を与えなければ、〈チンパンジー〉は自分の世界で幸せになれない。あなたの感情も、体のほかの部分となんら変わりはなく、休息と回復の時間が必要だ。感情面の休息を与えることは、あなたの〈チンパンジー〉にとって非常に重要で、かならず気分がよくなる。

以上をまとめると、あなたの〈チンパンジー〉をジャングルの適切な場所に置き、適切なものを与え、幸せにしつづける——ということになる。それに失敗すれば、〈チンパンジー〉はひどく不機嫌になり、状況が改善されるまで問題を起こしつづけるだろう。

〈人間〉の世界

あなたのなかの〈人間〉は社会のなかで生き、おもに論理と思いやりにもとづいて世界を理解している。

その世界では弱者が支援され、みなに同じ機会が与えられ、〈人間〉が公正かつ道徳的に暮らし、法を遵守するという大原則がある。〈人間〉には罪悪感、自責の念、罪を償いたい気持ちもある。こうした前提に立てば、現実世界で〈人間〉が苛立ちや幻滅を経験するのはなんの不思議もないだろう。

しかし、〈人間〉が正しく理解していないことがある。それは、世界にはこれらの行動規範にまったくしたがわない〈チンパンジー〉があふれていて、それを受け入れなければならない、ということだ。だから、自分の世界に〈チンパンジー〉を適応させることを学ばなければならない。

〈人間〉が環境に求めるもの

〈チンパンジー〉とちがって〈人間〉はおしなべて成長、学習、創造力を発揮する機会を切望する。生存に重きを置く〈チンパンジー〉と比べて、社会的な刺激と知的な挑戦を必要とするのだ。これを踏まえて、〈人間〉は「育てる」というより「発達させる」と考えよう。そうすれば、時間をじっくりかけて〈人間〉の生活の質を向上させることができる。あなたの〈人間〉にとって適切な場所はどこか。家計と蓄え、友人、仕事、食事、休息をどう改善すればいいか。さらに、もっとも重要な社会的刺激と知的挑戦をどのように与えるか。そうした目的意識がなければ、〈人間〉はうんざりしてしまうだろう。

〈コンピュータ〉の世界

〈コンピュータ〉は〈チンパンジー〉と〈人間〉の両方から情報を受け入れるが、〈チンパンジー〉と〈人間〉は、住んでいる世界も、望みも、明らかに対立する。価値観と心がまえがまったくちがうので、同時に満足させることはできない。どちらか一方に住むのなら適応できるかもしれないが、問題は、どちらの世界にも完全には住めないということだ。その中間にあるどこかが「現実世界」だからだ。

優秀な〈コンピュータ〉なら、〈チンパンジー〉の報告も、〈人間〉の報告も記録したうえで、両方のインプットを理解し、ふたつの世界を統合して、その人の〈チンパンジー〉と〈人間〉が適切なタイミングで切り替わるよう助けてくれるだろう。

まとめ

- 〈チンパンジー〉は「ジャングル」に住み、世話をする必要がある。
- 〈人間〉は「社会」に住み、世話をする必要がある。
- 〈コンピュータ〉はふたつの世界を理解し、「現実世界」をつくりだす。
- 「現実世界」は、絶えず変化するふたつの並行世界のあいだに存在する。
- 「現実世界」での生活では、生き延びて幸せになる方法を学ぶ必要がある。

〈コンピュータ〉はふたつの異なる世界から情報を受け入れる

おすすめのエクササイズ：目的を定義する

〈人間〉は、短期的にも長期的にも目的をもつことが好きで、それに向かって前進する。あなたの〈人間〉は、毎日目的をもっているだろうか。目的といっても、むずかしく考える必要はない。重要なのは、〈人間〉がその日に進む方向を意識しているかどうかだ。ぜひ、一日のはじめに、その日の終わりに達成していたいことを問いかける習慣をつくってほしい。その目標は職場の課題を片づけることでもいいし、家庭の雑用でもいい。外出したり、たんに友人に会ったりすることでもいい。

11章 急性ストレスに対処するために——急性ストレスの月

急性ストレス（インスタント・ストレス）

- ストレスの要因と対処
- 急性ストレスに対処する
- 〈自動運転〉:「チェンジ」
- ストレスを発散する
- 一般的なストレス要因

この月は、急なストレスに対処して「現実世界の惑星」を安定させる。

ストレスの要因と対処

ストレスとは、不快な状態を表す健全な反応である。何かがおかしいので正常に戻せと教えてくれる生まれながらの反応だ。このとき、体内には警告を発する多数の化学物質が分泌されている。ストレスがかかったときの分泌物でもっとも代表的なのは、アドレナリンとコルチゾールだ。それらが攻撃的感情、苛立ち、気分の落ちこみ、不安など、さまざまなかたちで外に出てくる。だから、そうした症状からなんらかの要因に気づくのが、ストレスを取り除く最初の一歩だ。

ストレスには、身体的なものと心理的なものがある。身体的なストレスの一例は脱水症状だ。体の反応によって不快感と渇きが生じたとき、水分を補給すればその状態が緩和され、ストレスがなくなることも多い。心理的なストレスも、同じような方法で対処できる。つまり、ストレスを感じたら、適切な軽減方法を見つければいい。あなたにはふたつの選択肢がある――ストレスにただ「反応」するか、それとも「対処」するか。突然どんなストレスに襲われても、対処する方法はある。

Key point

ただストレスに反応するだけではいけない。建設的に対処しよう。

ストレスを感じると、かならず〈チンパンジー〉が最初に行動する。もうご存じのように、すべての情報は、まず〈チンパンジー〉がふるい分けするからだ。これを止めることはできない。状況によっては、あなたの命を救うこともある！　重要なのは、最初の反応は〈チンパンジー〉だと認識し、役に立たないことはあっても正常で健全な反応として受け入れることだ。反応したのは〈チンパンジー〉だとわかっていれば、あなた自身を責めなくてすむ。そうなることが望ましい。

ストレスを察知した〈チンパンジー〉は「闘争、逃走、硬直」のモードに入り、最善と思うものを選ぶ。反応のしかたは人それぞれなので、自分の〈チンパンジー〉がどう反応するかを知らなければならない。

たとえば「闘争」モードになる攻撃的な〈チンパンジー〉なら、ストレスに起因するイライラをまわりの人にぶつける。「逃走」モードの〈チンパンジー〉なら、問題を避け、立ち向かうことを拒み、誰かが解決してくれることを望みながら逃げる。「硬直」モードになる〈チンパンジー〉なら、たぶんストレスの存在を否定し、問題がひとりでにどこかに消えることを期待する。「闘争、逃走、硬直」は有効なこともあるが、ストレスの対処法としてはどれも望ましくない。

ここで学びたいのは、〈チンパンジー〉による乗っとりを阻止する方法だ。〈チンパンジー〉は行動するまえに〈コンピュータ〉を調べるので、〈コンピュータ〉が高性能のプログラムである〈自動運転〉を準備していれば、〈チンパンジー〉の行動を封じこむことができる。〈コンピュータ〉の速さが〈チンパンジー〉の四倍であることを思い出そう。ただし、**〈自動運転〉は、訓練を重ねて準備を整えていなければならない。**

Key point

〈自動運転〉は突然のストレスを管理する。

突然ストレスに襲われたら、次の手順で〈チンパンジー〉の行動をただちに停止させよう。

- 〈チンパンジー〉が反応していることを認識する。
- 思考をゆっくりにする（〈人間〉を介入させるため）。
- 状況から距離を置いて考える。
- 視野を広げる。
- 計画を立てる。

突然ストレスにみまわれると、私たちは感情的に反応する。考える時間があまりない場合もあるだろうが、こういう場合は対処の「青写真」を示すことが重要だ。あなたやまわりの環境に応じて修正する必要はあるものの、「青写真」の原則は同じだ。

急性ストレスに対処する〈自動運転〉の青写真

ストレス対処には七つのステップが役立つ。ひとつずつ見ていこう。

①認識と変化
②一時停止ボタン
③逃避

④ヘリコプターから眺める
⑤計画
⑥熟慮と起動
⑦笑顔

ステップ① 認識と変化

まず大事なのは、急なストレスにさらされていると自覚することだ。これは口で言うほど簡単ではない。ストレスのもっともわかりやすい警告は、怒り、不安、胃のむかつき、懸念など。なんらかの不快な感情を〈チンパンジー〉が示すので、ストレスだと感じたら、ただちに〈コンピュータ〉を起動して、〈自動運転〉を動かそう。

そのためのいちばんの方法は、〈コンピュータ〉を目覚めさせる「ことば」か「動作」を決めておくことだ。たとえば、不快な感情を覚えたらすぐに**「チェンジ」**ということばで〈コンピュータ〉を起動させ、「私はいますぐストレスに対する反応を変える」という〈自動運転〉を動かす。つまり、なんらかの合図で、今回は〈チンパンジー〉と〈グレムリン〉ではなく、〈人間〉と〈自動運転〉にしたがう、ということを思い出すのだ。

ステップ② 一時停止ボタン

「チェンジ」ということばで〈コンピュータ〉を起動したら、次に〈チンパンジー〉に考えることをやめさせ、落ち着かせる時間を設ける。そのもっとも簡単な方法は、イメージすること。あなたのなかの〈コンピュータ〉に大きな「一時停止ボタン」がついていて、そのボタンを押すと〈チンパンジー〉の反応が止まると想像するのだ。これだけで、あなたの〈人間〉に時間ができる。

Key point

〈チンパンジー〉を止めたいときには、かならず意識して思考の速度をゆるめること。これはどんな状況でも有効で、〈チンパンジー〉を管理するすぐれた方法だ。

ステップ③ 逃避

その状況から距離をとると、余地が生まれる。物理的に離れられるなら、そこから去って気持ちを立て直そう。たとえば、いっしょにいる相手から腹立たしいことを言われたら、少し外に出て考えたあとで答える。考える時間が必要なら、はっきりそう言って差し支えない。その場から離れられないなら、できるだけリラックスして、自分の心の世界に逃避しよう。

ステップ④ ヘリコプターから眺める

ヘリコプターに乗って離陸し、いまの状況の上でホバリングしているところを想像しよう。状況全体を見おろす広い視野が得られるはずだ。さらに、自分の人生の最初から最後までのタイムラインを想像し、いまこのとき、そのどこにいるのかを考えて、次のように問いかけよう。「この状況は、自分の残りの人生でどれほど重要なのか」、「この状況は永遠に続くのか、それとも過ぎ去ってまたちがう状況になるのか」、「自分の人生で本当に重要なことは何か。この状況はそのひとつなのか、あるいはこれに影響を与えるのか」

人生で起きるすべてのことは移りゆく。この瞬間もすぐに遠い記憶になってしまう。長い目で見れば、人生で重要なことはほんのひと握りだ。それをもう一度思い出そう。

ステップ⑤ 計画

ここまで来たら、ストレスを取り除く計画に移る。つねにあなた自身、つまり〈人間〉として考えることを忘れないように。そして、もっと役に立つ別の反応はできないか、自問しよう。状況の見方を変えられないか、それによって状況を変えられないか、状況とまわりの環境を把握してそれらを変更する余地はないか、と考えるのだ。現実に変更できるものは何か？　受け入れて適応せねばならないものは何か？　関係者をかかわらせるまえに、かならず自分の考えと状況を整理しておくことが大切だ。最後に関係者に目を向け、援助してもらえるか、あるいは逆に助けてあげられるか、訊いてみるのだ。

自分でコントロールできることと、できないことを見きわめてほしい。一般論を言えば、「自分とその反応」についてはコントロールできる。「環境」はほとんどできず、「他者」はまったくできない。そのことを認めよう！

ステップ⑥ 熟慮と起動

〈人間〉が考える時間と空間をつくったら、行動のまえに、誰に担当させるのがいいかをよく考えよう。〈チンパンジー〉が考えて行動するのがいいか、それとも〈人間〉がそうするほうがいいか。選ぶのはあなただ。それから計画を実行に移す。変えられるものは変え、コントロールできるものはそうする。受け身で待っているのは、自分を犠牲者に指名するのと変わらない。何よりも非建設的だ。やってはいけない。本当に自分だけではどうにもならないのなら、適切な相手に頼んで助けてもらおう。

ステップ⑦ 笑顔

可能なら笑顔になろう。状況がどのくらい深刻かにもよるが、できるだけ明るい面を見るように。過剰に反応していたら、その自分を笑い飛ばすことだ。

Key point

自分自身や状況を笑い飛ばすことは、〈チンパンジー〉からストレスを取り除く最強の手段のひとつ。

だが、状況がとても深刻で、人生が変わってしまうほどなら悲しむしかなく、友人たちの援助に頼るべきだ。悲しむのは恥ずかしいことではない。災害や心痛と折り合う健全な方法だ。

対処行動の例

エディは、どうしても欲しい仕事の面接に行こうとして、バスを待っている。それなのにバスは三〇分遅れ、エディは不安になる。やっと到着したが、なんと満員で停留所を通りすぎてしまう。タクシーもめったに通らないし、携帯電話は圏外だ。彼の〈チンパンジー〉は理性を失い、腹を立てはじめた。〈チンパンジー〉が主導権を握り、反応し、自分の役目を果たしているのだ。しかし、その行為はまったく役に立たない。いまこそ七つのステップを試すときだ。

ステップ① エディは〈チンパンジー〉が反応していることを認識し、それももっともだし認めるが、それだけでは意味がないので、自分に向かって「**チェンジ**」と言い、〈チンパンジー〉と〈グレムリン〉の行動を、〈人間〉と〈自動運転〉に切り替える。

ステップ② 大きな一時停止ボタンを思い浮かべ、意識的に思考の速度を落として、〈人間〉を関与させるために、ボタンを押す。

ステップ③ 頭のなかでいったんここから退却し、目のまえの状況から距離を置く。

ステップ④ ヘリコプターに乗って、上空から全体を眺めているところを思い浮かべる。現状から離れた高みから、職を得られなかったら世界の終わりだろうかと自問する。答えは「終わりではない」だ。いまの状況は悲惨かもしれないが、何が起きようと人生は続くし、どんなことも一〇年もたてばたいして意味はもたないだろう。がっかりはするけれども、自分は大人の〈人間〉であり、〈チンパンジー〉でも子どもでもない。だから残念な結果に対処できる。論理的に考えれば、この状況でもまだできることがあり、〈チンパンジー〉の破滅的な思考を認めてはいけないことがわかるはずだ。

ステップ⑤いまは〈人間〉モードになって、「この状況で何ができるだろう」と自分に問いかける。答えはこうだ。「望ましい感情を選べるし、大人として行動できる。感情的になってもなんの役にも立たないし、とりわけ自分のためにならない。いま現実的な手立てを思いつかないことは認めるしかない。『もし……だったら』とか、『こんなことは起きてはいけなかった』とか『人生は公平であるべきだ』などとばかり考えないで、この状況を受け入れることができるはずだ」

ステップ⑥エディは〈人間〉にまかせることを「決断」し、この状況に対する感情的な反応を意識的に変えようと「決断」する。現実的な対処として、ふたつの選択肢について考える。次のバスを期待して待つか、いったん自宅に戻って、面接の担当者に電話をするかだ。

ステップ⑦がっかりしながらもエディはどうにか笑みを浮かべ、明日も日が昇ることに感謝する。そして、**問題ではなく解決策に集中しつづける。**

もちろん、あなたがエディの立場に置かれたら、ちがう反応や対処をしたいかもしれない。これはほんの一例であり、無数の可能性があるのは明らかだ。重要なのは、エディが〈チンパンジー〉ではなく〈人間〉として決断したこと、障害にもめげずポジティブな感情を選んだことだ。

深刻な状況での選択

では今度は、本物の危機が訪れたときのことを考えてみよう。

オートバイ事故で下半身が麻痺した若者を想像してほしい。こんなときには、若者がヘリコプターに乗って全体を眺めたところで答えは芳しくない。残りの人生は変わってしまった。それも悪い方向に。彼に広い視野で考えて微笑みなさいと言うのは理不尽だ。彼は、深い悲しみの時期を通過しなければならない。

同じ状況に置かれても、反応は人それぞれ、深刻な危機に対する反応に良い悪いはない。大事なのは、自分の反応を理解し、その管理方法を選ぶことだ。七つのステップも、小さな危機や一時的なストレスには役立つが、大きなストレスや深刻な事件については見直しが必要だろう。

こういうときには、悲しみから逃げるのではなく、向き合うのがいちばんだ。それは通過しなければならないひとつの段階で、時間もかかる。しかし、いつかはその悲しみから抜け出すときがやってきて、しかるべき時期にまた前進できる。いかにつらくとも、状況に立ち向かい、決断すべき日々が来るのだ。この若者にとっても決断は厳しいだろう。怒りを感じ、イライラして、結局苦々しい人生で終わるかもしれない。しかし、前進することを選び、挫折にめげず、同じ状況に陥った多くの若者のように幸せで充実した人生を楽しむこともできるのだ。

私は長年、悲惨な出来事や状況に巻きこまれた人々を見てきたが、最善を尽くして笑顔とポジティブな姿勢を取り戻した人には本当に心を打たれる。痛ましい状況であっても、それを受け入れて幸せに向かって前進するか、まえに進まずつらく怒りに満ちた人生をおくるかという選択はまだ残されている。怒りに身をまかせるほうが悲しみを通過するより楽かもしれない。だが、怒りは誰の役にも立たない。

ストレスを発散する

AMPの力

〈チンパンジー〉が同意しない場合、前進するのは容易ではないが、あなたが助けて新しい方向に進ませないかぎり、〈チンパンジー〉はいつまでも変わらない。前進するためのプロセスは三つに分けることができる。それを「AMPの力」と名づけよう。すなわち、受容する（アクセプト）、前進する（ムーブ・オン）、計画する（プラン）だ。

　AMPは、受け入れなければならない不愉快なこと、たとえば不正行為、叶わなかった望み、心理的、身体的なダメージなどに対処する。

「受容する」――不愉快なことを受容するには、まずそれを胸からおろす、つまり〈チンパンジー〉を運動させて、不愉快なことをどう感じているか吐き出させるといい。これを、必要なだけ何回もくり返す。そうすれば、ストレスは緩和され、緊張がほぐれる。自分の感情を押し殺してはいけない。感情を押し殺す（〈チンパンジー〉を檻に入れる）のは、賢明でないどころか、愚かな行為である。いずれ反動がきて、あなた自身やまわりの人を攻撃するだけだ。

「前進する」――〈チンパンジー〉を充分運動させたら、いつから前進するかを決断する。前進する準備が整うまであきらめてはいけない。準備ができたら、これからどうしたいか自問する。選択肢はふたつしかない。現状にとどまり、問題を抱えて生きるか、あるいは、それを切り捨て、新たな計画を立てて前進するかだ。これもやはり、あなたの選択である。

「計画する」――これは前進するために**不可欠**だ。計画なしで前進はできない。計画があれば前進して、不快なことを受け入れるサイクルから抜け出せるが、なければ同じ問題に立ち戻り、同じ感情が生じて、同じ状況に陥るだけだ。この計画には、現実の問題の解決策だけでなく、感情をどう改めるかということも含めよう。

つねに出発点から始める

「いまの自分」と「いまもっているもの」から出発すれば心強いし、目標に向かって前進しているのがわかるから成果もあがる。ところが、多くの人は「めざす自分」と「もちたいもの」という誤った地点から出発するので、毎日が遅れと不足を挽回する日々になる。そして結局は、大きなストレスが生じたり、やる気を失ったりする。

たとえば、脚を骨折して完治に三カ月かかると言われたとしよう。「いまの自分」と「いまもっているもの」から出発すれば、「毎日よくなるし、治療も進んでいる」と言える。〈人間〉が主導権を握り、脳内にはポジティブな化学物質が分泌される。

それに対して、「めざす自分」と「もちたいもの」から出発すると「すっかり健康になって、脚も元どおりにしたい」と言うことになる。すると毎日、めざす自分が遠いことに思い煩い、〈チンパンジー〉が主導権を握る。脳内にはネガティブな化学物質が分泌され、ストレスが増して、三カ月が永遠にも感じられるだろう。物事がうまくいかなかったり、何かに失敗したときにできることは、「いまの自分」と「いまもっているもの」から出発して、もう一度やり直すことだけだ。

「めざす自分」
と
「もちたいもの」
から
出発する
「いまの自分」
と
「いまもっているもの」
から
出発する

時間旅行

想像力を駆使してストレスに対処する方法もある。タイムマシンを使うのだ。何かに悩んだり、ストレスを感じたりしたら、タイムマシンに乗って一〇年後の世界へ行き、そこからいまの状況を振り返っているところを想像しよう。どのように行動したかったか、どのように言うべきだったか、そしてその状況にストレスを感じることが役に立ったか、自分に訊いてみるのだ。その答えが出たら、いまの時間に戻って、望ましい方法で行動しよう。

一般的なストレス要因

何にストレスを感じるかは人によってちがう。それは非常に個人的な反応で、個々のストレスはほぼすべて、その人の状況のとらえ方と、その人の信念に関連している。同じ問題に直面しても、人によって受けるストレスのレベルがちがうのは、おもにこのせいだ。結局、それらが脅威の解釈を左右する。皮肉なことに、あなたが立ち向かうストレスやさまざまな問題の最大の「源」は、あなた自身だということだ。そしてまた、こうした問題の解決をうながす最大の「源」もあなた自身なのだ。

意思決定

「意思決定（決断）をしない」のは、日常でもっともありふれたストレスの原因だ。意思決定ができないときは〈チンパンジー〉に乗っとられていることを思い出し、それをコントロールしよう。そうすれば何があっても決断し、しっかり実行することができる。ときには、ひと晩寝かせるだけで決断しやすくなることもあるが、いちばんのタイミングは、**集める情報がそれ以上なくなったときだ**。また、まちがいを怖れるのは自然だが、つねに最高の決断ができると考えるのは現実的ではない、と〈チンパンジー〉を説得するのもいい方法だ。〈チンパンジー〉や子どもは結果を受け入れられないかもしれないが、大人の〈人間〉は受け入れて対処できることも思い出そう。

なかには、意思決定がとりわけ苦手な〈チンパンジー〉もいる。珍しいことではない。そういう〈チンパンジー〉はさらに進んで、「自分は大馬鹿にちがいない」、「自分はどこかおかしい」といった無益なことばで自分を打ちのめすかもしれないが、そんな人でも〈チンパンジー〉のコントロール法をマスターすれば、容易に意思決定ができるようになる。

意思決定——甘美(スイート)なジレンマ

目のまえにお菓子(スイーツ)がふたつあるとしよう。ひとつは緑色で、もうひとつは黄色だ。どちらかを選べと言われたら、一瞬で選べるだろう。どちらを選んでもとくに何も起きない。

今度は、どちらを選ぶかによって結果が変わると考えてみよう。正しいほうを選べば、なんでも望みのものがもらえるが、まちがったほうを選ぶと、いちばん愛するものを失う。こうなると、意思決定は格段にむずかしくなる。決断にともなう結果が深刻で、人生を左右するほどの影響があるからだ。つまり、ストレスは意思決定そのものではなく、それに付随する結果から生じるのだ。

ここでの問題は、〈チンパンジー〉が主導権を握っているかぎり論理が視野に入ってこない、ということだ。〈人間〉なら、情報を集めてしまえば決断を先延ばしにする意味はないとわかる。

しかし〈チンパンジー〉は、このような状況にあるとき、ふたつのことをする。ひとつは、悪い結果を怖れて〈人間〉に意思決定をさせない、もうひとつは、前進を阻むために結果を実際より悲劇的なものに見せる。この問題を解決する最上の方法は、意思決定が〈自動運転〉になるように、決まった手順にしてしまうことだ。

意思決定の道筋

- 決定に必要な情報を可能なかぎり集める。
- 手に入らないか、入手に時間がかかりすぎる情報もあることを受け入れ、それについては無視する。
- それぞれの選択肢の結果を吟味し、どれが重大か考える。どれを選んでも、なんらかの結果が生じることを受け入れる。
- 悲劇的に考えるのをやめ、バランスのとれた見方をするよう〈チンパンジー〉を説得する。感情はきっぱりと排除するか、抑制する。
- 妥当であれば、自分やいまの状況を笑い飛ばす――嘆くよりはましだ。
- それでも決められなければ、選択肢に大差がないということだ。コインを投げて決め、どんな結果でも受け入れて対処しよう。

すべてを同じ状態に保つのは無理

人生も世界もつねに変化しており、物事が同じ状態にとどまることはない。この点を受け入れられないと、ストレスの一因になる。

人間関係がいい例だ。他者との関係は、毎日少しずつ変化する。まわりの状況も、あなた自身も変わっていくからだ。初対面のときから人間関係が変わらないことを期待すれば、いつか怒りや失望を味わうことになるだろう。だが、私たちは人間関係に現実離れした期待をいだきがちで、時がたてば変わるということをなかなか認めない。

仕事も同じだ。ある仕事が生涯続くことはないし、同じ仕事であっても不変であることを期待してはいけない。仕事が不安定だとか、役割が定まっていないといったことで不安や不機嫌になる人が多いが、現実をもっとよく見ることが大切だ。

不安になりがちな〈チンパンジー〉は、こうした欲求を人生の固定要素にしてしまう。だから、〈人間〉が〈チンパンジー〉を教育しなければならない。**人生のどんなことについても、不変を期待すれば、変化したときにストレスのもとになる。**そうしたストレスを取り除くには、「いまここ」を生き、「変化は自然なことだから将来対応すればいい」と受け入れることだ。

現実離れした期待

人生で静止しているものはないことを受け入れると同時に、人や出来事に現実的な期待をする習慣も身につけたい。現実離れした期待をする〈グレムリン〉については前述したが、ここでもう一度思い出しておこう。

ストレスの一般的な原因は、「あるべき」ことや、「やるべき」ことに固定観念をもつことにある。それを断ち切り、自分の生きる世界とまわりの人に対して現実的で役に立つ期待もてば、それだけでストレスはかなり削減される。

他人のひなまで引き受けない

一羽の雌鶏がヒヨコたちといっしょに囲いのなかに入っている。その外にキツネが放たれた。キツネは囲いのまわりをグルグルまわってヒヨコをつかまえようとする。雌鶏は本能的に羽を広げてキツネと向かい合う。ヒヨコたちは広げた羽の下に逃げこみ、保護された。雌鶏は頭を低くして尖ったくちばしでキツネを威嚇しつづけ、ヒヨコを守り抜いた。平和が戻って、キツネは遠ざけられた。

同じ日、しばらくたってから、囲いのなかにガチョウのひなたちも加えられた。雌鶏はすぐにその世話と保護も引き受ける。そこへキツネがまた放たれ、囲いの外をまわりはじめた。ガチョウのひなも雌鶏の羽の下にもぐりこもうとしたが、ひなたちの数が多すぎて羽の下に入りきれない。あふれたひなは、そのまわりを走りまわった。雌鶏はひなたちを追いかけて全部羽の下にかくまおうとするが、もちろんそれは不可能だ。望みがないと悟った雌鶏は、ついにヒヨコもガチョウのひなも置き去りにして、囲いから逃げようと飛び立った。ひなたちは攻撃から身を守るすべがなくなった。

この話から得られる教訓は、「問題に対処するときは、自分の責任（ヒヨコ）と、他者の責任（ガチョウのひな）を区別すること」だ。他者の問題に対応し、その責任まで引き受けてしまうと、ストレスになる。そして、他者を助けられないだけでなく、自分の問題も片づけられなくなる。**ガチョウのひなには要注意！**

もちろん、他者を助けるなと言っているのではない。他者の問題を背負いこまないようにしてほしい、と言っているのだ。たとえば、摂食や飲酒の問題を抱えた人の責任を引き受けるのは賢明ではない。本人にしかコントロールできないことをコントロールしようとすることになるからだ。こういう場合は、本人が自助努力するのを支えるほうがずっといい。

まとめ

- 人生は不公平だし、ストレスは生まれ、物事がうまくいかないこともあるという当たりまえのことを思い出し、現実的な期待をもとう。
- 「チェンジ」ということばは、ストレスに対する無意識の反応を、〈チンパンジー〉と〈グレムリン〉から〈人間〉と〈自動運転〉に移し替え、行動の変化をうながす。
- まえを向き、明白なストレスはできるだけ避けて積極的に行動しよう。
- 受容する（アクセプト）、前進する（ムーブ・オン）、計画する（プラン）のＡＭＰは、ストレスの多い状況を克服するのに役立つ。
- ストレスが生じたら、積極的に解決策を探して、取り除こう。
- ほとんどすべての状況は、放っておくと感情的なストレスになる。

おすすめのエクササイズ：ストレスに対する計画を立てる

計画の予行演習

急なストレスに対処する行動計画を実際に書いてみよう。想像力を使って、ストレスの多い状況を思い浮かべ、新たな計画でどう対処するか、予行演習をするのだ。そして、それを頭のなかで反復し、どうすれば実り多い成果が得られるか考えてみよう。

練習あるのみ

どんな形態のストレスに対しても、意識的に思考速度をゆるめる練習をしておこう。〈チンパンジー〉を管理するために。たとえば誰かの発言に感情的に反応しそうになったら、本章で説明した「チェンジ」と「一時停止ボタン」を使って、できるだけ反応を遅くし、冷静で合理的な〈人間〉の思考に移行する。反応をゆっくりにすると、〈人間〉が機能するチャンスが生まれるし、〈チンパンジー〉の衝動的な行動を防ぐこともできる。この手順を習慣にすれば、それが〈コンピュータ〉に〈自動運転〉として設定されるだろう。

12章 長期にわたるストレスに対処するために――慢性ストレスの月

- 自分から発生する
- 環境から発生する
- 他者から発生する
- 悪化したら？
- サルを捕まえる

慢性ストレス（クロニック・ストレス）

- 責任
- 慢性ストレスとは？
- 確認する
- 予防する
- 対処する

この章では、慢性ストレスへの対処法を考える。これがわかれば、あなたの人生の安定に役立つだろう。

責任

慢性ストレスに対処するためには、自分の内面をつぶさに見て解決策を見出さなければならない。ストレスの解決策を見つけるのは、あなたの責任。他人やまわりの環境を責めてはいけない。

慢性ストレスとは？

長期にわたってストレスにさらされると、人はストレスと共存することを学び、慢性化する。体のシステムが変わって、別のホルモンや化学物質が分泌されることもある。その結果、健康が損なわれ、免疫機能が低下して、病気が重くなる。さらに、慢性ストレスはうつ病や不安も引き起こしやすい。心身を健康に保ちたいなら、これはかならず取り除くべきだ。深刻なストレスなら、医師の助けも借りよう。

慢性ストレスを確認する

慢性ストレスの典型的な症状には、次のようなものがある。

- つねに疲労感がある。
- すぐカッとなる。
- ユーモアに欠ける。
- たいした理由もないのに心配したり、悩んだりする。
- 些細なことを心配したり、悩んだりする。
- うまくリラックスできない。

- 被害妄想になる。
- あらゆることに切迫感がある。
- 涙ぐんだり、落ちこんだりする。
- 仕事や友人に向き合えない。
- ちょっとした仕事が大きく見える。
- 睡眠のパターンが不規則になる。

このうちのいくつかは、ほかの原因による症状とも重なるが、どれかひとつでもつねに自覚しているなら、その原因をしっかり確かめるべきだ。次は、慢性ストレスを防ぐためにすべきことをあげてみよう。

- 時間を賢く使う。
- 自信をもつ。
- 現実的な期待をもつ。
- 自分の責任外のものを引き受けない！
- 起きた問題から対処する。
- 定期的に〈チンパンジー〉を落ち着かせ、育てる。
- 潜在的な問題を認識する。
- 自分の限界を知る。
- 早めに適切な助力を求める。

●ストレスの多い状況について他者と話す。

このどれかができなくなっていたら、まずまちがいなく〈チンパンジー〉と〈グレムリン〉の活動が始まっている。

慢性ストレスの発生を予防する

急性ストレスを防ぐ手立てがあるように、慢性ストレスにも悪化を抑える方法がある。慢性ストレスは、ストレスの多い状況を放置して、それを正常と受け止めてしまうところから始まる。言い換えると、〈コンピュータ〉に「あきらめ」という名の〈グレムリン〉がいて、不充分な戦略しか立てていないということだ。それもストレスを受け入れ処理するひとつの方法ではあるが、有害でためにならない。

たとえば、五時に仕事を切り上げたい人を想像しよう。ある日、退社の準備をしていると上司がやってきて、片づけたい仕事があるから残業してもらえないかと言う。しかたなく八時まで働いた。次の日も仕事が残っていて、九時まで残業して終わらせた……。こんなパターンが「受容された基準」になってしまう人は多い。問題は、今日は帰宅してその仕事は明日にしたい、と言うと罪悪感が生じてしまうことだ。彼のなかの〈チンパンジー〉は、「群れの仲間をがっかりさせたいのか？　みんなにどう思われる？」と言い募る。おわかりのとおり、「みんな」はあなたの群れの仲間ではない。これはたんに仕事、職場の同僚の話だ。定時に帰って〈チンパンジー〉の世話をし、本当の仲間とすごすほうが、職場の同僚を喜ばせるために残業するより重要なはずだ。

しかし、〈チンパンジー〉が〈コンピュータ〉を調べると、たいていそこに〈グレムリン〉がいて、残業が期待されているし、容認もされていると告げる。それを聞いた〈チンパンジー〉はいっそう重圧を感じ、がんじがらめになって恨みを募らせる。当然ながら、一方では、職場にいるべきではない、早く帰宅しろというストレスも加わるが、結局〈チンパンジー〉は仲間もどきと職場に残り、〈グレムリン〉の監視下に置かれる。こうして時がすぎると、〈チンパンジー〉は絶えずストレスにさらされ、逃れるすべはないと思ってしまうのだ。

一度このシナリオから遠ざかって眺めれば、どうにかしてストレスを止めなければならないとわかるはずだ。慢性ストレスを取り除くには、〈グレムリン〉を〈自動運転〉に置き換え、〈チンパンジー〉を檻に入れて真実を教えなければならない。

慢性ストレスに対処する

あなたがストレスを抱えているなら、その直接または間接の原因を思いつくかぎり書き出すのが有効だ。頭のなかで複雑なシナリオを解明しようとしても、たいてい堂々めぐりになってうまくいかない。その代わりに、問題の具体的な原因に取り組んで、取り除くほうがずっと建設的だ。

Key point

紙に問題を書き出す。頭のなかで取り組もうとしてはいけない。

簡単な目安として、ストレスを抱えているときには、解決すべき分野を三つに分けるといい。

①あなた自身の受け止め方と問題への心がまえ
②問題を取り巻く環境と背景
③問題にかかわっている他者

これらを個別に見ていくことで、ストレスが生じた数々の理由に気づき、ストレスを取り除く解決策を見出すことができる。

ストレスを感じているにもかかわらず、自分の行動や信念を変える覚悟ができなければ、たぶん将来もストレスを抱えることになる。だから、変わる必要を受け入れよう。言いわけや、ストレスを取り除けない理由の正当化もやめよう。欲しいものがどうしても手に入らないことはあると受け入れて、先に進まなければならない。実際、慢性的なストレスは、世界、他者、そしてあなた自身に対する期待や認識から発生することが多い。慢性ストレスの原因となりうるおもな領域は次の三つだ。順に見ていこう。

- 自分から発生する慢性ストレス
- 環境や出来事から発生する慢性ストレス
- 他者から発生する慢性ストレス

自分から発生する慢性ストレス

あなた自身から発生する慢性ストレスは、たいてい〈グレムリン〉のせいだ。その〈グレムリン〉とは、後天的に得た役に立たない態度や信念、たとえば非効率な対応戦略や、他者に対する劣等感などだ。問題の一部は、突きつめればきわめて単純な「考え方」であることがわかる。例をあげよう。

悲劇の主役になる

エディは、まわりの人に無礼な態度で接する。その一方、自分は孤独で、誰も気にかけてくれないと不満を言い、ストレスを感じている。自分の態度が問題のもとだということに気づいていないのだ。ここに単純な法則がある——友だち思いの人には友だちがいる。

目くらまし

サンドラはストレスを感じている。何度も試験に失敗して、学位をとるのに苦労しているからだ。彼女に言わせれば、指導教員が優秀ではない。そのうえアルバイトもしなければならない　たしかにある程度は正しいのかもしれないが、本人はそれが言いわけだと気づいていない。本当の原因は、必要な努力をしていない、授業が彼女の能力を超えている、効果的な学習方法を知らないのどれかか、すべてなのだ。自分に言いわけをしているうちは、ストレスの真の原因と向き合えず、対処もできない。サンドラはまず、自分自身を見つめなければならない。〈グレムリン〉に気づき除去できれば、ストレスも消えるだろう。

マッシュルーム症候群

マッシュルームを栽培すると、かならず株同士が空きスペースを奪い合い、繁殖競争に勝った株がいちばん大きくなる。それを取り除くと隙間ができるが、そこに二番目に大きな株が入りこみ、隙間を埋めるまで成長する。それを取ると、また次の株が大きくなり、絶えず隙間を埋めるマッシュルームが控えている。それと同じように、世の中には「マッシュルーム症候群」に苦しむ人がいる。この症候群の人は、マッシュルームのごとく悩みを繁殖させる。心配事がなくなっても、すぐ新たな心配を見つけてしまうのだ。非常に破壊的な〈グレムリン〉がいて本人は止めることができない。これはやっかいな習慣だ。すべてを悩みに変えて周囲に訴えるから、自分だけでなく、まわりの人をも疲弊させる。残念なことに、こうなると、まわりの人はたいてい苛立つから、「マッシュルーム症候群」の人は孤立にも悩んで、慢性ストレスを抱えることになる。ここから脱するためには、現状認識を改めるしかない。

この〈グレムリン〉に代わって〈自動運転〉にすべき考え方には、次のようなものがある。

- 〈人間〉は不安とともに生きることを学ぶが、無益な感情である「悩み」は抱えない。
- 〈人間〉は問題の解決に時間がかかることを受け入れる。解決までの道のりについて悩んでもしかたがない。
- ほとんどの悩みは、長い目で見れば些細なことで、自然に解決することも多い。
- 悩んでも得られるものはない。
- 悩むのはひとつの選択肢であり、悩まないことも選択できる。
- 自力でできるもっとも有効な対策は、視野を広げ、自分を笑い飛ばすのを学ぶことだ。

●リラックスすることも、強力な悩み対策だ。

リラックスするテクニック

オンラインや図書館でも、悩みを減らす方法が見つかるかもしれない。友人や同僚から成功例を教えてもらう手もある。そうした方法をひとつずつ試してみるのも有効なやり方だ。

矛盾する衝動

仕事と家庭を両立させようとするワーキングマザーは、どちらもうまくいっていないと感じてストレスを抱えがちだ。そこでは〈チンパンジー〉の母性的な衝動が、〈人間〉の充足感を求める衝動と闘っている。だが、適切に対処すれば闘う必要はないし、両方をうまくこなすことができる。

彼女のストレスの原因としては、次のようなものが考えられる。

●生活のふたつの領域で達成できることの想定が現実的ではない。
●バランスが悪い。
●適切な人に助力を求めていない。
●両方の領域に妥協が必要なことを受け入れていない。
●実際にはうまくやれているのに、〈人間〉か〈チンパンジー〉の不当な罪悪感のせいでそれを認めていない。

以上の例はみな、慢性ストレスの多くがあなたの心から生じることを示している。重要なのは、内面に目を向け、自分に厳しくなりすぎていないか、自分のことを気にかけているか、と考えてみることだ。

感情的な限界とトレーニング

個々人が身体的にできることには限界がある。それは誰もがわかっている。ならば、感情にも限界があることを認めるべきだ。同時に、体を鍛えて健康を増進できるように、内なる自己を鍛えて感情への対処方法を改善することもできる。

環境や出来事から発生する慢性ストレス

ある出来事でストレスがたまったら、それに対処するための計画を立てるのがいちばんだ。例によって、まずは現実的な期待で状況を見ているかどうかを確かめよう。自力で変えられるところは進んで変え、助けてくれる人がいれば助力を仰ぐ。どれもうまくいかなければ、ＡＭＰ（受容、前進、計画）に進む。状況を受け入れるのを学ぶのはいつでもむずかしいが、ほとんど選択の余地がないこともある。たとえば、激しい腰痛になったら、回復がどういう道筋をたどるかわからなくても受け入れて、それに対処する以外にない。

他者から発生する慢性ストレス

日頃接する人々も、あなたの慢性ストレスの原因になりうる。そのパターンはさまざまだ。他人に対処するまえに、いつものように自分を見つめ、9章のコミュニケーションに関するアドバイスを読み返そう。〈チンパンジー〉は勝つか負けるかの態度で議論に入るが、〈人間〉は対処計画を立てたうえで議論に臨む。時間をとってよく計画を練り、解決策に重点を置こう。正しい方法で接すれば、ほとんどの相手は分別のある対応をしてくれるはずだ。なかには不愉快な人もいて、意見のちがいを解決する協力を全然してくれないかもしれないが、それも受け入れることだ。

自分の群れからの支援も、忘れずに取りつけるといい。あなたが頼めば、客観的な助言や激励を与えてくれるだろう。それでも対立が解消できないときには、中立な第三者による調停や援助を依頼してみる。特定の人と決定的にうまくいかないことがわかったら、現実的になって、接触をできるだけ少なくしよう。

ストレスが悪化したら？

ほとんどすべての人がストレスを感じ、どこかでまちがった反応をしてしまう。しかし、ストレスへの対処法は学ぶことができる。やり方をまちがえると、さらにストレスが悪化することもあるので、よく理解してほしい。

自分を責めて罪悪感をいだくな

ストレスにうまく対処できないからといって、決して自分を責めてはいけない。それは、無益どころかダメージをもたらす習慣だ。悪い習慣の正体はただの〈グレムリン〉なので、取り除ける。あなたにできるのは最善を尽くすことだけだ。その事実を受け入れよう。そして微笑んで、くつろぎ、熱意を取り戻そう。無益で破壊的な〈グレムリン〉に建設的なことはいっさいない。うまくいかないことがあったら、〈チンパンジー〉に乗っとられているのだと思い出そう。そう、それはあなた自身の失敗ではないのだ！

「なぜ」ではなく「どうやって」

たとえば、「なぜ、いつもみじめな気分なのだろう」などと問いつづけて、理由をでっち上げるのはもうやめよう。「なぜ」は役に立つこともあるが、たいていうしろ向きで建設的ではないからだ。

その代わりに、「どうやって」と考えるといい。これは計画するための質問で、多くは建設的だ。たとえば、「どうやって自分の感情に対処して幸せになろうか」は建設的な質問。「なぜみじめな気分でストレスを感じているのだろう」よりはるかにいい。これからは、「なぜこうなった？」を「どうやってまえに進もう」に置き換えよう。

話そう！

あなたの話に耳を傾け、理解してくれる（そしておそらく助言もくれる）相手にすべて話そう。これはストレスの原因を見つけ、共有するのにとても役立つ方法だ。解決策を考えるうえでも大きな助けになるだろう。あなたの群れに頼りなさい。群れはそのためにあるのだ！

慢性ストレスを発散する建設的な方法

- リラックスするテクニックを学んで実践する。
- 問題を誰かにまかせ、共有できるようにする。
- 適切なところからの支援を求める。
- 広い視野で見る。
- 問題の向こうにある解決策を見る。
- 現実的になる。
- あなたの感情と進むべき方向を決めるのはあなたの責任だということを忘れない。
- 大切に思う人と感情を共有する。

たとえ話――サルを捕まえる方法

ストレスの隠れた原因のひとつには、「自分を罠にはめて気づいていない」もある。たとえ話で説明しよう。

サルを捕まえようと思ったが、逃げ足が速くてとても追いつけない。そこである方法を考えた。まず、壺を地面に埋めこみ、そこに石を入れる。壺の口とほぼ同じ大きさの石なので、一度入れると取り出すことはできない。そこへサルがやってきて、壺に手を突っこみ、なかの石を握って取り出そうとする。口にぴったりの大きさの石を手でつかんでいるから当然取り出せないが、サルは石が欲しいので手放さない。サルにとって石はまったく価値がないにもかかわらず、頑固に握りしめている。そうなれば網を投げてサルを捕まえるのは簡単だ。サルは無用の石と引き換えに自由を失った……。

あなたも、「無価値の石」を握りしめていると、しまいには自由を奪われることになる。重要でもないことに執着して、ストレスに人生を支配されつづけると、幸せを失うはめになるのだ。これからは、人生における「無価値の石」はすべて手放す勇気をもとう。怖れや慣れや、たんなる頑固さのために何かに執着してはいけない。あなたの自由と幸せは、どんな石より価値があるのだから。

まとめ

- 定期的に慢性ストレスの兆候を確認する。
- 慢性ストレスを正常なことと思わず、それに対処する。
- 物事に対する自分の感情的な限界を認識し、それを超えないようにする。
- ストレスへの対処法を身につける。
- 無価値の石をつかんで人生に囚われることのないように。

おすすめのエクササイズ：ストレスを取り除く

友人に会う

積極的に友人に会って、いま抱えているストレスについて相談しよう。そしてストレスの原因を書き出して、いくつ原因があるか、どんな欲求に対処すべきかを明らかにする。リストにしたら、それぞれの項目について実行計画を立て、しっかり時間をとって計画を遂行する。あとで、報告のためにもう一度友人と会うのもいい考えだ。

ライフスタイルによるストレス

自分のライフスタイルと行動を振り返って、「無価値な石」を握っていないか点検しよう。決まりきった行動や、働き方、仕事、趣味、場所、人間関係のなじみのパターンのなかに、そういう「石」がないだろうか。あなたが幸せになることを阻むものは、すべて「無防備な石」だ。ここでも自分ひとりでやるより、話し相手がいるほうが強力な手立てになる。良き友人は、耳の痛い事実を指摘してくれることも多いものだ。

Part 3

健康、成功、そして幸せ

13章 心身の健康に気をつける方法

――影の惑星と小惑星帯

- **身体的健康と精神的健康**
- 機能不全と機能障害
- 身体を良好にするには
- 精神を良好にするには
- 回復とリハビリ

機能不全と機能障害

この惑星系では、身体と精神の健康を扱う。マシンが正常に動かなければ〈チンパンジー〉モデルを適用することがむずかしくなるからだ。

機能不全とは、病気にかかっているということ。心身が正常に機能しておらず、医者の治療が必要な状態をいう。惑星を取り囲む〈小惑星帯〉は、この機能不全と、あなたがかかるすべての身体的、精神的な病気を表している。

一方、機能障害とは、心身は正常に機能しているものの、適切に利用されていないか、手入れがされておらず、メンテナンスが必要なことをいう。〈影の惑星〉はこの機能障害を表している。私たちはみな、多かれ少なかれ機能障害を抱えている！　本書の内容すべてが、その機能障害を最小化するためにあると言ってもいい。

身体を良好にするには

機能障害は範囲が非常に広く、本書のかぎられた紙面では説明しきれないので、ここではいくつか指針を述べておこう。体のメンテナンスは、栄養、食事法、体重、運動、体調管理の五つに区分できる。これらの領域で何が機能障害の原因になるか見ていくが、ちがいを強調するために、だいぶ極端な見方を示すことを了解いただきたい。

五つのどの領域についても、あなたの〈チンパンジー〉と〈人間〉の懸案は大きく異なる。基本的に〈人間〉は、おのおのの領域で必要なことを理解しているので、体調を管理し、健康を保って、分別のある食事に大きな喜びを見出すが、〈チンパンジー〉はなんの責任もとらずに快楽を追求し、結果を無視してその場の喜びに走る。

機能障害
心身は正常に機能している

正しく使われておらず、
メンテナンスが必要

機能不全
心身が正常に機能していない

病気で治療が必要

ぬかるみを歩くな

体の健康を保つには鉄則がふたつある。ひとつめは「ぬかるみを歩くな」。つまり、問題から始めて解決策を見つけるやり方ではなく、まっさらな状態から、あなたが欲するものを正確に定義するということだ。めざすものがわかったら、どのように実現するかを考えればいい。たとえば、どのように体調管理したいか、何を食べたいか、といったことを書き出してみよう。理想が決まったら、それを基準にして、実現を妨げるあらゆることを除去して行動に移すのだ。「ぬかるみを歩く」と、過去のすべての失敗と、うまくいかなかった理由を振り返ることになって、やる気がそがれる。それらを消し去り、一から始めよう。

先手を打ち、すぐに対応する

これがふたつめの鉄則だ。成功する人は「先手を打つ」。言い換えれば、計画をしっている。しかも「すぐに対応する」。なんらかの理由で計画が失敗しても、またすぐ新たな計画をまとめて実行する。つまり、立ち直りが早く、あきらめない。

逆に、成功できない人は後手になりがちだ。起きた問題への対策を中心に計画を立て、つねに応戦しようとする。人生を悪戦苦闘の連続ととらえているので、あきらめるのも早く、最小限の抵抗しかしない。

フィットネスのクラス

このふたつの鉄則をあなたの体のメンテナンスに当てはめ、〈チンパンジー〉を意識しながら対処しよう。もしも健康的に減量したいなら、まずどれくらい減らしたいかを宣言し、先の苦労は考えずに行動計画を立てる。ただし、計画が現実的でなければならないのは当然だ。それからフィットネスのクラスに申しこもう。〈チンパンジー〉が毎週無数の言いわけをすると予想されるので、対抗する計画も必要だ。たとえば、初回が終わったあとインストラクターに「次回また参加するのをとても楽しみにしています」と話す。すると〈チンパンジー〉はだらしないと思われるのを嫌がって、しぶしぶ次回のクラスにあなたを送り出すだろう。ほかにも、ごく単純な計画が効果絶大なこともある。これについては、15章でくわしく述べる。

精神を良好にするには

〈人間〉には健全な精神が必要だ。そして精神を健康に保つには、知的な刺激や挑戦、笑いや楽しいこと、目的の達成など多くの方法がある。こうした体験はみな健全な精神をつくる（やりすぎてかえってストレスにならなければ！）。とくに笑いとユーモアは、心の最高の強壮剤だ。物事が計画どおりにいかないときこそ、楽しい面に目を向けよう。不幸を笑い、自分を笑うことを、強力な〈自動運転〉にしよう。

回復とリハビリ

回復は、心身のメンテナンスでもっともおろそかにされがちな部分だが、三つのレベルがあることを知れば、なぜ私たちの多くが心身を完全に回復させるまえに日常の活動に戻ってしまうのかがわかるだろう。回復の三つのレベルとは次のとおりだ。

● リラックス

●休息
●睡眠

残念ながら、私たちはたいていこのすべてを軽視してしまう。あなたの心身は日常生活のストレスから回復するために小休止をとらなければならない。自分のメンテナンスと考えれば、その優先度は高くなるはずだ。結局は、仕事と遊びのバランスが大切ということに尽きる。「リラックス」とは、くつろいでひと休みすること（たとえ一日の数分間でも）。「休息」とは、一日のなかで（典型的には夜）まとまった時間をとり、仕事やストレスから逃れて完全にくつろぐこと。「睡眠」は文字どおりの意味だ。

この三つのどれかを毎日意識的にとらなかっただけで、あなたの脳内の血流とすべての意思決定が〈チンパンジー〉に向かい、怖ろしい結果になる。何が起きるかは考えるまでもない。嘆かわしいのは、私たちがみなこれを知っていることだ。疲れを感じるたびにイライラし、愚かなミスや性急な判断をして、気分が落ちこむ。それがわかっているのに、この重要な心身のメンテナンスをないがしろにするのは信じられない。時間をかけて現実的な行動計画を立て、リラックスし、休息、睡眠を充分とることには、計り知れない価値がある。

精神的ダメージからの回復

骨折のような身体的ダメージは、筋肉を少しずつ取り戻すリハビリの期間を経て、最終的には全快する。精神的ダメージについても、事情はまったく同じだ。人間関係の喪失や解消といったつらい出来事を経験したら、一定期間の精神的なリハビリが必要になる。

一般的には、精神的リハビリに要する期間は三～六カ月で、途中に「悲嘆反応」という特別な段階がある。だから、精神的ダメージを受けたら、回復には時間がかかることを受け入れ、自分につらく当たらないようにしよう。そこから回復するいちばんの方法は、原因となった出来事について友人に必要な回数だけ話すことだ。そうすることで〈チンパンジー〉も運動ができ、ダメージを受け入れて回復に向かえる。自分の感情について話したり、気持ちを外に表したりするのが苦手なら、思いや考えを書き出したり、たんに時間をかけてよく考えるのでもいい。

真夜中の出来事

ひどい心配を抱えて眠りについたとしよう。真夜中に目が覚め、心が騒ぐ。このとき〈人間〉は熟睡していて、全権を握っているのは〈チンパンジー〉だ。だからあなたの思考は無分別で感情的になる。

〈チンパンジー〉はすべてを悲観的に考え、あなたを悩ませつづける。しかし、ついにあなたはバタンと眠りに落ちる。そして翌朝、ベッドから出て意識がはっきりすると、昨日の夜はなぜあんなに感情的に考えてしまったのだろうと思うのだ。

答えは簡単。夜のあいだは脳の機能が変化して、〈人間〉が〈チンパンジー〉をいっさい抑制しなくなるからだ。それが朝になると〈人間〉が正常に機能し、論理的になり、物事を正しく判断した。そうなれば、何も悪いようには見えない。ここにシンプルな教訓と守るべき鉄則がある。

まずシンプルな教訓。夜間勤務でないかぎり、あなたは夜の一一時から朝の七時まで、感情的で無分別に考える〈チンパンジー〉モードになる。その間はめったに広い視野で考えられない。それができるようになるのは朝の七時からだ！

したがって、鉄則は次のようになる。

夜間に目覚めたときの思考や感情はすべて〈チンパンジー〉のものであり、ほとんどが怖ろしく、悲劇的で、視野が狭いと心得る。朝になればちがった見方ができ、そうした考えや感情をいだいたことをおそらく後悔する。〈チンパンジー〉が主導権を握る夜間は真剣な思考に向いていない、と指摘する〈自動運転〉を育てよう。

リハビリ期間中は、感情的に耐えられることだけを引き受け、「感情の痛み止め」を使おう。「感情の痛み止め」とは、支えてくれる友人や家族とすごし、自分の感情を親しい友人に伝えて痛みを分かち合い、支援の申し出があったら受け入れ、自分にやさしくし、自分が望むとおりにダメージに対処するのをためらわないことだ。

Key point

ときに感情は不合理きわまりない。その感情をすべて理解しようとするより、折り合うほうがいい。

小惑星帯

小惑星は、機能不全（病気）を表す

場合によっては、体の病気が「気分の変化」のようにふるまうことがある。たとえば、月経前症候群（ＰＭＳ）や甲状腺障害のようなホルモン不均衡の病気は、気づかないで、たんに気分の問題だと思いがちだ。重いＰＭＳや甲状腺障害の症状があるときに、〈チンパンジー〉を管理するのは非常にむずかしく、その行動に責任をもつことはほぼ不可能だ。あなたの唯一の責任は、専門家の助けを求めることである。

精神疾患

多くの精神疾患は、脳内の神経伝達物質（化学的なシステム）のバランスが崩れたときに発生する。多数の精神疾患にかかわると指摘されている神経伝達物質には、セロトニン、ノルアドレナリン、ドーパミン、アセチルコリン、ＧＡＢＡなどがある。精神疾患の兆候があったら、それら物質に問題がある可能性が高い。気分障害、不安障害、その他の精神的な疾患には、つねに専門家の診断と治療が必要だ。

だが残念なことに、精神疾患にはいまだに汚名がつきまとう。脚の骨折で医者に行くときにはなんら恥じないのに、なぜセロトニン受容体の問題となると恥じるのだろう？　それをたまたま、うつ病と呼んでいるにすぎないのに。

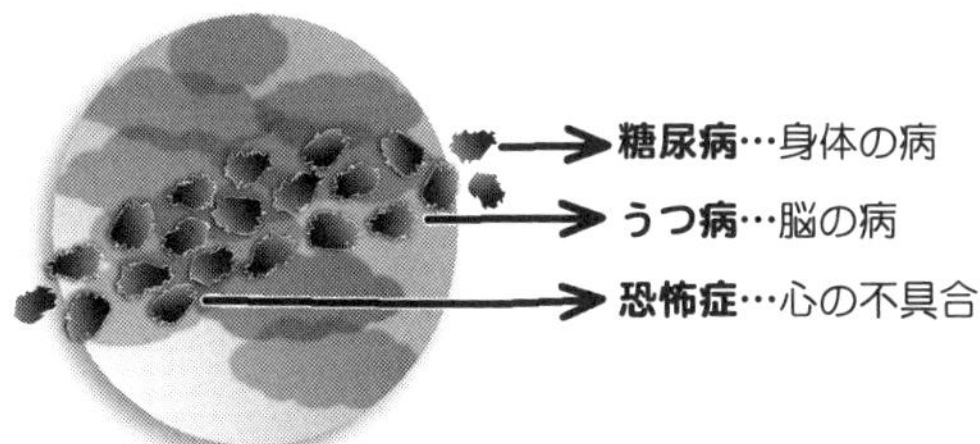

アルコールと麻薬

ほとんどすべての麻薬依存症者は、自分に問題があるとわかっている。飲酒の問題を抱えた人も同様だ。しかし、そのことと向き合うのは容易ではない。アルコール依存症者の多くは、現実から目をそらしている。私は医師として一〇年近くアルコール依存症の治療にたずさわってきたが、複数の患者さんから、習慣的な飲酒と「アルコール依存症」はちがうのだと説明された。一般的な見解だが、「アルコール依存症」の場合、最初の一杯を飲むと止まらなくなる。たしかに便利な指標である。一杯飲んだら、そのあと自分を抑えられなくなるなら、助力を求めることを真剣に考えたほうがいい。アルコールはもちろん、ほとんどの麻薬は、あなたの気分だけでなく考え方にも影響を及ぼす。悲しいことに、この危険な状態を恥と見なす風潮はいまだにあるが、幸い、支援してくれる専門家も大勢いる。

まとめ

- 話は単純だ。最高の状態で活動したいなら、体と心を本気でいたわること。
- 心身の健康を保つために努力する。
- リラックス、休息、睡眠という回復の時間を充分とること。
- 病気になったら、回復するために助力を求めるのはあなたの責任だ。

おすすめのエクササイズ：自分のメンテナンス

回復は「チンプ・マネジメント」に役立つ

回復するための時間をきちんととろう。リラックス、休息、睡眠の三つすべてに気を配り、毎日それぞれにどのくらい時間をかけたか、一週間記録してみよう。回復の時間が不充分だと、〈チンパンジー〉は非常にコントロールしにくくなる。きちんと回復できなければ、まちがいなく人間関係や仕事に悪影響が及ぶ。逆に、うまく回復できれば、人間関係と仕事の質はかならず上がる。

14章 成功の基礎をつくる——成功の惑星と三つの月

成功を定義する

あなたは「成功」をどう定義するだろうか。ここで思い出してほしいのは、「〈人間〉と〈チンパンジー〉とでは答えがまったくちがう」ということだ。

一般に、〈チンパンジー〉が幸せの定義としてものの所有と達成感を求めるのに対し、〈人間〉は、人としての質の向上を求める。たとえば、あなたの〈チンパンジー〉は「億万長者になるのが成功だ」と答えるのに、〈人間〉は「いつもハッピーでいられるのが成功だ」と答えるというように。もちろん、〈人間〉も大金をもっていれば幸せだと言うかもしれないが！

肝心なのは、他人の意見に振りまわされずに、自分の〈人間〉と〈チンパンジー〉にとっての成功を定義することだ。そして、〈チンパンジー〉の考えを本当に容認できるかどうか判断することだ。〈チンパンジー〉が定義する成功を追いかけ、それを見つけたとしても、あなたの求めるものではないというケースが多いからだ。

成功を測定する

成功の度合いを測定する尺度は、つねにいくつかある。たとえば、ある試験に向けて講座で学ぶなら、成功の尺度はふたつだ。

第一の尺度は、試験に合格すること。これは〈チンパンジー〉の成功の定義に近いが、〈人間〉も同意するだろう。第二の尺度は、講座を修了する、またはしようと努力すること。これは、〈人間〉の成功の定義に近い。

〈人間〉の定義によると、努力を続けるかぎり失敗したことにはならない。もちろん、試験に合格するのはすばらしいが、うまくいかなくても、最善を尽くした（それ以上のことはできない）ことに変わりはない。だから、努力しつづけたことを祝福できる。だが〈チンパンジー〉は、合格しなければ失敗だと主張する。

ここで、あなたには選択肢があることをよく考えよう。あなたが「どの程度まで達成したか」で人生の成功を測定したいなら、その段階に到達できなかったときは、失敗として受け止めなければならない。それに対して、成功に向けて努力し最善を尽くしたことで測定するなら、成功しなくても、あなたの手のなかには誇らしい気持ちがある。

これからは、どんな挑戦を始めるにせよ、成功を定義し、その成功が自分にとってどういう意味をもつか考えておくようにしよう。成功とは、何かの達成かもしれないし、それに向けての努力、あるいはその両方かもしれない。物質的に何かを得ることかもしれないし、精神的、個人的に得ることかもしれない。〈チンパンジー〉と〈人間〉では成功の定義が大きくちがう――これを、くれぐれも忘れないように。

部分的な成功

もうひとつ考えるべきなのは、成功はかならずしも白か黒かではないということだ。成功には、グレーの領域、つまりレベルや段階があるから、それらを「部分的な成功」と考えて、幸せになってもいい。たとえば、放置していた庭の手入れを始めたら、完璧にはできなかったとしても、いったん終わりにして、部分的な成功に満足すればいい。

部分的な成功を認めれば、実際に達成したことの「事実確認」にもなる。自分のまちがいを受け入れることを学び、それに報いることを学ぶのは、完璧な成功に至れなかった自分を批判するよりはるかに建設的だ。

ゴールにいたるまでは、だいたいいくつかの段階に分かれているので、そのたびに祝うことができる。〈チンパンジー〉は、成功に向かってあなたを急き立てたり、前進を阻んで止めたりすることに長けているが、それさえわかれば、段階ごとの成功を認めるられるようになるだろう。

成功の三つの月

〈王の月〉

成功の可能性を高める要因には、基本的な安定装置がいくつかある。〈成功の惑星〉を取り囲む三つの月がそれだ。

あなたの〈王国〉

- 王冠をかぶる
- 王の掟
- 顧問
- 臣民

共同の〈王国〉

- 職業的／個人的な関係
- 個人的な関係
- チーム

他者の〈王国〉

- 臣民になる

最初の月は、あなたの人生のさまざまな領域における「責任者」をはっきりさせ、それに応じた行動をとることを表している。これが、成功の可能性を高める大きな要因のひとつになる。

意見のちがいに対処する

物事が効果的に動くには、人のみならず、明確に定義された哲学、手順と「掟」が必要だ。このことは、論理で動く〈人間〉の世界ではたいした問題ではないが、〈チンパンジー〉の世界では大問題になる。〈チンパンジー〉は感情で動き、かならずしも掟を守らないからだ。

〈人間〉は他者と議論を交わし、おおむね共通の意見を形成するが、〈チンパンジー〉は言いたいことを言い、まわりの人を非難し、めったに譲歩せず、譲歩が必要になると、ふつうは異議を唱えてご破算にしようとする。そんな〈人間〉と〈チンパンジー〉には、明確な掟と、最終判断をする共通のリーダーがぜひとも必要だ。優秀なリーダーは、他者の意見を聞き、尊重する。

というわけで、成功を求めるなら、次のことを決めなければならない。

●誰が責任者か。
●掟は何か。
●その掟にしたがって生きるかどうか。

話を簡単にするために、三種類のリーダーについて考察してみよう。

●あなた
●他者
●共同のリーダー

あなたの〈王国〉

王冠をかぶる

王冠は
正しい人が
かぶるように

あなたが責任を負うのが明らかな状況では、あなたが〈君主〉だ。たとえば、自宅にいるときには、あなたが〈王国〉の〈君主〉である。入国許可を与えるのも、掟を決めるのも、あなただ。しかし、ほかの人の家に行くときには、その人の〈王国〉に入り、そこではその人が〈君主〉だ。もし室内が暑すぎたら、あなたは礼儀正しくそれを伝え、窓を開けてもいいかと尋ねるだろう。立ち上がって勝手に窓を開けたりはしない。その家の主と特別に親しくないかぎり、そうしたふるまいは不作法で不適切となる。同様に、その人があなたの家を訪ねたときには、「この壁の色は気に入らない」と言ってペンキの缶を開け、別の色を塗りはじめることなどありえない。あなたの家はあなたの〈王国〉なのだから。

職場もあなたの〈王国〉になる。あなたはそこで役割と責任を担っている。適切な行動をとるには、その役割と責任を正確に知っていることが必要だ。

もしも、あなたの〈王国〉に誰かがやってきて主導権を握りそうになったら、〈人間〉は動揺し、〈チンパンジー〉は興奮する。そのままでいると、必然的に〈チンパンジー〉があなたに代わって行動し、おそらくよくない結果になる。だが、あなたの〈王国〉の王は誰かを認識して、「それにふさわしい行動」をとれば、〈チンパンジー〉の行動を抑えることができる。たとえば、誰かに怒鳴りつけられるのに耐えられないなら、やめさせなければならない。その際には主体的にはっきり説明し、対立を避ける方法を選ばなければならないが、自分の権利は主張すべきだ。あなたは〈君主〉として掟を定め、〈王国〉に入る人にそれを確実に知らせて理解させ、必要なら強制しなければならない。つまり、掟を守らせるということは、〈チンパンジー〉ではなく〈人間〉を介して王らしく行動するということだ。

王の掟

「王の掟」とは、あなたが〈君主〉として守ることを定めた行動や姿勢である。時間をとって、これをあなたの〈人間〉といっしょに考え、実行に移せば、何をする場合でも成功の可能性が高まる。〈チンパン

王の掟

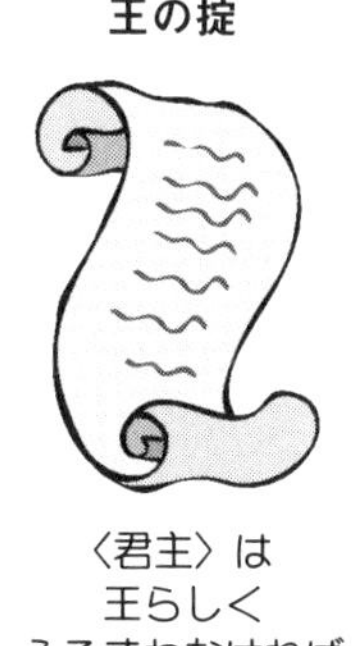

〈君主〉は
王らしく
ふるまわなければ
ならない

ジー〉も、これにしたがって生きるように管理する。この掟は〈チンパンジー〉への戒めともなる。だから、たとえば「相手の態度にかかわらず、いつも他人に親切にする」という「王の掟」はあまり感心できない。立派ではあるが、〈チンパンジー〉に守らせるのはむずかしいからだ。

顧問

王国とはいえ、〈君主〉がすべてを理解しているわけではないから、顧問を任命しなければならない。専門の顧問は、〈君主〉に助言（命令ではない）をする。あなたが理解できないときや自信がないときに、助けてくれる人を探すのはきわめて重要だ。成功する人としない人のちがいのひとつは、助力が必要なタイミングに気づき、もっとも信頼できるところから協力を得られるかどうかにある。

顧問

顧問は慎重に選ぼう

顧問の資質を確かめるのは、あなたの責任だ。その人には助言のスキルや能力があるだろうか。あなたの代わりに働いてもらえるだろうか。任命しておいて、結局その人からの助言を退けることになったら、じつに愚かだ。それを防ぐためにも、任命するまえに、その人の資格、経験、実績をよく調べておくこと。

いざ顧問を選んだら、期待したレベルに達しなかったと、あとで文句は言えない。選んだのはあなただ。あなたの選択がお粗末だったのだ！　成功する人は何に対しても全責任を負い、失敗しても次で改善しようとする。〈チンパンジー〉が他人を責めることを認めない。

たとえば、体重を減らしたいとする。ありふれたシナリオだ。あなたは王冠をかぶり、その計画に責任をもつ。減量の必要があるということは、そもそも体重管理に長けていないということだ（問題はない。

これはただの「事実確認」)。したがって、体重管理の「専門家」から助言を受けるのが賢明だろう。それは栄養士かもしれないし、ダイエットに成功した友人かもしれない。助言にしたがうかどうかはあなたの判断だ。また、ダイエットや助言が「まちがっていて」うまくいかなかったとしても、彼らを責めてはいけない。このシナリオの教訓は、人生の多くの局面で当てはまる。あなたは、自分の選択に責任がともなうことを学ばなければならない。

臣民

あなたの〈王国〉にいるほかの人々は、いわばあなたの臣民であり、ふたつのことを理解しなければならない。ひとつめは、あなたが〈君主〉であること、ふたつめは、そこに掟があることだ。そして「あなたの義務」は、〈君主〉として臣民にそのふたつを丁寧に伝えることである。他人があなたの国を乗ったり、あなたにとって許容できない行動をとったりしたら、それはあなたが掟をはっきり伝えていなかったせいだ。その人を責めてもしかたがない。相手のふるまいがどうであれ、敬意をもって接すれば、あなたのメッセージは伝わりやすくなるはずだ。伝えているのが〈チンパンジー〉ではなく〈人間〉であることを、しっかり確かめよう。

臣民がいるということは、つねに世話をし、尊重するということでもある。他者を尊重すればするほど、相手も敬意を返してくれる。しかし、〈チンパンジー〉が動きだす可能性はつねにある。〈チンパンジー〉と行動をともにするのは愚かなだけだから、充分注意しよう。

他者の〈王国〉

臣民になる

あなたが
王冠を
かぶらないときがある

王冠をかぶっているのはあなたではないと気づいたら、王冠の主に敬意をはらおう。それが道理だ。他者や他者の決断を軽視すれば、結局自分に跳ね返ってきて、あなたの成功を妨げる可能性が非常に高くなる。

臣民になるからといって、相手に服従し、踏みつけられるわけではない。要は敬意の問題だ。ほかの人が最終決定をする責任者だとわかったら、そこでの掟について調べ、それを守ったほうがいい。

では、他者の〈王国〉の体制が腐敗していたら？　反抗して闘うのもいいが、その場合でも、あなたの品格を失わない方法を選びたい。また、その〈王国〉の居心地が悪いなら、できるだけ早く立ち去って、尊敬できる〈君主〉の〈王国〉に移るのが正解だ。

共同の〈王国〉

職業的／個人的な関係

人生には、ふたつの異なる人間関係がある。ひとつは職業的な関係、もうひとつは個人的な関係だ。問題は、このふたつがよく重なったり混同されたりして、危険地域になることだ。トラブルは、たいてい両者が交わるところで発生するから、ふたつのちがいと、それぞれの適切なタイミングを知ることが重要だ。

人間関係の目的は人によってちがう。たとえば、誰かと仕事をするからといって、その人を好きになる必要はない。「親しみやすい（パーソナブル）」と「親しくなる（パーソナル）」はまったく別物だ。「親しみやすい」というのは、友好的で話しやすく、おおらかだということ。相手を好きでも嫌いでも、そうなれる。しかし「親しくなる」のほうは、相手と友人以上の関係を結ぶということだ。

個人的な関係に決まった境界はない。どうつき合うか、どこまで親しくなるかは、あなたと相手が決めればいい。相手と打ち解けた時間をすごし、互いの個人的な感情と考えを共有すれば、双方に感情的な満足があるだろう。それこそが主要な目的だ。さらに親密さが深まれば、相手も感情的な満足を得ていると感じられる。倫理的、道徳的、感情的に認め合い、境界は時とともに柔軟に変化する。

一方、職業的な関係、とくに職業的な対人関係には決まった境界がある。機密保持が最重要で、感情的な判断が入る余地はない。この関係は職務上の義務と責任にもとづいているので、感情的な懸案は入ってこない。

職業的な関係にしばしば個人的な関係が割りこむ理由は、私たちの〈チンパンジー〉、ときには〈人間〉が、境界を忘れて、相手がもっと個人的な欲求を満たしてくれると期待するからだ。そういうときには、自分の感情的な欲求を見きわめ、職場の外に適切な人物を探して、欲求を満たしてもらうといい。感情的欲求を職場の同僚に満たしてもらおうとするのは避けること。同様に、苛立ちや怒りなど、個人のネガティブな感情を職業的な関係にもちこんではいけない。

人間関係を成功させたいなら、「自分はこの関係に何を期待するのか。相手はどうだろう」と問いかけよう。そうやって、あなたの期待が、職業的な関係、または個人的な関係のどちらのタイプに適しているか確認するのだ。これはきわめて重要なポイントだ。

個人的な関係

個人的な関係には、〈人間〉と〈チンパンジー〉の両方がかかわるから、深入りするまえによく考えなければならない。深入りしてからも日常的な判断が必要になる。相手が誰だろうと、完全に安定した人間関係は存在しない。毎日が純粋な選択の連続なのだ。

誰かと個人的な関係を結ぶと、その一部は共同の〈王国〉となり、そこでの判断は必然的に共同のものになる。まず、そこを認識することが大切だ。関係のそれ以外の部分は共同の〈王国〉ではないので、個別に決定する。たとえば、ふたりが知り合って恋人同士になったとしよう。はじめのうちは、どちらも相手を拘束せず、おのおのの生活の掟を相手に教えることもない。まだ互いに自分の〈王国〉の〈君主〉であり、何をどうしたいかについては全権を握っているからだ。

パートナーのひとりは、毎週末をほかの友人たちとすごしたいと思っていて、それをあきらめる気はない。自分ひとりが決めることであって、誰にも文句は言わせないと思っている。だがもちろん、もうひとりも同様に、「その件は受け入れがたい。毎週末出かけるのなら、この関係は続けられない」と言う権利をもっている。だが、そうではなく、この関係を解消するくらいなら毎週末に相手がいなくなるのを我慢するほうがましだと判断したら、あとで苦情を言うことはできない。その時点で関係を継続する条件が決まったのだ。

では、パートナーの一方が相手に掟を押しつけ、守られなかったときに腹を立てたら？　他者の〈王国〉で自分の掟を強要したら、それは他者の〈王国〉で王冠をかぶっているということだ。王冠は正しい所有者に戻さなければならない。それぞれが、自分の人生を決める権利を認め合うべきだ。

もしも恋人同士が共同で判断した場合には、人間関係に共同の〈王国〉が発生することになる。たとえば、ふたりで家を買うときだ。こういうときは、どちらも王冠をかぶらない。王冠は共有する。そして、ふたりで責任を負う。

チーム

チームの運営は、王冠をかぶったリーダーへの完全委任と、民主的な集団決定のあいだのどこかの形態をとる。どんな形であれ、集団がうまく機能するのに大切な要素は、王冠をかぶっている人物と、掟の決め方を全員が知っていることだ。民主的な集団には〈君主〉がいないが、代わりに全員の合意で設けた〈政府〉がある。

〈COREの月〉

COREの原則

- Commitment＝集中
- Ownership＝所有
- Responsibility＝責任
- Excellence＝最高のレベル

〈COREの月〉とは、成功の可能性を高める四つの準備のことで、まとめて「COREの原則」と呼ぶ。

第一の準備：集中

真剣に何かを始めるときには、まず本当にそれが実現する可能性があるかどうかを確認し、集中できるかどうか考えたうえでなければ、やるだけ無駄だ。あなたの〈チンパンジー〉ともじっくり話し合うこと。〈人間〉か〈チンパンジー〉の一方だけが全力で取り組もうと決めても、うまくいかない。最初のつまずきとして考えられるのは、〈人間〉か〈チンパンジー〉のどちらかに相手を代弁させることである。ふたつの例で説明しよう。

エマのジョギング計画

体を鍛えるためにジョギング・クラブに入会すると決めたとき、エマは暖かい室内にいた。脳内の〈人間〉は、「理に適っている。週に二回、クラブで走って体を鍛えよう」と言った。気まぐれな〈チンパンジー〉も「すばらしい。体を鍛えるのは本当にいい気分だ」と言った。ところが冬になると、〈チンパンジー〉の気が変わった。〈人間〉は相変わらず「体を鍛えたいから走る」と言うが、〈チンパンジー〉は聞く耳をもたない。

エマは、計画を立てるときに大きな誤りを犯した。冬になっても意志の力で〈チンパンジー〉を抑えこめると思ってしまったのだ。だが〈チンパンジー〉と腕相撲はできない！〈チンパンジー〉が何かをしたくないと思ったら、意志の力では勝てないのだ。エマが〈チンパンジー〉をよく理解していたら、「体を鍛えたいという気持ち」だけでは、冬のつらい時期に〈チンパンジー〉を集中させることはできない、と判断できたはずだ。友だちと走るなど、ほかの方法で〈チンパンジー〉をなだめる計画を立てたとしても、やっぱり〈チンパンジー〉がその計画をくつがえしてしまい、最終的には実現しないだろう。エマが体を鍛えたいなら、〈チンパンジー〉が耐えられる別の方法を考えたほうがいい。

〈チンパンジー〉が「体を鍛えるのは本当にいい気分だ」と言ったことで、エマは〈チンパンジー〉が意思決定に加わったと考えてしまったが、そんな気分は一過性で当てにならない。行動の指針になることもたまにはあるが、計画の役には立たないのだ。達成可能な計画を立てるには、冬になったらどう感じるかを〈チンパンジー〉に尋ねる必要がある。

ジョンのサッカーの夢

ジョンはアマチュアのサッカー・チームをつくろうと決意した。昔からサッカーが大好きで、チームの監督になりたかった。ジョンの〈チンパンジー〉は興奮し、やる気満々だ。〈人間〉にもそのための意欲と能力があるのはわかっているので、ジョンは地元の議会に自分の計画を伝え、援助を求めた。なかなか好評で、うまくいきそうだ。

ここでの問題は？　このプロジェクトを〈チンパンジー〉が率いていることだ。ジョンの〈チンパンジー〉はおそらく日夜熱狂する。実現する能力とエネルギーももっているだろう。だが〈人間〉は、事実と論理をたずさえて集中しているだろうか？　このプロジェクトにひそむ不測の困難を考えると、

〈チンパンジー〉からの感覚――得やすいものは失いやすい――将来の基礎にはならない！

もっと地に足のついたビジネスプランをつくらねばならない。

おそらく最大の問題は、この事業にはほかの人たちの集中もぜったい必要になることだ。ジョンがどれほど熱心でも、ひとりではできない。資金と時間も必要だ。ジョンは具体的な時間と資金についてきちんと考えただろうか。情熱に水を差したくはないが、事業を支える強固なビジネスプランがなければ、成功はおぼつかない。

計画が実を結ぶためには、〈人間〉が論理とともに加わり、成功に必要なものを手配しなければならないのだ。さもなくばジョンの夢は悪夢となって終わる。ほかの人たちから約束をとりつけ、資金援助が決まったら、そのときようやく前進するための基礎ができるのだ。

以上のふたつの例から、〈人間〉と〈チンパンジー〉のそれぞれが集中できるように検討し、準備しなければならないのがわかるだろう。〈チンパンジー〉が幸せでなければ、〈人間〉が「成功」しても意味はない。逆もしかりなので、バランスをとる必要がある。仕事にすべてを捧げて非常に成功している人の多くが、じつは幸せではない。友人や家族を顧みていないからだ。あなたが物理的、感情的に検討すべきことはなんだろう。〈チンパンジー〉はあなたに感情を伝え、〈人間〉は実現可能性を伝える。両者の協力は不可欠であり、協力できれば成功の可能性は劇的に高まる。

「やる気」対「集中」

「やる気」は〈チンパンジー〉が主導し、感情にもとづいている。一般に、やる気は大きな報酬が得られるか、ひどく苦しい状況を変えたいときに起きる。ただしそれは、自分をかりたてるのには役立つものの、成功と直接には結びつかない。やる気の問題点は、〈チンパンジー〉の気分次第ですぐに移り変わることだ。何をするにしろ、現実的に毎日「やる気満々」であることは期待できない。

それに対して「集中」は〈人間〉に由来し、気分に左右されない。その日にやる気が出なくても計画を遂行する。たとえば、外科医は手術の途中で「やる気が起きないから中止する」とは言えない。手術を最後まで遂行させるのは「やる気」ではなく「集中」だ。

Key point

何かをすると決めたとき、重要なのは「やる気」ではなく「集中」だと自分に言い聞かせよう。

「集中チェックリスト」

あなたの集中を評価するために、「集中チェックリスト」を使おう。これは、答えてほしい質問を集めたリストで、「その仕事をするのに必要なこと」と「成功の妨げになるものを克服する準備」というふたつの側面がある。

第一の側面：仕事をするのに必要なことは？

この「必要」は三つに分けられる。

「集中チェックリスト」のふたつの側面

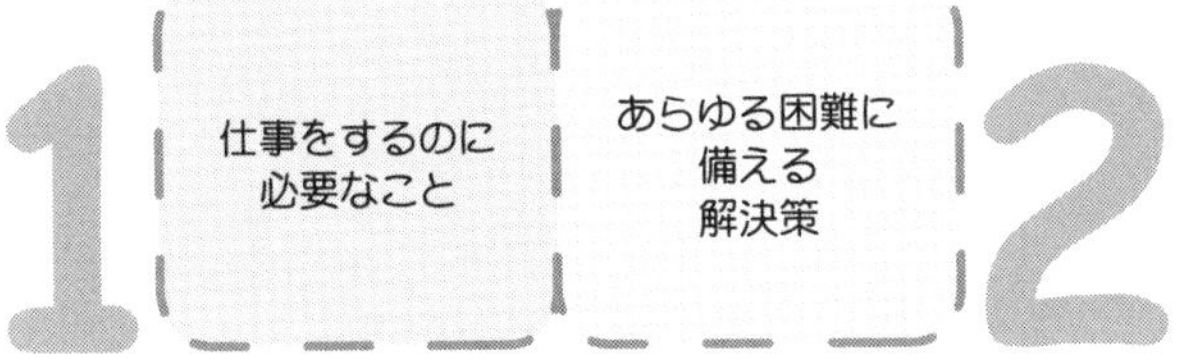

● 必須
● 重要
● 望ましい

「必須」——事業が成功するために欠かせないもの。たとえば、起業したいなら相当量の資金、プロのオペラ歌手になりたいなら美しい声、ジョギングで体を鍛えたいなら定期的に走ることが必須だ。必須の項目には、物理的なものと感情的なものがあるから、何かを始めるときには、かならずそのふたつのリストをつくる。ひとつは〈人間〉のため、もうひとつは〈チンパンジー〉のために。〈人間〉のリストには実現可能性と事実を書き、〈チンパンジー〉のリストには感覚と必要な感情的スキルを書こう。

「重要」——最終的な成果にまちがいなく影響するので、よく考えなければならないもの。たとえば、ガーデニングをしたければ、ガーデニング用の道具をひとつやふたつではなく充分にそろえるほうがいい。試験勉強をするなら、静かに勉強できる場所があるとかなり助かる。誰かと良好な人間関係を築きたいなら、じっくり時間をかけたほうが成功する可能性は格段に高まる。

「望ましい」——有用かどうかははっきりしないが、快適な状況をつくるもの。たとえば、夜の外出を楽しみたいなら、ある程度の小遣いがあったほうがうれしい。体重を減らしたいなら、友人に協力してもらって励ましてもらったほうが続きやすい。

この三つのどれに何が当てはまるかは人によってちがうので、自分で考えるしかない。たとえば、語学の勉強をする際に、ある人は「高い知性」を「必須」とするが、別の人は知性にかかわらず誰でも言語は学べると考え、「高い知性」を「望ましい」に入れるかもしれない。すべてはあなたの〈人間〉と〈チンパンジー〉がどう考えるかによる。

この区分をまちがえるのを防ぐためにも、友人に手伝ってもらって、すべての項目が網羅され、正しく区分されていることを確認しよう。

第二の側面：待ち受けている難題は？

難題は次の三つのタイプに分割できる。

- 障害
- 困難
- 落とし穴

計画を成功させるために克服しなければならない難題を洗い出し、それらを三つのタイプに分ければ、実際的な〈人間〉の観点と、感情的な〈チンパンジー〉の観点から考えるのに役立つ。

「障害」――回避策がなく、乗り越えるしかないもの。何を始めるにしろ、克服しなければならない不快なことやむずかしいことがかならず待ち受けている。あなたがやるべきなのは、着手するまえにそうした難題を見きわめ、戦略を立てることだ。無視、逃走、反撃といったお粗末な対処戦略は、失敗が約束されたようなものだ。

「障害」の例をいくつかあげよう。

- 体重を落としたければ、食習慣を変えなければならない。
- 体を鍛えたいなら、運動が必要だ。
- 人間関係をよくしたいなら、相手の〈チンパンジー〉の扱い方を学ばなければならない。

これらに選択の余地はない。障害は乗り越えなければならないのだ。

「困難」――すぐれた計画を立てれば迂回できるもの。問題を無視するのではなく、取り除くのだ。「障害」は取り除けないが、「困難」は取り除ける。まず両者のちがいを認識し、「困難」を取り除くことが重要だ。たとえば、経験や専門知識がないことは、そうした資質のある人に委託すればだいたい対処できる。かぎられた予算で休暇に出かけたいなら手頃な場所を選べばよく、休暇をあきらめる必要はない。

「落とし穴」――気をつけないと簡単に転落してしまうもの。たとえば、小休止が必要だったのに、気づかず感情的に疲弊してしまうとか、準備をしないでむずかしい会話を始めてしまうとか、ジャンクフードをやめようと決心したのに家に買い置きがある、とか。不安に対処するために酒を飲みすぎるのも、わかりやすい「落とし穴」だ。これらは適切な方法で対処すれば回避できる。

「集中チェックリスト」の質問

ではいよいよ、「集中チェックリスト」のふたつの側面にかかわる質問をあげよう。これに答えていけば、「夢」に向かう準備が充分できているかどうかがはっきりするだろう。

――夢そのものの確認

●その夢はあなたと〈チンパンジー〉にとってどの程度重要か。
●あなたと〈チンパンジー〉は本当にそれを達成したいのか。
●その夢を達成したときの利益は何か。
●得られる利益は、達成に必要な費用と比べて価値があるか。

――夢の実現のための計画と必要事項

●夢の実現のためにどんな計画を立てているか。
●過去にどんなことを試みたか。
●過去に失敗していたら、その理由は何か。
●今回やろうとしていることは、これまでとちがうか。
●将来に向けて、どんな新しい戦略を立てたか。
●過去にうまくいったことは何か。
●計画が完璧であることを誰かに確認してもらったか。
●計画がうまくいくために、〈人間〉と〈チンパンジー〉の両方にとって「必須」、「重要」、「望ましい」ことは何か。
●着手するまえに「必須」のものを手に入れたか。

――障害、困難、落とし穴

- 乗り越えるべき「障害」のリストをつくったか。
- それぞれの「障害」を乗り越える戦略を立てたか。
- 何を犠牲にしなければならないのか。
- マイナス面に対処する計画はあるか。
- この夢を達成しようとするとき、どのようなストレスがあるか。
- 迂回したり取り組んだりする「困難」をどのように想定しているか。
- それぞれの「困難」を避けるどのような計画を立てているか。
- どのような「落とし穴」を避ける必要があるか。
- 「落とし穴」に近づいたときにどう気づくか。
- 夢にたどり着けなかったら、どう感じ、どう対処するか。

――問題にぶつかっても前進するために

- 目的や目標に到達できなかったときにどう対処するか。
- 将来の問題に対処するときに誰が助けてくれるか。
- その人物はなぜ、どのように助けてくれるのか。
- 進歩をどのように測定するか。
- どのくらい新たな戦略を学ぶ気があるか。

- どのくらい取り組み方を変える気があるか。

——夢をあきらめたくなったときに自問してほしいこと

- なぜあきらめたいのか。
- 投げ出すまえに変えられることはないか。
- 別の取り組み方を見つけられないか。
- このことについて誰と話し合ったか。
- 夢をあきらめるメリットは何か。
- 夢をあきらめるデメリットは何か。
- 夢に向かって進むのをやめたあと、どのような計画があるか。

——計画への集中を助ける提案

- 手元にあるリソースでなんとかやる。資金と時間はなかなか自由にならない。
- 時間管理は学ぶ価値のあるスキルだ。
- 効率だけでなく、効果も考えて努力する。
- やるべきことに優先順位をつけ、そこから注意をそらさない。
- 一度にやるのはできるだけひとつにするのが、集中するいちばんの方法だ。
- ネガティブな人々を避けるか、少なくとも彼らがしていることを本人に（礼儀正しく）知らせる。それでも行動が改まらなければ、かかわらないようにする。

- 積極的に助言を聞き、必要なときにはこちらから求める。
- 優柔不断はエネルギーの最大の浪費。必要な情報をすべて集めたら意思決定をして、最後までそれを遂行する。

Key point

成功の最大の要因は、現実的、感情的に最高の自分の状態で行動することだ。

一億円の質問

きちんと準備するだけでなく、自分を律することも大切だ。計画を立てて準備するところまでは誰でもできるが、その計画を実行する人はごく少ない。それは、自分を律することができないからである。ぐずぐずしている、仕事を終えられない言いわけを探していると感じたら、自分に「一億円の質問」をしてみよう。今日じゅうに仕事を終えたら一億円もらえることになったら、終わらせられるだろうか。答えが「もちろん、ぜったいに終わらせる」なら、それは「達成可能」だということだ。その日のうちに完了できない理由をどれだけ並べようと、すべて言いわけにすぎない。夢の実現をそれほど真剣に望んでいないことの表れだ。

がっかりしたとき

私たちはみな、うまくいかないとがっかりして、夢をあきらめたくなるときがある。そればかりか、自分の望まないことをあえて言ってしまう。そんなときには、吐き出してしまえばいい。こんな夢はあきらめてもかまわない、叶える必要はない、やめてしまおう、と。すると驚くべきことに、あきらめたいと言っていた〈チンパンジー〉が突然意見を翻(ひるがえ)して、やめるつもりはない、夢をまた追いかけたいと言いだすことがよくあるからだ。〈チンパンジー〉は、夢はまだ生きている、どうしても実現したいと思っている。たんに叫びたいだけなのだ。だから、〈チンパンジー〉を適度に運動させよう。ときどき胸のなかにあるものを吐き出すのはまったく正常で、容認されると憶えておこう。

第二の準備：所有

「ＣＯＲＥの原則」の第二の領域は、所有である。かりに工場ではたらいているとしよう。工場の所有者はあなたにいろいろな作業を頼む。あなたはまじめで勤勉で誠実だ。自分の仕事に専念し、労働者としての意識も高い。そんなある日、工場主があなたを自室に呼んで、引退するからあとを託したいと告げる。これからは、あなたが工場の所有者だ。会社を所有して利益はすべて自分のものになる。さて、あなたはどのくらい熱心にはたらくだろうか。私たちのほぼ全員が、それまでより長くはたらき、仕事に集中するはずだ。成功する組織には、所有意識が欠かせない。

何かを所有すると、〈人間〉も〈チンパンジー〉も例外なく興奮する。総じて、人は所有が大好きで、所有権を与えられると物事を真剣に考える。それらを自分のこととして受け止め、〈チンパンジー〉とともにエネルギーをその事業に注ぎこむ。

つまり、成功の可能性を高めたいなら、自分の計画に「所有意識」をもてばいい。ほかの人がつくった計画は、どれほどすぐれていても所有意識にはかなわない。「計画を所有する」というのは、自分でその計画をつくったか、その計画に強い発言力をもっているか、それ以上は望めないほどその計画を理想的だと信じているかのどれかだ。計画の一部を所有していない、つまり、あなたが同意できない部分があれば、そのぶん成功の可能性は減るだろう。

では、所有意識がなければどうなるか？　下図がそれを示している。所有意識がなければ、たいてい〈チンパンジー〉が計画を混乱させて、成功率は下がる。

第三の準備：責任

「COREの原則」の「責任」には、説明責任も含まれる。計画の所有は、成功に向けた大きな一歩であり、それが入念に準備されたものであれば、あとは実行するだけだ。だが、この段階で多くの人が挫折する。〈チンパンジー〉が感情で動きだし、統制がとれなくなり、必要とわかっていることができなくなってしまうからだ。

それに比べれば、準備は簡単だ。学生の大半は、試験前に復習の計画を立てるのが得意だ。いつどのように勉強すればいいか、細部まで詰め

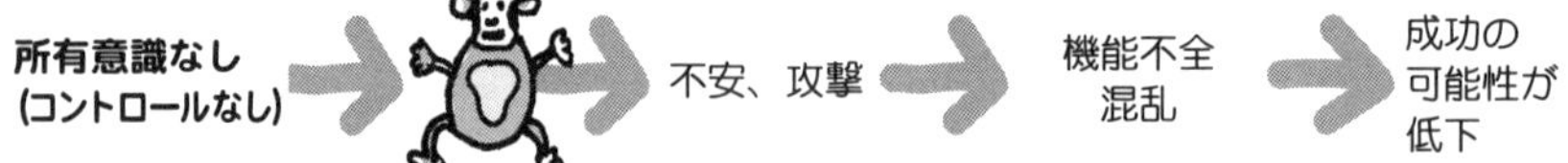

計画を立てて所有意識をもつことが準備のすべて

ることができる。ところが、その多くは実行することができない。毎週、予定表が見直され書き替えられて、ついにはほんの数日か、ひどくすると数時間にすべてが押しこめられてしまうのだ。責任とはつまるところ、〈チンパンジー〉の感情を管理して、言いわけをせずに仕事に取りかかることだ。

自分の計画に責任をもつなら、とった行動の説明、つまり説明責任も果たさなければならない。誰かに進捗報告をおこなえば、やり遂げる可能性も高まる。締め切りをいくつか設けて進捗を報告すれば、〈人間〉と〈チンパンジー〉の両方が行動せざるをえない気持ちになるだろう。「説明責任」を負うと、たとえそれが自分自身に対する報告であっても、計画の進み具合を確認することになる。

Key point

計画の実行に責任を負うとは、自己を律するということだ。

第四の準備：最高のレベル

ここまでで、次の条件が満たされれば成功の可能性が高まるとわかった。

- よく考えたうえで「集中」する。
- 計画に「所有意識」をもつ。
- 「責任」を引き受ける。

さて、成功の可能性を高める「COREの原則」の最後は、「非常に高い、しかし達成可能な目標を設定すること」だ。あとは、すべてに最善を尽くすだけである。論理的に考えて「最善」以上のことはできない。挑戦しつづけてきたのなら、途中でまちがいや失敗、ときに意図しないミスがあっても、最善は尽くしてきたことになる。ここは重要だ。

最高のレベルを定義して到達できなければ、まったく自信をなくし、失敗したと思うかもしれない。少なくとも、あなたの〈チンパンジー〉には深刻な影響を及ぼすだろう。〈チンパンジー〉はそのレベルに到達するための要求にも、到達できなかったときの挫折にも対処できない怖れがある。

しかし、「個人的に最高のレベル」をめざしたらどうだろう？　達成するレベルがどこであれ、あなたの最善を尽くす――これなら達成できるはずだ。実際に達成できたレベルには失望するかもしれないが、少なくとも胸を張って、これが自分にできる最善のことだったと言えるからだ。〈チンパンジー〉もこれなら受け入れる可能性は非常に高い（この考え方については、17章でくわしく述べる）。

Key point

「個人的に最高のレベル」の定義は、自分の最善を尽くすこと。

〈「ニンジン」の月〉

主な項目

- 「ニンジン」だけで「棒」がない
- 「ニンジン」の種類
- 「棒」を認識する

「ニンジン」だけで「棒」がない

ロバを進ませるには「棒」か「ニンジン」を使えばいい。ただし「棒」の場合、叩けば進みはするが、いやいやだから、最高の状態では働かない。〈人間〉も〈チンパンジー〉もロバと同じで、罰（棒）より報酬（ニンジン）のほうが好きだ。とくに〈チンパンジー〉は、大きな「ニンジン」を欲しがる。

ジャングルにいるところを想像してほしい。チンパンジーのミッチがボスザルになる計画を立てている。ミッチはそれをどう実現するか考え、叫び、吠え、棒で地面を叩くことにする。邪魔な相手は棒か拳で攻撃する。ボスザルになれば、その権威を用いて、意に沿わないほかのサルに容赦なく暴力をふるう。ボスザルになりそこねたら、目立たないように隠れて、次のチャンスを待つ。

さほど想像力を使わなくても、このシナリオがわれわれのさまざまな職場に当てはまることがわかるだろう。ありふれた話だ。自分の願望を叶えるために、力と脅しで他人を支配する人物が上司になれば、部下をこき使う。部下は歯向かえず、懸命に働くしかない。

だが幸いなことに、これには代替案がある。

〈人間〉の社会には「棒」がない。理想的なリーダーは集団を成長させ、鼓舞する。人々は最善を尽くし、それでも失敗するのは支援、指導、成長が必要だからだという原則がある。

誰でも叩かれるより、励まされ、支えられ、報われるほうが好きだ。もちろん、達成すべきレベルはある。基準は定めなければならず、到達できなかった場合には、理由を明確にしなければならない。そして、充分な支援を受け、最善を尽くしても基準に到達できなかったら、つらくても結果を受け入れる。だが「棒」で叩かれることはない。基準を設けて、達成できなければその結果を受け入れる――大人の〈人間〉ならできるはずだ。

言い換えれば、〈人間〉のシステムでは到達すべき基準を定め、その達成のために「ニンジン」を用いる。あらゆる努力をしても達成できなければ結果を受け入れるしかないが、怠惰なせいで基準を達成できなければ、結果に苦しむことになる。

Key point

文明社会では、「棒」は「ニンジン」・基準・結果に置き換えられる。

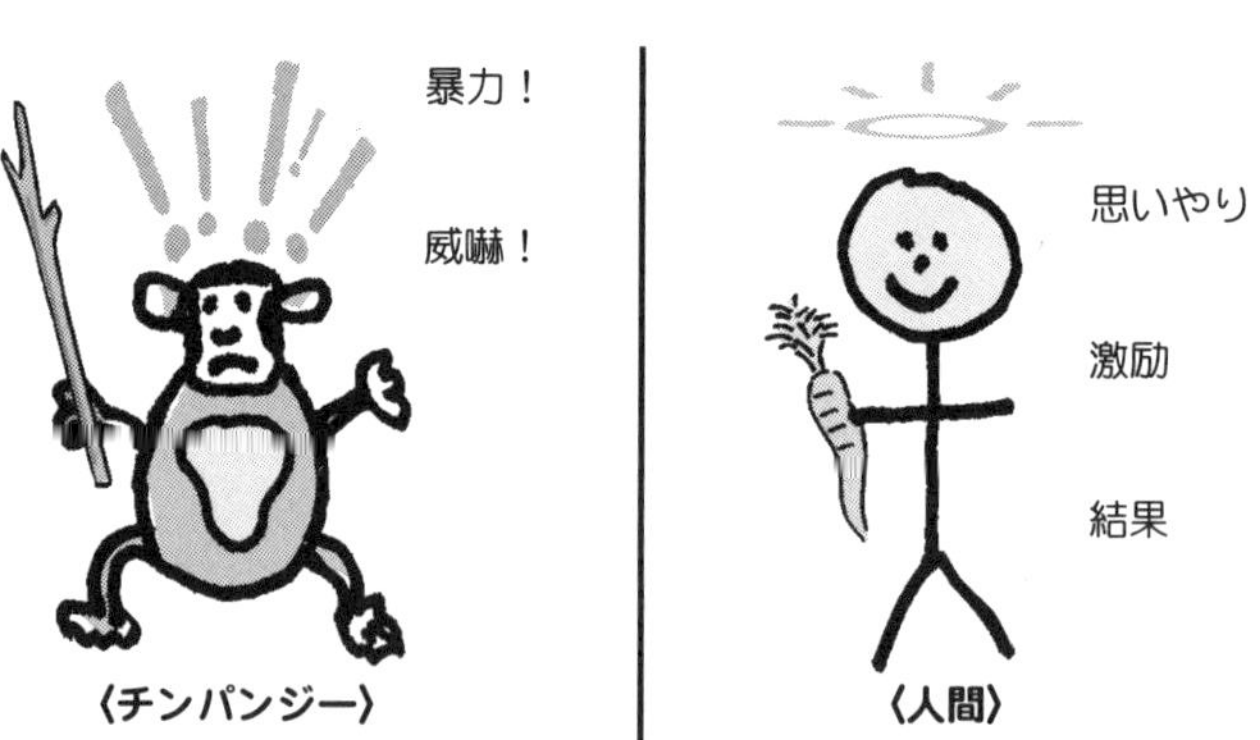

〈チンパンジー〉は暴力、威嚇、「棒」を用いる。
〈人間〉は思いやり、激励、「ニンジン」と結果を用いる

なぜ〈「ニンジン」の月〉が〈成功の惑星〉の安定装置として重要なのか？　あなたの〈チンパンジー〉は、暴力をふるったり、暴力に反応したりするときにもっとも力を発揮するが、それによる感情的なダメージが大きいからだ。その証拠に、私たちは毎日、他人の〈チンパンジー〉か、ときには自分自身の〈チンパンジー〉に悩まされている。一方〈人間〉は、自分のなしとげたことが評価されたり、感謝されたり、何かで報われるときにもっとも力を発揮する。何であれ達成するのが好きで、建設的でありたい。〈チンパンジー〉も、群れの仲間に毛づくろいしてもらって一体感を得るのは好きだ。だから、あなたのなかから最高のものを引き出すには、「ニンジン」がたくさん必要なのだ。

「ニンジン」の種類

多種多様

「ニンジン」にはいろいろな種類があるので、あれこれ試すといい。誰しも、自分がいちばん好きな「ニンジン」を見つけて手に入れたい。自分の「ニンジン」を育てよう！

報酬

これは明らかに物質的なもの、たとえばサッカーのチケット、新しい服、チョコレート、外食、車などだ。ほかにも、あなたが喜び、幸せになれるものなら、なんでも報酬になる。やるべき仕事と報酬を結びつけるのは、〈チンパンジー〉を味方につけるすばらしい方法だ。報酬を示して期待させれば、〈チンパンジー〉のやる気を引き出し、実行に向けて〈人間〉を集中させることができる。

お祝い

自分のなしとげたことを振り返って祝うのも重要だ。これまでのがんばりや努力について考えることで、

〈人間〉と〈チンパンジー〉の両方がさらにやる気を出し、成功の可能性が増す。なしとげたことだけでなく、なしとげようと試みたことも認めて賞賛しよう。

評価

多くの〈人間〉は評価されなくても満足できる。しかし、たいていの〈チンパンジー〉は、適切な人からの評価を強く求め、評価される機会を奪うと激怒し、騒ぎたてる。だから、誰に褒められ、評価されればうれしいかを考え、その人に、それが自分にとってどれほど意味があるかを伝えたうえで評価してもらおう。これは〈チンパンジー〉を世話して育てる賢い方法だ。

励まし

あなたの〈チンパンジー〉は、ときに励ましも必要とする。励ましを求めるのは悪いことではない。あなたのまわりの人は読心術ができないということを思い出して、あなたのほうから励ましてほしいと伝えよう。また、私たちは他人を激励することも忘れがちだ。もっとも強力なのは、それを達成したら何が得られるかを思い出させる励ましである。

支援

適切な人からの助けがあると、やる気が一気に増す。悩んでいる〈チンパンジー〉や〈人間〉を支援してくれる人たちは、とてもありがたい「ニンジン」だ。支えや助けが必要なときは、ためらわずに頼もう。それが群れの存在理由のひとつなのだから。支援の申し出をわざわざ断るのは、賢明でないどころか、たいてい愚かな行動だ！　それは自立ではなく、おそらく頑固さの表れである。困っている友人がいれば、あなたはためらわずに助けるだろう。逆にあなたのほうで助けが必要になり、彼らが友情を示そうというときに、その機会を奪ってはいけない。

「棒」を認識する

典型的な「棒」

あらゆる形態の脅し、罰、攻撃は「棒」になりうる。「棒」には物理的なものも心理的なものもある。

自分を責める

自分で自分を「棒」で叩くことは、他人に責められるより有害だ。無益で破壊的な行為であり、しかも、みずからそれをしているのだから。そんなことをする必要はまったくない。責めてなんの利点がある？　本当に自分をそんな目に遭わせたいのか自問しよう。もっと客観的に見て、改善のために何ができるか考えてもいいし、笑顔でいまの状況を受け入れてもいい。自分を責め、屈辱を与える代わりに、くつろいで、自分を励まそう。

罪悪感、後悔

罪悪感、後悔という「棒」もある。こういう感情があるおかげで、誤ったことやミスをしたときに、できるだけ状況を改善し、誤りから学ぼうと思えるのだが、まちがいを認めて反省し、可能な修正をしたら、それ以上、思いわずらうことはない。罪悪感、後悔にさいなまれるのは悲惨な「棒」であり、幸せや前向きな暮らしを破壊する。また、自己憐憫（れんびん）の道具にもなり、人生を積極的に生きられなくなる。こうした感情をいだいたら、慎重に考えて、なんの役に立つのか自分に問いかけよう。

虐待をくり返す「棒」

さらに悪質な「棒」は、あやまちをおかしてから後悔し、改善もした人に対して、この過去の罪をくり返し思い出させることだ。これは「棒」をもった人物による受動的攻撃の最たるものであり、虐待だ。

まとめ

- 自分にとっての成功を定義し、堅持する。
- 適切な場合には、王冠をかぶる。
- 別の誰かが王冠をかぶっているときには、それを尊重する。
- 集中は「CORE の原則」の最大の領域である。
- 自分の人生に所有意識と責任をもつ。
- 個人的に最高のレベルをめざす。
- ニンジンをたくさん育て、「棒」を捨てる。

おすすめのエクササイズ：成功のために充分な準備を

失敗を成功に変える

うまくいかなかった過去の事業や仕事を振り返り、将来達成したいことを考えてみよう。そのうえで「集中チェックリスト」のすべての質問に答え、所有意識と責任をもって計画を実行に移す。本章の提案をすべて試し、自分に合うものを強化しよう。

15章 成功を呼ぶ計画——成功の惑星

〈ドリーム・マシン〉——成功するための計画

計画がなくても成功はできる。しかし、順序立った計画があれば成功の可能性は高まるし、夢の実現のために最善を尽くしたことを確かめて、少なくとも微笑むことができる。

〈ドリーム・マシン〉とは、具体的な夢があるときに、その成功の可能性を最大化する順序立った手法のことだ。このマシンは七つの歯車からなり、おのおのの歯車は次の歯車を動かす。私はありとあらゆる状況で何度もこのモデルを使い、さまざまな分野の人の夢を実現させてきた。七番目の歯車が回転したとき、あなたの夢も実現しているかも

しれない！

まずは、あなたの〈人間〉と〈チンパンジー〉がこの旅を計画していることを思い出そう。そう、計画を立てるときには、〈チンパンジー〉を考慮に入れなければならない。〈チンパンジー〉は、味方の立場でいるときでも、安心や報酬を求める。その面倒をきちんとみれば邪魔をされず、成功する可能性が高まる。それどころか、手助けさえしてくれるかもしれない。その反面、〈チンパンジー〉を注意散漫、無規律、無秩序で絶えずすぐ報酬を求める子どもと見なせば、決して夢には近づけないだろう！

第一の歯車

夢と目標のちがい

〈ドリーム・マシン〉は、「夢」と「目標」を区別する。これは重要だ。両者のちがいを理解し、自分の夢を特定するまでは、先に進んではいけない。

「夢」とは、実現したいが完全には思いどおりにならないこと。外からの影響を受けるので、実現するかどうかは保証できない。言ってみれば、たんなる願望だ。

一方、「目標」は自分で定めて達成できる。完全に自分でコントロールできるからだ。目標が夢の実現可能性を高める。

では、夢と、それを支える目標の例をいくつかあげてみよう。少し考えれば、目標はほかにいくつも追加できるだろう。

夢：愛する人に愛されたい

――夢を支える目標

●相手に、幸せな気持ちになることは何か尋ねる（そしてそれをする！）。

●相手に、不幸な気持ちになることは何か尋ねる（そしてそれを避ける！）。

●心からの笑顔で挨拶する。

●楽しく前向きにふるまう。

●相手に感謝していることを伝える。

●相手の人柄と空間を尊重する。

夢：競争に勝ちたい

――夢を支える目標

●規則的な練習

●正しい食事

●正しい心がまえ

夢：自信に満ちた人物になりたい（注意：いつも自信に満ちていることはむずかしい。それはひとつのスキルであるし、「チンパンジー」をコントロールできるかどうかによって変わるからだ）

――夢を支える目標

●時間をかけて、〈チンパンジー〉の活動を学ぶ。

- 時間をかけて、自信に関連する〈チンパンジー〉の管理を練習する。

夢：朝までぐっすり眠りたい（注意：これも保証はできない。体内時計は思いどおりにならないし、外からの影響で目覚めてしまうこともあるからだ）

――**夢を支える目標**

- 睡眠にとって大切な行動や環境づくりを学び、実践する。
- 現実に即して、自分にどのような睡眠が必要かを学ぶ。

夢：これから面接を受ける仕事につきたい（注意：就職できるかどうかは、面接官が求めていることや、よりよい候補者がいるかどうかにもよる）

――**夢を支える目標**

- 面接に向けて充分に準備する。
- その仕事に精通する。
- 適切な服装をする。
- 面接のテクニックを練習する。

Key point

目標は現実的かつ達成可能でなければならない。

なぜ夢と目標の区別が重要なのか？

あなたの脳は、状況を完全にコントロールできていないと認識すると、血流を〈チンパンジー〉にまわす。その結果、〈チンパンジー〉が不安と脅威を感じて、思考と計画を支配する。しかし、脳が状況を完全にコントロールしていると認識すれば、〈チンパンジー〉はリラックスし、血流は〈人間〉に向かう。その結果、落ち着きとポジティブな気持ちが生まれて、〈人間〉が考え、計画を立てることができる。

夢を目標にしてはいけない理由は、〈チンパンジー〉を解き放つことになるからだ。夢はあくまで「可能性」だ。実現しないことも受け入れなければならない。六のぞろ目がかならず出ると信じてサイコロを投げても、そうならないことはある。不機嫌になってもしかたがない。一方、目の出方はいくつもあって、それはたんにサイコロの転がり具合で決まるとわかっていれば、結果を笑顔で受け入れやすくなる。もし、夢の実現可能性を最大にする目標をすべて実行すれば、その時点で、最善を尽くした自分に満足できるだろう。

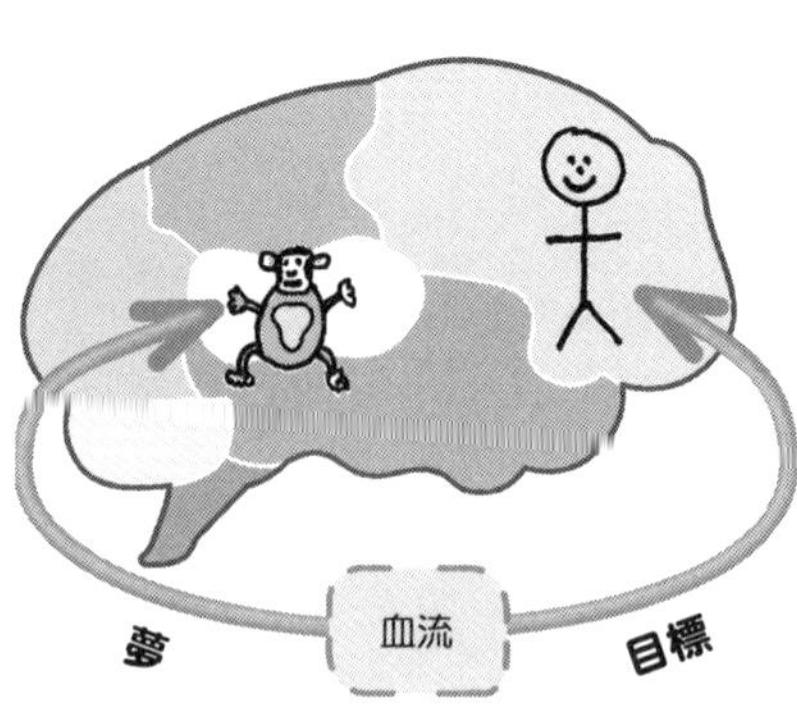

夢は血流を〈チンパンジー〉に向かわせ、
目標は〈人間〉に向かわせる

月でなく星をめざせ

心理学の研究によれば、成功の可能性を高めたいなら大きな夢を描き、並はずれてむずかしい目標を設定する必要がある。つまり、月ではなく星をめざす！　月は努力すれば到達でき**る**目標だが、星は、ものすごく努力をすれば到達でき**るかもしれない**目標で、それを達成したときのことを思うとワクワクする。

月をめざせば〈チンパンジー〉は満足するが、もっと遠い星をめざせば、〈チンパンジー〉と〈人間〉がともに集中し、大きな挑戦に心を躍らせるのだ。だから、ワクワクする夢をもとう。それで達成できる可能性が高まるし、たとえ星に到達できなくても月にはたどり着けるだろう。

第一の歯車の課題――夢
●あなたの夢を定義しよう。

第二の歯車

〈土台〉とは、夢を達成するために取り組むことができる要素のことだ。たとえば、陸上競技会に出たいなら、スピード、体重、毎週走る距離が〈土台〉になる。〈土台〉はほかにもたくさんあり、すべて試して結果につなげることが重要だ。

また、個々の〈土台〉には、測定と達成が可能な目標を設けることができる（たとえば、体重は最適な状態まで落とすか増やすことができる）。具体的な目標があれば、自分で管理しやすいし、達成できればそれだけ夢に近づける。具体的に取り組んで達成するための「達成目標」と、とりあえず満足しているが注意しておく「維持目標」とを分けておくと、さらに効果が

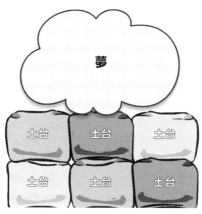

夢は〈土台〉にもとづく

ある。つまり、自分で設定した体重をたんに維持してもいいし、減らそうと決めてそれをめざしてもいいのだ。

ただし「達成目標」は、実現不可能なものにしないこと。一定の期間で取り組む目標をひとつかふたつ決め、残りは「維持目標」にするのがベストだ。うまく達成させるには、目標を多方面に薄く広げず、一度にひとつずつクリアするのがコツ。手を広げすぎると、失敗の可能性が大きくなる。

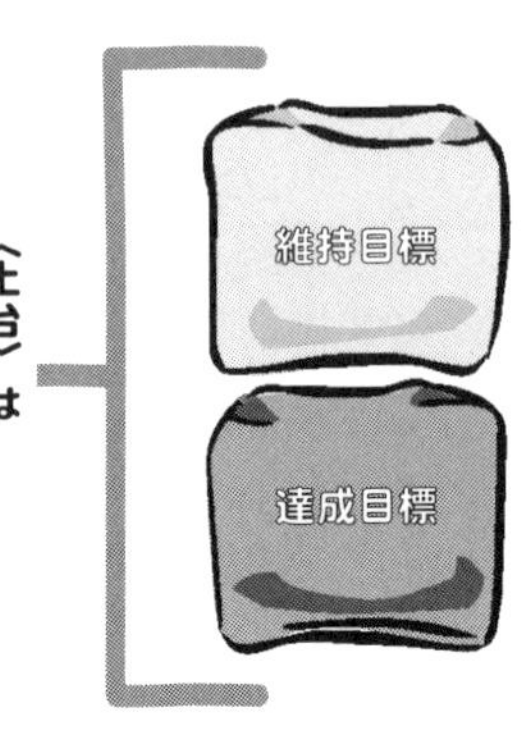

〈土台〉は二種類の目標をもつ

Key point

取り組む課題が少ないほど成功の可能性は高くなる。

上達するまでは、ひとつかふたつの〈土台〉だけに取り組もう

みごと「達成目標」が実現したら、それを「維持目標」と入れ替え、別の「維持目標」を「達成目標」に置き換えて取り組むといいだろう。

第二の歯車の課題——土台

- 夢を支える〈土台〉を書き出す。
- おのおのの〈土台〉に測定可能な目標を設定する。
- それらの目標を「維持目標」と「達成目標」に分ける。

- 「達成目標」に、新しい基準と取り組むスケジュールを設ける。

第三の歯車

集中
チェック
リスト

このチェックリストについては、前章ですでに述べた。「集中チェックリスト」とは、夢に向かって進むのに必要なものを知り、実現へ向けてチェックと準備をするためのものだ。ここではそれを、次の課題を完成させるために用いよう。

〈チンパンジー〉も計画に加わることを忘れてはいけない。何が〈チンパンジー〉の機嫌を損ねるのかも、まえもって考えておこう。とくに〈チンパンジー〉があなたの前進を止めるときに使う言いわけについて考えること。言いわけが出てきたときに対処する戦略を書き出しておくのは、とても有意義な時間の使い方だ。

第三の歯車の課題――集中チェックリスト

- 夢に向かって進むために「必須」、「重要」、「望ましい」ことをすべて書き出す。
- 夢の実現を阻む「障害」、「困難」、「落とし穴」をすべて書き出し、対処の計画を立てる。

準備万端

きみが何を
するつもりか
わかっている。
準備は
できてるよ！

第四の歯車 計画

その昔、エイブラハム・リンカーンはこう言った。「木を切り倒す時間が八時間あるなら、六時間は斧を研ぎなさい」

Key point

計画の作成に時間を使えば使うほど、成功の可能性は高くなる。

成功のための〈土台〉がそろい、何に取り組むべきか正確にわかったら、次に必要なのは、それらを統合した現実的な計画だ。

その計画は、期限までに実現可能でなければならない。目標にもとづいていくつかの段階に分けるといい。これで段階ごとに進捗の度合いを測定できる。進み具合が正しくわかるように、それぞれの目標の測定方法も決めておこう。各段階に現実的な期間を割り振り、どの時期にどこまで進むつもりかも、はっきり記す。あくまで現実的に計画を！　現実離れしたスケジュールはかならず失敗につながり、あなた自身が不必要な失望を味わうことになる。

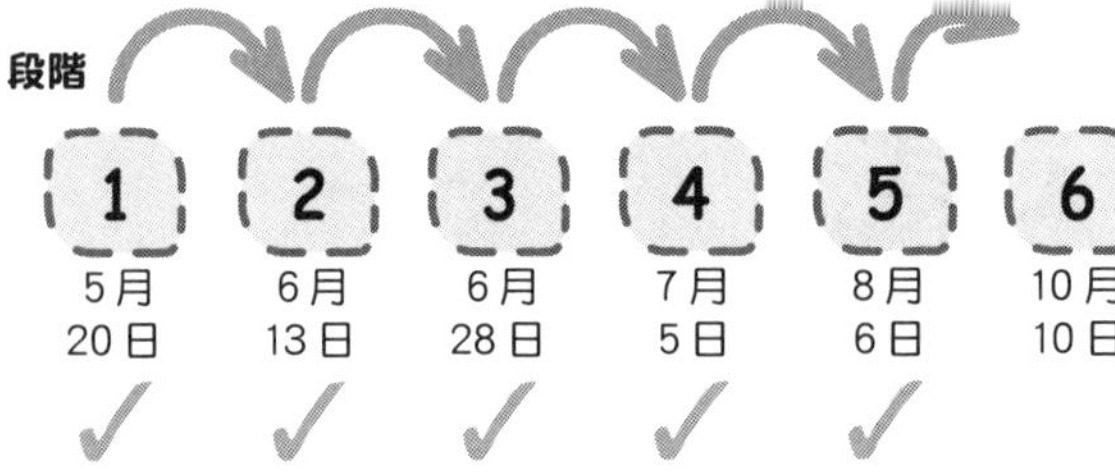

第四の歯車の課題――計画

- 各段階に測定可能な目標を設定しながら、計画を立てる。
- 各段階と目標に日付を書きこむ。
- 取り組むふたつの「達成目標」を選ぶ。

第五の歯車

あなた自身を幸せにし、励まして、集中させれば、計画はかならず前進する。幸せである必要はないが、幸せならいっそう効果があがる。

山に登る

成功への旅を山登りにたとえてみよう。登頂があなたの夢だとすると、現実には、山行の途中にキャンプを複数設けなければならない。

ひとつずつ次のキャンプに登っていくが、それが計画の各段階だ。登山を成功させるために、できることがいくつかある。

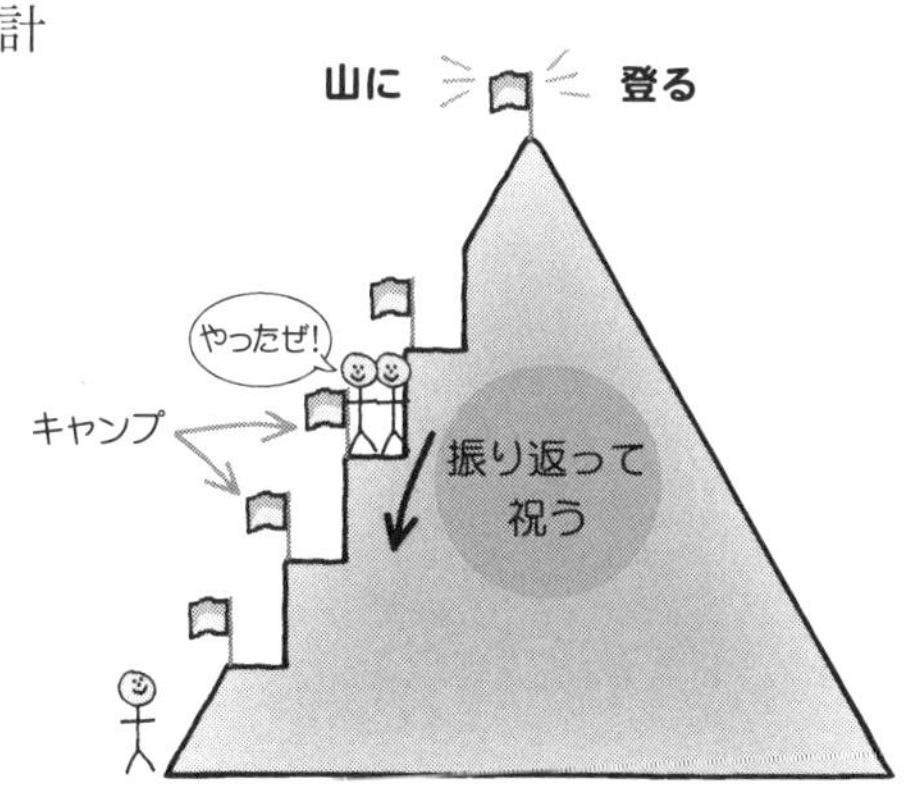

キャンプ（目標）にたどり着いたら、かならず祝うこと

成功を計測し、それぞれの段階で目標にたどり着いたら、自分に報酬を与えることはとても大事だ（もちろん、お酒なしでもいい！）。

成功は、表など見えるかたちで記録し、進み具合がわかるようにする

「達成目標」への進み具合を計測して記録することも重要だ。記録を壁に貼って見えるようにすれば、あなたのしていることを〈チンパンジー〉に知らせるのに役立つ。〈チンパンジー〉は勝つことも見ることも好きだ。壁やノートに表やグラフを書いて進み具合を確認すると、強力な心理的効果が現れる。体重を減らしたいなら、減っていくグラフを冷蔵庫の扉に貼っておくといい。

壁のポスターや自分宛のメモのような、やる気を思い出させるものも役に立つ。それが〈チンパンジー〉に乗っとられるのを防いでくれるだろう。

- キャンプにたどり着いたら、どこまで登ってきたか、かならず「振り返る」こと。気後れしないように、頂上は見上げないほうがいい。
- 見上げるときには、次のキャンプだけを見る。
- できるだけ友人といっしょに登る。
- 友人が参加できないときでも、少なくともキャンプに到着したことは知らせ、成功を共有する。

このやり方で何かを始めたら、思っていたほどむずかしくないのがわかるはずだ。一歩ずつでもまえに進めば、継続する力になる。たとえば、家のなかが乱雑になってきたので片づけたいとする。そのとき〈チンパンジー〉はあたりを見まわし、あまりにも重労働だと感じる。それで、理由をでっち上げるか、

たんに「たいへんすぎる」、「わずらわしい」と言って「硬直」モードになる。

だが、〈人間〉が第一キャンプをつくって、〈チンパンジー〉に「家のなかのほんの小さな場所を片づけるだけだよ」と言う。ひと部屋、なんなら食卓の上か机のまわりくらいの小さな範囲でもいい。とにかく短い時間で簡単にできる仕事にする。すると〈チンパンジー〉は喜んで取りかかる。すぐにできて、結果もその場でわかるからだ。〈チンパンジー〉はすぐに満足できることを好む。

ここで周囲を見まわして、あとどのくらいやるべきことがあるか確かめてはいけない。それは山の頂上を見るようなもので、落胆するだけだ。その代わりに、片づけを始めたという事実を祝して、簡単に到達できる次のキャンプを設定しよう。このあとも、家のなかの小さな場所

早く！
考えずに
すぐ食べろ！
30分後
に
どう
思う？
これは
思い出すのに
役立つ
30分後
に
どう
思う？
でも、
30分後に
どう思う？
ひどい！
冷蔵庫を開けろ。
怒らせるな

をひとつずつきれいにして、それぞれの段階で祝う。すべては片づかないかもしれないが、確実に前進はできる。部分的な成功であっても、まったくないよりずっといいことを思い出そう。

やるべきことの多さを考えれば、勉強もまた登山のようなものだ。教科書を開き、パソコンに向かって座るまえでさえ、〈チンパンジー〉が出てきて妨害し、言いわけを始め、くたびれさせて止めようとすることがしばしばある。そうなるおもな原因は、〈チンパンジー〉が山の頂上を見てこれからの苦労を想像し、やる気をなくすからだ。これを防ぐためにも、容易にたどり着けるキャンプを設け、小さな一歩を踏み出そう。「今晩は三時間勉強するぞ」と言えば、誰の〈チンパンジー〉でも身がまえる。だからこう言うのだ。「毎日一五分勉強して、そこで打ち切ろう。まだ続けたければそうするけど、続けたくなければ終わりにする。一五分でも何もしないよりましだ」

このちょっとした呼びかけに〈チンパンジー〉の多くは同意して、すぐに一五分勉強できるだろう。実際、たとえ一五分でも毎日勉強すれば、かなりの範囲をカバーできる。大事なのは、毎日時間をとってかならず続けることだ。一五分でも長すぎるなら一〇分でいい！　逆に、時間を増やして毎日一時間と決めてはいけない。〈チンパンジー〉には荷が重く、やらなくなるからだ。そして落胆だけが残る。どんな計画や戦術でも、自分に合ったやり方で取り組まなければ意味がない。

ここで紹介したことは、多くの〈チンパンジー〉が満足する提案だが、あなたの〈チンパンジー〉が耐えられるか、その計画にどう反応するかは、実際に試して見きわめる必要がある。どんなときでも〈チンパンジー〉と話し合うこと！　そして実行できたら、祝うか、少なくとも自分を褒めよう。

- 何かを始めるまえに、達成したい段階ごとの目標を設定し、それぞれにたどり着いたときの報酬と祝い方を計画しておく。
- 進み具合を計測する記録をつくり、目につきやすい場所に掲示する。
- 〈チンパンジー〉を暴れさせないのに役立つ注意喚起や激励を、ポスターやメモにして掲示する。
- あなたの旅につき合ってくれる友人を見つける。あなたと同じくらい熱心に山に登るか、励ましてくれる人がいい。

第六の歯車

監査とは、夢への道のりを調べ、予定どおり進んでいるかどうかを確認すること。うまくいっていることと、いないことを見定め、前者は継続し、後者は原因を突き止めてやり方を変える。「達成目標」を確認し、望むレベルに到達していれば「維持目標」に移す。

計画の進み具合を監査するときに大事なのは、鏡をもって自分に正直になることだ。まっとうな意見を言ってくれ、たとえ耳に痛い事実でも知らせてくれる友人がいれば、いっしょに監査するといい。

あなたも、途中で計画をもう一度見直して、そのままで問題ないか、変更する必要があるかを判断しよう。どうやら目標が高すぎて、幸せと

説明を聞いてもらえる相手がいると、成功の重要な推進役になる

健康が損なわれる怖れがあるのに、その解決策が見つからないときには、まわりの助けを借りるか、目標を設定し直そう。予定どおりいっていないことを認識して適切に対処するのは、ひとつのスキルだ。ネガティブな視点で監査に臨んではいけない。これはあくまで変化が必要かどうかという判断を助けるためにあるものだ。考え方と当初の計画に対して柔軟であることが、すぐれた監査の鍵となる。

成功する考え方

成功する人は、問題を解決するときに〈人間〉といっしょに柔軟に考え、「自分がしたことや、いましていることは、この問題の解決に役立つか」、「問題解決のために何をすれば自分の行動や信念を変えられるか」と問いかける。みずからを振り返り、変更可能なことを考えたあとで、問題が発生した環境について検討する。「いまの環境をどう変えれば問題解決に役立つだろう」と環境の改善を試み、最後にまわりの人たちに目を向けて、「みんなは問題にどう関与し、自分は彼らのために何ができるだろう」と問う。

反対に、成功しにくい人は、思考や問題解決を〈チンパンジー〉にまかせがちだ。だから思考

問題を順序立てて考える

＊でも自分のせいじゃない

問題の原因を見つけるために

が感情的になり、次のようなパターンをたどる。

まず〈チンパンジー〉は他者から始める。「まわりの人たちはどんな問題を生み出しているか。彼らにまちがいを認めさせるにはどうすればいいか」……。そして次に「環境のどこが悪くてこの問題が生じたか。どうしてこんなに不公平なのか」と考える。最後には問題を解決しようとするが、自分がどのくらい問題の原因になったかについてはたいして考えない。たとえ考えても、たいてい自分のあやまちを正当化し、他者の行動や環境のせいにして片づける。次のように、「絵を塗り直して」しまうのだ。

絵を塗り直す

〈チンパンジー〉の状況分析とは、起きたことを振り返って絵を塗り直すことだ。つまり、体裁よく、善意に包まれて見えるようにする。そうして自分の行動を正当化しておいて、バラの香りを漂わせて再登場しようとする。これが有名な「自己奉仕バイアス」だ。

例で見てみよう。

試験の結果

学生時代に戻ったあなたは（あなたがもう学生ではないとして）、むずかしい科目の試験を受けたが、結果は期待はずれだった。

するとへ〈チンパンジー〉がまわりを非難しはじめた——いい先生がいなかった。授業が予定どおり進まなかったし、クラスもバラバラだった。ほかの生徒が騒いでばかりいて、勉強を邪魔した。両親が応援してくれなかった……まだまだ続く。他者の非難が終わったら、次の矛先は環境だ。今年の試験はむずかしくて、誰もいい点はとれなかった。過去の試験と全然ちがった。試験の数カ月前に引っ越したので、勉強できなかった……これもずっと続く。そして最終的には自己奉仕バイアスを駆使して、すべての責任から逃れる。学校まで何キロも歩かなければならず、着いたら疲れて勉強どころではない。試験期間中にペットのモルモットが死んでしまった。教え方が自分に合わなかった。その気になればAの成績もとれるが、やりたいことはほかにいくらでもある、と。

理由のいくつかは、言いわけではなく事実だろう。しかし、そのせいでAがとれなかったとは考えにくい。

では、同じ状況に〈人間〉ならどう取り組むか？　〈人間〉は自分から始め、「試験結果にはがっかりしたが、最善は尽くした」と言う。あるいは「準備があまりできなかったのは自分のせいだ。いい点をとるための厳しさが足りなかった」かもしれない。このあと、環境や他者について何か言うかもしれないが、残念な結果の原因は自分自身だったという本当の理由は認める。

あなた自身は、失望や挫折にどう向き合っているだろう？　挫折したときにみずから責任を負い、まず自分から始める人は、失敗に対処して改善できる可能性が高い。一方、他人や環境のせいにする人は改善できることはまれで、失敗から学ぶことも少ない。

この考え方には、もうひとつ注目すべき点がある。もし、試験の成績が自分でも驚くほどすばらしかったら、〈チンパンジー〉は成功への賞賛をひとり占めし、成績が悪かったときと逆に考える。つまり、「自分」が第一で、次に「環境」、最後に「他者」だ。最初の「自分」で止まってしまうことも多い！　一方〈人間〉も、やはり順序を逆にして、自分の成功にまわりの人が果たしてくれた役割を認め、次いで環境に感謝し、最後に自分の努力を慎ましく誇るのだ。

人生の成功と、失敗や挫折や失望への取り組み方は、習慣になる。〈グレムリン〉にも〈自動運転〉にもなりうるということだ。自分の考え方によく注意してみてほしい。

的はずれの言いわけ

最後にもうひとつ。ほかの誰かが試験を受けて結果がよくなかったとき、〈チンパンジー〉はすぐさまその人の責任と決めつけるだろう。自分が失敗したときとは大ちがいだ。〈チンパンジー〉の考え方は、「自分がまちがいやミスをしたときには、それ相応の理由がある。みなその理由を理解すべきだ。自分に罪はない」である。しかし他人が同じまちがいやミスをしたら、「本人の責任なのだから、結果を受け止めるべきだ」となる。要するに、自分が失敗したら言いわけし、他人がまったく同じことをしたら非難するのだ。

こういう的はずれの理由づけは一種の癖であり、これも多くの人の〈コンピュータ〉に巣くう〈グレムリン〉だ。あなたにもこの〈グレムリン〉がいたら、さっさと取り除き、自分にもほかの人にも偏りのない〈自動運転〉に置き換えよう。

私たちの多くは、過去の出来事を振り返るたびに絵を塗り変え、自分を体裁よく見せようとする。聞きたいものだけを聞き、見たいものだけを見、思い出したいものだけを思い出したがる。記憶のなかの出来事は塗り直され、完全な真実であることはまずない。人に話をするときも、概して「正しく」なるまで内容に手を加えつづける。その場での効果は絶大かもしれないが、絵を塗り直せば、たいてい学ぶ機会は減り、成功への道は遠ざかるばかりだ。

すべてを照らして法廷へ

起きていることを見るために、ときには明かりで照らす必要がある。効果的に行動しているかどうか判断したいなら、紙のまえに座り、法廷で状況を陳述している気になってみるといい。そして、すべての証拠（感情や推測を交えず、事実だけ）を書き出す。あなたがとった行動とその理由について、自分に有利なものも不利なものも書いていくと、真実を発見する興味深い訓練になる。これは成功や監査だけでなく、多くの分野で有効な方法だ。不幸にも有罪を言い渡されたら、行動を変えざるをえない！

第六の歯車の課題――監査

- 責任をもって説明をする相手を見つける。
- 目標が現実的かどうか定期的に確認し、変更の必要があれば柔軟に対応する。
- 〈チンパンジー〉式ではなく〈人間〉式で思考する。
- 〈人間〉の立場から問題を認識し、解決する。
- 絵を塗り替えて自分を偽らない。
- すべてを照らして出廷せよ！

第七の歯車

結果

成功への旅では、うまくいくこととといかないことがある。これは避けられないが、さまざまな結果に対処する計画を立てておけば、最高の状態で前進できる。ここでは三種類の結果について、それぞれにどう対処し、理解するかを見ていこう。三種類とは、「成功」、「部分的な成功」、「失敗」である。

成功

これは言うまでもなくすばらしいことであり、誰もが望んでいるが、成功のあとには隠れた危険があるから注意してほしい。

第一の危険は「自己満足」だ。何かをなしとげると、〈チンパンジー〉はそのために費やした努力をすぐ忘れ、最初に成功するまでやったことを続けない。成功した人がめったに続けて成功しないのは、そのせいだ。また、自信過剰になって、自分の誇大広告を信じたときにも自己満足は現れる。ほとんどの成功は、たゆまぬ努力によって達成されることを忘れないように。近道はあったとしても、ごくまれなのだ。

第二の危険は「不安」だ。今回の成功をくり返せないのではないか、どこかでうまくいかなくなるのではないかと不安になるのだ。だが、こんな不安に注意を集中しても無駄、やるべきことに集中するほうがはるかにいい！　ここでも「チンプ・マンジメント」を心がけよう。〈チンパンジー〉は過去の業績から将来の業績まで比べたがるが、それをやめさせないと、さまざまな期待から不安が生まれる。あなたにできるのは、新しい状況にぶつかるたびに最善を尽くし、もてる能力を最大限に発揮することだけだ。結果はなるようにしかならない。

そして第三の危険は「感情の落ちこみ」や「憂鬱な気分」だ。膨大な時間と努力を注いで目標を達成すると、集中するものや日課がなくなり、気が抜けてしまう。そういう経験は誰もがするもので、心が闘いのあとの小休止を欲しているにすぎない。何も異常なことではなく、たいていは少し休めばすぐに回復するから安心していい。

ここで大事なのは、成功にどう対処し、どう祝うかを計画しておくことだ。長いあいだ取り組んできたことが終わるのに備えて、別の目標を設定したり、〈チンパンジー〉を満足させる報酬を決めておいたりすると、うまくいくことが多い。こういうタイミングで〈チンパンジー〉を無視してはいけない。

部分的な成功

あなたの〈チンパンジー〉は、ふつう白か黒かで考える。子どももそうしがちだ。一方、あなたのなかの〈人間〉や大人の多くは、グレーの領域でものを見ることができるので、何かいい結果があったら部分的な成功でも祝う。〈チンパンジー〉は部分的な成功など気に入らず、関心を示さないだろうから、あなたのやる気は低下するかもしれない。しかし、結果が出たあと、どんなに小さくても部分的な成功に注目するよう心がければ、大きな成功も近づいてくる。

失敗（または挫折）

失敗や挫折を、試練と考えよう。それは、成長して問題解決のスキルを高めるチャンスかもしれない。

失敗すると、自負や自尊心が傷つく。〈チンパンジー〉はそれを悲劇的な出来事ととらえ、典型的には結果を忘れてしまおうとする。失敗は自分が無価値で無益な証拠であって、誰もがその証拠を知り、もう取り返しがつかないと考えてしまうのだ。それに対して〈人間〉は、失敗を相対的にとらえる。人生には、勝てないときも、うまくいかないときもあると受け入れ、失敗を学習曲線ととらえるのだ。そして結果を受け入れて、改善に取り組む。つまり、ふつうの心にはふたつのまったく異なる失敗の認識があるということだ。なのになぜ、この葛藤を感じない人がいるのだろう。これについてよく考えてみるほうがいい。

Key point

人生のあらゆることの重要度は、あなたが決める。

〈チンパンジー〉と〈人間〉の反応のちがいを示す、わかりやすい例をひとつあげよう。

私たちの多くは若いときに運転免許試験を受けるが、その年頃だと、この試験に落ちることは大きなショックだ。なぜか最初の試験に合格することがとても重要だと思いこみ、自尊心の問題と混同してしまうからだ。ところが、年長の人に最初の運転免許試験について訊いてみると、失敗した経験を笑って話す人が多い。彼らは初回の失敗を重大なことと感じていない。たんに面倒なだけで、それと自尊心とはなんの関係もない。そしておそらく、最終的にうまく運転できるかどうかとも!

残念ながら、広い視野を身につけるには時間がかかるが、人生のさまざまな出来事を広い視野で見る訓練を続ければ、それだけ早く習得できる。深刻になりすぎてはいけない。失敗や失望からはたくさんのことを学べると理解して、前向きに、広い視野を養ってほしい。

ちなみに、広い視野を身につけるのに時間がかかるのは、あなたのなかの〈人間〉が失敗からすばやく立ち直るにもかかわらず、〈チンパンジー〉にはそのようにプログラムされていないからだ。これは受け入れるしかない。〈チンパンジー〉は、失敗や喪失に見舞われると、たいてい「悲嘆反応」を示す。これはほぼすべての人に共通している。「悲嘆反応」は通常、近しい人を亡くしたときの反応をさすが、ほかのさまざまな喪失や、失敗を自覚した際にも見られる。またこの反応には、次のようにいくつかの段階があるが、失敗に傷つく〈チンパンジー〉はそのほとんどの段階を通過する。ここを理解していれば、少なくとも失敗に対する自分の反応は異常ではないとわかるし、〈チンパンジー〉をなだめることもできる。この反応を抑えこむのはむずかしいが、対処はできるのだ。

〈チンパンジー〉が示す通常の悲嘆反応

典型的な段階を簡単にまとめておこう。ふつうはこの順番で発生する。

- **拒絶**　起きた出来事を受け入れない。
- **切望**　その出来事が起きるまえの環境に戻ることを強く望む。
- **取引**　その出来事の結果を変えようとし、ことあるごとに「……さえなければ」、「……をしていれば」と考える（〈チンパンジー〉は、たえず過去に戻って物事を変えたがり、〈人間〉は、起きたことは変えられないと受け入れる）。
- **怒り**　苛立ちと非難はしばしば怒りをともなう。痛みを和らげるためにある種の説明を求める。
- **混乱**　ここでようやく真実を認める。多くの不快な感情やうつろな気持ちとともに、憂鬱な気分が生じる。これが真の悲嘆だ。

●再建　起きたことを受け入れるか、少なくとも折り合いをつけ、前進する計画を立てる。

〈チンパンジー〉に各段階を経験させることは重要だ。これをしないと途中で止まってしまい、悲嘆のプロセスがふつうより長くなることがある。人それぞれだが、多くは厳しい状況が三カ月、もとの状態に戻るのに一年程度かかる。出来事の深刻さや、その人にとっての重要度によっては、もっと長期にもなりうる。どんな失敗に対しても感情的になるなというのは、過度な期待だ。それよりも、自分がどう反応し、どう対応できるかを考えておくほうがずっと役に立つ。

どんな失敗も、最終的には広い視野でとらえ、挫折から学んだことを生かして前進できるようになればすばらしい。失敗は人生のありふれた経験であり、それに反応することも同じくらいありふれていて受けとめられることなのだ。

第七の歯車の課題——結果

●成功を段階的に計測し、可能なら部分的な成功を祝う。
●失敗や挫折に建設的に対処し、自分を成長させる学習のひとつと見なす。
●人生のすべての出来事を広い視野でとらえる能力を育てる。
●〈チンパンジー〉が悲しんでいるときには、それを外に出すことを認める。悲しむことは理に適っている。

まとめ

- 夢と目標は異なる。
- 成功するには、順序立った計画が必要だ。
- 潤滑油で成功の可能性は格段に上がる。
- 定期的な監査によって、計画どおり実行できる。
- 結果への対処を想定しておく。

おすすめのエクササイズ：この章を実践する

夢を実現する

あなたの夢を定義し、本章にしたがって順序立った計画を立てよう。全体をとおして友人といっしょに取り組むのがいちばんだ。おのおのの歯車について、実際に試してみよう。そして実行に移したあとは、なぜその夢を実現させたいのか、その成功があなたにとってどういう意味をもつのかを、絶えず問いかけよう。

16章 幸せになるために——幸せの惑星

幸せ

- 幸せとは?
- 心の三つの状態
- 幸せに移行する
- 幸せへの道
- 幸せの促進法

幸せは選択の問題だ。「つねに幸せ」というのは現実的ではない。逆境や挫折はかならずある。人生に浮き沈みがあるのは自然なことだ。だが、問題にきちんと取り組めば、また幸せに戻ることができる。

幸せとは?

幸せは人それぞれにちがうから、自分にとっての幸せとは何かをよく見定めなければならない。まずは時間をとって、何があなたを幸せにするかをじっくり考えよう。それがわかれば、少なくとも何をめざして進んでいるかがわかるようになる。

脳は不安になると、リラックスして幸せなときとはちがう化学物質を分泌する。したがって、次の三つの心理状態を知ったうえで幸せをめざすと、近道になる。

〈人間〉と〈チンパンジー〉の三つの心理状態

心のネガティブな状態

心をネガティブな状態にするのは、心配や悩みや懸念だ。そしてそうなるのは、たいてい四つの惑星（〈半分ずつの惑星〉、〈他者の惑星〉、〈つながりの惑星〉、〈現実世界の惑星〉）の機能がうまくはたらいていないからだ。言い換えれば、〈チンパンジー〉と〈人間〉がリラックスして満足するのに必要な基本条件を満たしていない、ということだ。

ネガティブな状態から脱け出すには、四つの惑星がそれぞれ適切に公転し、機能する必要がある。とはいえ現実には、私たちはつねにある程度の機能障害を抱えているので、それを最小化し、抑制する。そうすれば前進し、エネルギーを注いで人生を豊かに

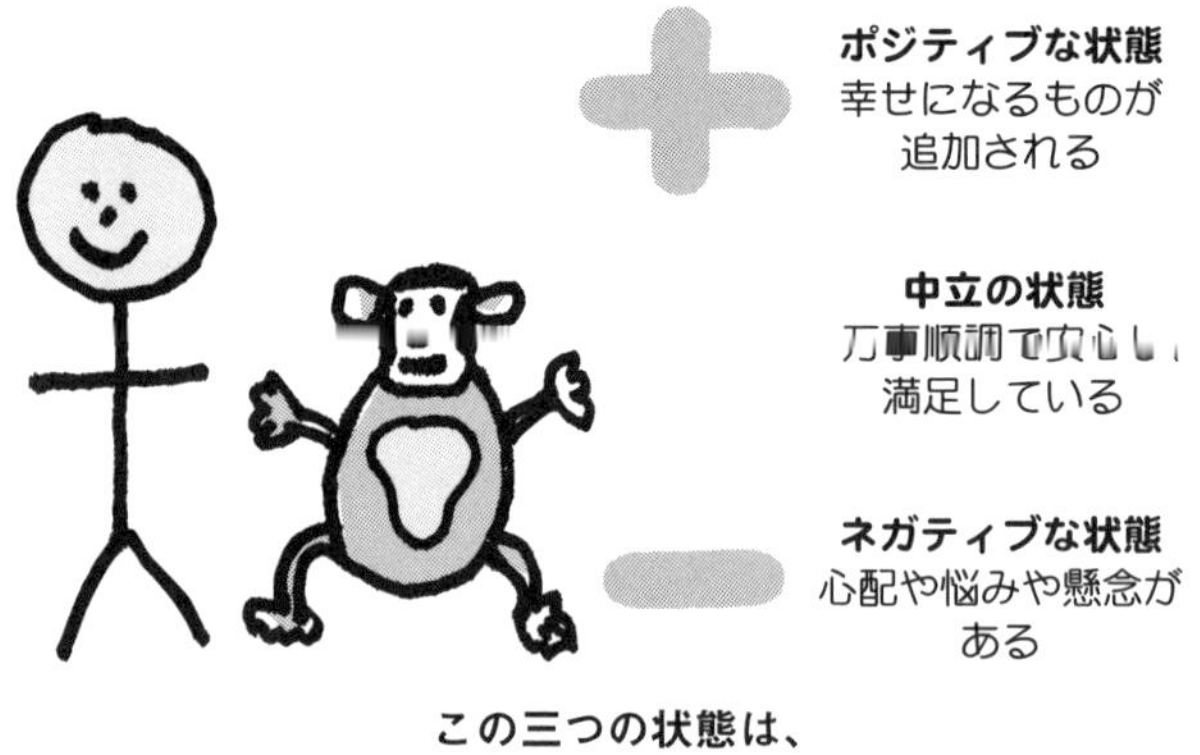

ポジティブな状態
幸せになるものが追加される

中立の状態
万事順調で安心し、満足している

ネガティブな状態
心配や悩みや懸念がある

この三つの状態は、
〈人間〉と〈チンパンジー〉の両方に当てはまる

することができる。

では、四つの惑星をうまくまわす例をあげよう。

●〈チンパンジー〉を認識し、育て、管理する。

●〈人間〉を世話して成長させなければならないことを認識する。

●完全な機能が備わった〈コンピュータ〉をもつ。そこには〈自動運転〉があり、〈グレムリン〉がなく、抑えこまれた〈ゴブリン〉と、考えぬいた〈人生の石板〉がある。

●あなたの世界で他者を管理する。

●完全に機能する群れをもつ。

●効果的にコミュニケーションをとる。

●〈チンパンジー〉が生きやすいジャングルを用意する。

●現実世界の広い視野をもつ。

●急性ストレス、慢性ストレスに対処できる。

また、〈チンパンジー〉と〈人間〉に共通する身体的、感情的な衝動と欲求は、確実に満たそう。〈チンパンジー〉の欲求は次のようなものだ。

●群れ

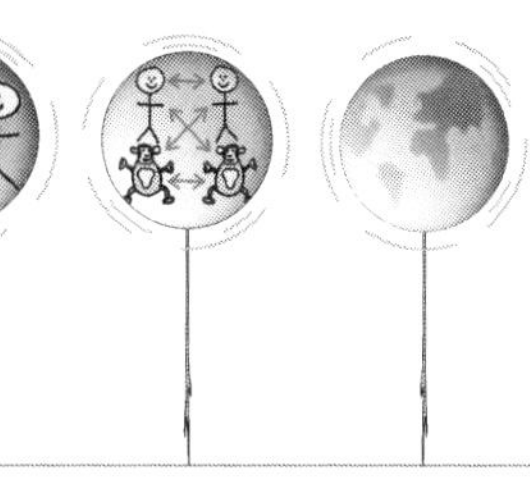

ネガティブな状態を避けるのは、皿まわしのようなもの。
惑星それぞれに絶えず注意が必要だ

- 性行為
- 食べ物
- 権力
- エゴ
- 縄張り
- 安全
- 好奇心

一方〈人間〉は、多くの基本的な欲求を〈チンパンジー〉と共有しつつ、次のような欲求ももつ。

- 人生における役割と目的
- 心の友
- 知的刺激

誰でもときにはネガティブな心理状態になる。それは自然なことだ。そうなったときの秘訣は、できるだけ早く対処し、ネガティブな状態が続くのはふつうではないと認めることだ。

心の中立な状態

これは四つの惑星が問題なく公転し、あなたが満足している状態だが、だからといって幸せとはかぎらない。「満足」しているだけで「幸せ」な人もいるが、多くの人の幸せとはそれ以上のものだ。

心のポジティブな状態

心のポジティブな状態では、心地よく、豊かで充実した気持ちになる。そういう状態は、たんに生活に欠かせないものだけで生きるのではなく、ポジティブな何かを加えて生活の質を上げることから生まれる。当然ながら、多くの人にとってこの状態こそが「幸せ」だろう。

〈チンパンジー〉にとっての付加価値

- 楽しみ
- 新たな経験
- 愉快な活動
- 人づき合い
- 褒美
- 報酬
- 心理的刺激

〈人間〉にとっての付加価値

- 笑い
- 満足度の高い活動

●業績
●利他的な行為
●将来の計画
●娯楽
●すばらしいこと（もっているもの、達成したこと）の追体験

幸せに移行する

心をポジティブにし、幸せになるためには、**生活に価値を加え、質を高めなければならない**。あなたも、いまあげた〈チンパンジー〉と〈人間〉への付加価値を見て、自分に合ったものを選び、あなた自身が考えたものを加えよう。そして、それらを試し実行するための段階的な計画を立てよう。幸せになるには努力が必要だ。

なお、幸せは「所有」と「存在」の二面から見ることができる。これを説明しておこう。

所有

物質的な「所有」には、業績や持ち物が含まれる。それに対して、感情的、身体的、知的な「所有」はさほど明確な形をとらない。たとえば感情的なものには、他者から愛されることや尊敬されること、身体的なものには、たんに健康というだけでなく、健全な気持ちも含まれる。また、知的なものには、脳を心地よく活性化する課題に沿って充実した人生をおくることなどがある。

――「所有」のリスト

- 業績
- 持ち物
- 感情的なもの
- 身体的なもの
- 知的なもの

生存のための「必需品」と、生活の質を高める「付加価値」には重なるものが多い。〈人間〉と〈チンパンジー〉のリストにも、共通するものがたくさんある。ここでのポイントは、幸せになるために「必要なもの」を検討し、それを「実現させる」ことだ。

「業績」の潜在的な問題

業績は〈人間〉にとって重要だ。私たちは建設的なことや、誇れることをなしとげるのが好きだ。しかし、ここには問題がひとつある。

たとえば昇進。これをめざすときにはいつでも、私たちはつい、達成できたらその誇らしい状態がずっと続くと信じてしまう。そのせいで、どうにか昇進すると、それを祝う代わりに別の業績をめざしてしまうのだ。私はこのような例を、世界記録に挑む超一流のスポーツエリートたちに見てきた。彼らは世界記録を達成しても、たいていすぐに忘れて「まだ物足りない。これではすぐに破られてしまう！」などと言う。

こうなる原因は〈チンパンジー〉だ。それがどんな業績にも満足せず、「重要ではない」、「価値がない」と頭から払いのけてしまうのだ。あなたが何かに成功したときには、内なる〈チンパンジー〉がそれまでの努力と業績を忘れないよう、よく注意しなければならない。何かを達成したら、たとえ取るに足らないと思っても、それを祝い、自分をねぎらおう。

「持ち物」の潜在的な問題

持ち物も業績と似ている。何かを手にしても幸せが長続きしないのは、これまでの研究からはっきりしている。宝くじに当たれば幸せがずっと続くと考える人もいるが、状況に慣れてしまえば、その当選者も以前と同じレベルの幸せに戻ることがわかっている。新しく何かを得ても、一定期間がすぎれば、たいていその価値は下がってしまう。大切なものは、なくなるまえに忘れずに慈しむようにしよう。

幸せをめぐる〈人間〉と〈チンパンジー〉の対立

感情的、身体的、知的な「所有」について考えるときには、〈人間〉と〈チンパンジー〉の対立をとくに意識することが重要だ。実際、〈チンパンジー〉と〈人間〉の欲求と衝動の不一致は数多い。

とはいえ、対立のいくつかは簡単に解消できる。たとえばスポーツは、攻撃的で縄張り意識の強い〈チンパンジー〉を容易に満足させる。社会的にも許容されているので〈人間〉も楽しめる。〈チンパンジー〉の攻撃的な感情のはけ口にうってつけだ。それがなければ、不健全な暴力と入れ替わってしまうだろう。

ときには〈チンパンジー〉と〈人間〉が合意できず、妥協しあわなければならないこともある。たとえば、性衝動が一致しない夫婦は珍しくない。できれば〈人間〉が望むように互いに敬意を払いたいが、対処をまちがえれば爆発しかねない。双方が同意できる解決策をめざして、誠実に問題に取り組むのがいちばんの方法だ。強力な〈チンパンジー〉の衝動を無視すれば、〈チンパンジー〉はまちがいなく腹を立て、ことによると、あなたを望まないところに引きずっていくかもしれない。危険だ。

幸せは、あなたの〈人間〉と〈チンパンジー〉の欲求を理解することから始まる。両方に配慮して、うまく共存できるよう心がけよう。

適切なパートナーを得る

ほとんどの人は、人生をともにするパートナーを必要とし、欲するが、〈チンパンジー〉と〈人間〉はパートナーに求めるものがちがう。

〈チンパンジー〉は、たんに結びつく相手を探す。縄張りを守り、家族をつくり、次世代につなげるために。一方〈人間〉は、真の心の友を探し、パートナーのなかに〈人間〉的な価値を求める。だが悲しいかな、たいていの人は誰かと関係を築く際に〈チンパンジー〉か〈人間〉のどちらかだけの声を聞き、両方を聞こうとしない。

幸せな関係を築きたいなら、相手の〈チンパンジー〉と〈人間〉も満足しなければならない。もちろん、自分の〈チンパンジー〉の強い感情には要注意だ。〈チンパンジー〉がどれほどすばらしいと感じても、その感情だけでは長続きしない。そういう感情は否定しないが、それだけを当てにしてはいけない。

相手の〈チンパンジー〉と〈人間〉について考える際には、三列からなる表をつくってみるといい。最初の列には、相手の〈チンパンジー〉と〈人間〉のよいところをすべて書き出す。二番目の列には、あまりよくないが、気にならない点をすべて書く。「あまりよくない変更可能な点」ではない。相手を変えることは、かぎりなく不可能に近い（これは文字どおりの意味で）。だから二番目の列に書くことは、あなたの思いや願いとは関係ないようにしなければならない。そして三番目の列には、相手の〈チンパンジー〉か〈人間〉について気に入らないこと、あるいは受け入れがたいことをすべて書く。

さて、ここからは慎重に考えよう。相手が誰であれ、よいところはあなたも受け入れられるから、最初の列は削除する。つまり気に留めないようにする。最初の列に注意を向けると、相手の悪い点が見えなくなり、その人物から距離を置けなくなって、感情的なダメージを受けるかもしれないからだ。二番目の列も無視していい。誠実に相手と向き合えば、あるがままを受け入れられるだろうから。

問題は三番目の列だ。つらいだろうが、この列に書きこみがあれば、この人物とはたぶんうまくやっていけない。多数のカップルを調査したところ、この最後の列にひとつでも記入があれば関係は長続きしにくいことがわかっている。

この列は、いわば毒の一滴だ。どんなに魅力的でおいしそうな料理でも、毒が一滴入っていれば必然的に死をもたらす。人間関係、環境、仕事についても同じことが言える。だから、解毒不能で受け入れられない一滴の毒にはくれぐれも注意しなければならない。その料理を食べて病気になっても意外ではないように、あなたの人生に落ちた一滴の毒で感情を傷つけられても驚いてはいけない。人と関係を結ぶときには、この点をよく考えることだ。かならずしも実際の相性を示すものではない最初のふたつの列には注目

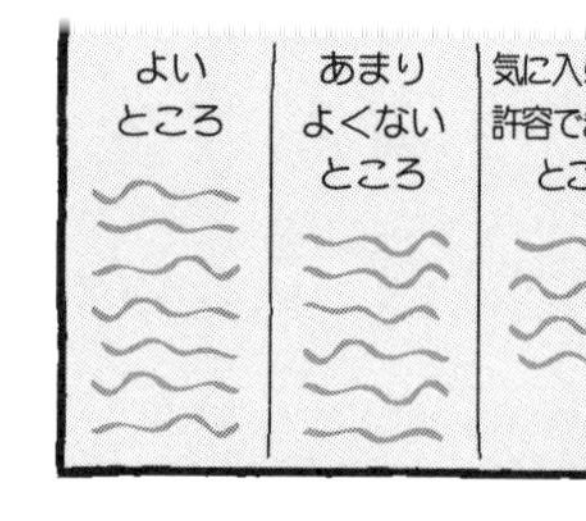

せず、最後の列を見て、自分に正直になろう。

適切なパートナーを見つけるのは容易ではない。だが、探す価値はある。あなたの感情が安定すれば、多くの人が引き寄せられる。そのうえで適切な出会いの機会があれば、努力は報われるにちがいない。

充実した人間関係を築く

すべての個人的な人間関係は、向上させることができ、充実感を与えてくれる。そこで、あなたの人間関係の築き方について、いくつか提案したい。

まず、相手が友人でもパートナーでも、現実的にあなたに何を提供してくれるか、自問してみよう。もし、誰であれ、ひとりの人があなたの欲求をすべて満たし、望むものをすべて届けてくれると信じていたら、それは非現実的だ。ほとんどの人間関係は、全体のなかにほかの友人たちや家族がいることで健全になる。また、友人を選ぶときには、自分から相手に何を提供できるかだけでなく、相手があなたに何を提供できるかということも考慮したい。理想的な友人やパートナーは、おそらく次のような相手だ。

- あなた自身を気分よくさせてくれる。
- あなたを人として成長させる。
- あなたのいちばんいいところを引き出す。
- 自分よりあなたを大事にする。
- ありのままのあなたを受け入れる。

当然、逆もまた成り立つ。相手に対してこういうことができれば、あなたも立派な大人だろう。

とはいえ、どんなパートナーでも、ときにはあなたを傷つけ、がっかりさせることがある。関係が長続きするかどうかは、それをあなたが克服して理解を示せるかどうかにかかっている。

たとえば、後悔しているパートナーを赦したあとは、その出来事を二度と持ち出してはいけない。赦すということは、相手の不品行を心にためておいて、将来都合のいいときに何度も蒸し返すことではない。もしそうしているなら、「赦す」は適切なことばではない。その行為を的確に表すことばは「苦しめる」だ。パートナーを赦して二度とそのことを持ち出さないか、毎日そのことを言いたてて、パートナーにほかの誰かを探させるか。それを選ぶのはあなただ（赦すとは「忘れる」ことではない。「武器としてそれを使わない」ということだ。もし、相手のほうがそうした行為や態度をくり返すようなら、関係を清算するのが賢明かもしれない）。

引き渡し

私たちの〈チンパンジー〉は、実際にパートナーと出会うまえに勝手にイメージを思い描き、目のまえにいる相手に、見たい誰かのイメージを重ねてしまう。絶えず相手を「正しい人間」につくり替えようとするこの〈チンパンジー〉の姿勢は、大きなストレスになりうる。結局、釣り合わないとか、問題が多いということで、相手とうまくいかなくなる。

こういう状態になったときのひとつの方策は「引き渡し」だ。いまのパートナーを別の人に引き渡すところを想像するのだ。その架空の人には嫌なところもすべて含めて、パートナーのことを正直に伝えなければならない。いいところも悪いところも話し、隠しごとはしない。嘘をつけば訴えられると考えよう！

すると「引き渡し」の相手は、おそらくパートナーを引き受けない。そこで、あなたはたぶん、自分はなぜこのパートナーに執着しているのだろうと思う。私はこれまで、うまくいかない人間関係を抱えた多くの人にこのエクササイズを試してもらい、新しい視点を与えてきた。

「存在」とは、自分は何者かということ

「自分は何者か」と振り返り、それが幸せにどうつながるかを考えるとき、そこには次のような考慮すべき要素がたくさんある。

- 自己イメージ
- 自分の価値
- 自尊心
- 自信

あなたが自分をどのように認識しているかを知るためには、あなたに対する〈チンパンジー〉と〈人間〉の認識の差を知ることが重要だ。ふつうそれらは一〇〇万キロも離れているから、どちらの立場をとるか選択しなければならない。

〈チンパンジー〉は、群れに受け入れられ、仲間を感心させることを過度に気にかける気弱な存在だ。その状態は永遠に続き、変わることはない。また、典型的な〈チンパンジー〉は自分に批判的だ。欠点や失敗にも不寛容。他者がつねに自分を評価し、失敗をひとつも見逃さないと信じている。それでいてミスを

なくす能力に自信がなく、弱さを見せる。

これに対して〈人間〉は、能力も見た目もみなちがうけれど、一人ひとりそれぞれに価値があると考えている。人気を得るために他人を感心させたり喜ばせたりしても、それが人生の土台にはならないとも認識している。とにかく自分の最善を尽くすしかない、人生で重要な価値は外見や業績や所有物ではなく、正直さや誠実さや親切や思いやりであると信じている。

こんなふうに、〈人間〉と〈チンパンジー〉は測定基準と価値観が大きく異なるせいで、あなた自身を評価する際にも、まったく異なる結論にたどり着くのだ。この問題の対策としていちばん大切なのは、自己評価を始めるまえに、評価されたい価値観を率直に記した〈人生の石板〉をもつことだ。そのうえで、その価値観にもとづいて自分や他者を評価する。たとえば、元気、友好的、正直であることをリストの上位に置くなら、その価値観をもとに自己評価をすればいい。決して〈チンパンジー〉に乗っとられてはならない。

活動の情報源になる
価値観と信念をもとう

自己イメージ

「自己イメージ」とは、あなたが自分の存在と個性をどう見ているかである。

〈人間〉はバランスのとれた視点で、あなたの魅力的な面とそうではない面を見て、思いやり、正直さ、利他といった〈人間〉的な価値観で自分を判断する。

〈チンパンジー〉は、あなたの外見と業績を見て判断する。おまけにとても移り気だし主観的だ。だから、いまのあなたをもっとも魅力的な容姿の持ち主だと思っていても、次の瞬間には地上でもっとも醜悪な生き物だと言い張るかもしれない。

これでおわかりのように、〈チンパンジー〉の価値観と意見にもとづくと、自己イメージに関する幸福感は安定せず、たびたび感情の混乱を招く。言うまでもなく、真の自己イメージは、あなたがどのくらい自分の価値観にしたがって生きているかに左右されるべきだ。**〈チンパンジー〉の価値観にもとづくか、〈人間〉の価値観に戻づくか――その選択は、まちがいなくあなたの幸せに影響する。**

自分の価値

この点でも、〈人間〉と〈チンパンジー〉はまったく異なる価値観にもとづいて、自分をはかる。たとえば、快活な笑顔を見せて周囲を和ませる明るい存在であることを自分の価値と考えれば、コミュニティにとっても価値あるメンバーだと思うことができるだろう。〈チンパンジー〉もそれが気に入るだろうから、あなたの幸福度も上がるはずだ。しかし、どんな仕事をしているかで自分を評価するなら、〈チンパンジー〉の気分が変わるたびに自己価値は揺らぐことになる。

〈チンパンジー〉の評価をとるか、〈人間〉の評価をとるか、選ぶのはあなただ。

自尊心

「自尊心」は他人と自分を比較することにかかわり、やはり〈チンパンジー〉と〈人間〉とでは基準が異なる。〈人間〉は、誰もが等しく価値があると言う。それぞれにスキルも能力も異なるが、人間はみな平等だと信じている。一方〈チンパンジー〉はたいてい、人によってレベルは異なると言う。力、外見、所有物といった重要な点で優劣が存在する、と。

研究によれば、他人と自分をどう比較するかは、幸せのレベルに重大な影響がある。幸せでいたいなら、自分と他人を比べるときには、ぜひとも〈チンパンジー〉ではなく〈人間〉の基準にしたがおう。

自信

「自信」とは、自分には何かをする能力があると信じていること。私たちの人生で大きな比重を占めるので、〈幸せの惑星〉を安定させる月と考えたい。次章でくわしく述べる。

自分を評価するどの方法でも、不変のテーマは、〈チンパンジー〉にしたがうか〈人間〉にしたがうかだ。どちらを選ぶかで、結果はまったく異なり、幸福度も変わる。言い換えれば、幸せはあなたの信念と価値の体系に大いに影響されるということだ。この選択を誤らないためにも、〈人生の石板〉に立ち返ること。自分が何よりも大切にしている価値観を知ったうえで、自分を評価すること。自分の「住まい」を整頓すれば、楽になり、幸福度も劇的に上がるだろう。

幸せへの道

幸せになる可能性を最大にするためには、自分自身にとって適切な方法を選ばなければならない。
世の中には、生まれつき人生に前向きで、楽観的に生活している人がいる。彼らはたいてい、あらゆる状況においていちばんいいところを見る信念と態度をもっている。最善を尽くし、何かがうまくいかなれば落胆するものの、その後は受け入れてまえに進む。このような生き方は学べる。それどころか、もっと進化させることさえできる。ひとえに心がまえの問題だ。自分にとって何をふつうと見なすかにもよる。自分にとって幸せはふつうの状態ではないと考えると、幸せは本当に遠ざかってしまう。

幸せな人々が実践している生き方のうち、誰でも取り入れられそうなものをいくつかあげてみよう。

- 現実的だがポジティブな生き方は、学ぶことができる。たとえば計画どおりに物事が進まないときは、**問題をくよくよ考えるのではなく、解決策を探すように心がけよう。**この態度は、とても有用な〈コンピュータ〉内の〈自動運転〉になる。
- 考え方や生き方は、あなたの選択次第で変わる。**その状況をどれくらい悩むか選んでいるのはあなただ。**よく考えてほしい。自分の人生で重要なものと重要でないものを決めるのは、あなたなのだ。つまり、重要だと思わなければ、重要でなくなる。
- 過ぎ去った不快なことをいつまで考えて悩みたいのか、自問する。**いつまでそういう気分でいたいのか、思い悩むことにどんなメリットがあるのか、問いかけよう。**
- あなたをまちがいなく幸せにする生き方は、**できるだけ自分を笑い飛ばすことを学び、ユーモア感覚をもつことだ。**くり返すが、これも幸せな人の〈コンピュータ〉内の〈自動運転〉であり、学ぶことができる。自己のことに深刻になりすぎると、幸せはどんどん減ってしまう。
- つねに人生に、とくに人間関係に積極的であること。他人の機嫌や要望に受け身にならないこと。交渉は自分が何をしたいか決めてから。受け身の犠牲者になってはいけない。

●問題の「症状」ではなく「原因」に取り組む。胸の思いを吐き出す（害のない範囲で〈チンパンジー〉に叫ばせる）だけですむ場合もあるが、ただ叫ぶだけでは、症状のもととなる問題の解決にはならない。長い目で見れば、問題そのものを解決するにかぎる。幸せな人は、原因を見つけて対処するものだ！

幸せのリスト

いまだに驚かされるのだが、自分は不幸だと言って、幸せになれるものをひとつもあげられない人がいる。だが実際には、人生で幸せを増やすごく単純なことをいくつかあげるのに時間はかからない。幸せになるチャンスを確実に増やすには、何が自分を幸せにするかを知り、それを本当に実現させることだ。もし、自分の幸せを気にかけることが得意でなければ、あなた専用の幸せのリストをつくってみよう。そこに楽しみにしていることを書き出して、ときどき見返すのだ。ただし、このリストには二種類ある。

●「すぐできる」幸せのリスト
●「時間がかかる」幸せのリスト

たとえば、私の「すぐできる」幸せのリストには、一杯のコーヒー、友人への電話、犬の散歩、将来の計画づくり、自分がどれほど恵まれているか考える、深呼吸などが含まれる。程度の差はあるが、いつでもできることばかりだ。ただくつろいで、楽しいことを考えるだけでも幸せになれる。要するに、いつだって気分をよくする工夫はできるし、それもほんの少しの労力でいい。さあ、あなたが自由にできる範囲で、幸せになれることを一〇あげてみよう。そして、最近それをしたかどうか振り返ろう。

もうひとつの「時間がかかる」幸せのリストには、友人たちを夕食に呼ぶ、食事に出かける、休暇をとる、スポーツをする、旅に出るなどがある。

どちらでもいい、楽しみのために準備をする時間をつくってほしい。これは、幸福感を維持するのにぜひとも必要だ。すでにいい気分だったとしても、〈チンパンジー〉はつねになんらかの楽しみを要求するから、将来の予定を知らせて〈チンパンジー〉の機嫌をとるのだ。先の楽しみがあれば、〈チンパンジー〉も幸せでない時期をやりすごせる。実際、幸せな人の多くは楽しみをもっており、しかもそれを最優先にして、何があっても中止しない。

両方のリストを手元に置いておけば、あなたもいつだって幸せな気分になれるだろう。もちろん、リストはあなたの価値観と一致させておきたい。たとえば、健康で活動的なことをめざしているなら、「チョコバーを一本食べる」より、「散策をする」や「上質な食事をする」のほうがいいはずだ。

幸せの管理と双子

自分の幸せをチェックする習慣をつけよう。専用のノートをつくって、幸せだったことと、不幸せだったことを毎日記録すれば、どれくらい自分をいたわっているかがわかるだろう。

想像上の双子を生み出すのも、自分に率直な提案をする確実な方法だ。あなたは一卵性双生児のひとり。もうひとりは、あなたの親友であり、あなたのことが大好きで、何かと気にかけてくれる。その相手に名前をつけ、それもあなただと考えよう。たとえば、その双子の片割れをサムと名づけ、あなたがサムになる。サムとしてのあなたの役割は、助言することだ。ある状況、人生、ある問題につ

いて、何をすべきで、何をすべきでないかという耳の痛い事実をあなたに告げるのだ。

私はこの方法を、あらゆる種類の問題で立ち往生している多くの人に使ってきたが、自分を双子の片割れと想定すると、みな自分に対して的確なアドバイスをする。自分のことをいちばん理解しているのは自分だから、当然と言えば当然であるが。たんにそれを言う勇気の問題だったということも多い。たとえば、「つまらないことにこだわるな」、「自分に厳しく当たりすぎるな」、「あなたはいい人で最善を尽くしている」、「気合いを入れろ」、「笑って自分に褒美をあげるべき」など。ユーモア感覚が加われば、なおいいだろう。

幸せの促進法――〈グレムリン〉を〈自動運転〉に置き換える

幸せに生きるためには、それを促進する新しい行動と信念、つまり〈自動運転〉の追加も、定期的におこないたい。そうするためには、時間をとって有害な習慣や思考について考え、〈グレムリン〉を見つけなければならない。私たちの多くに共通する課題をここで紹介しよう。

「闘い」対「ライフスタイル」

どんなことでも、それが「闘い」なら、勝つために多くの努力とエネルギーを費やさなければならない。だが「ライフスタイル」なら、しゃかりきにならずにくつろぎ、期待とともに暮らせる。というわけで、今後はやることすべてを「ライフスタイル」と考えよう。たとえば、ダイエットで食事を減らすのを「闘い」だと思うとつらくなるが、少なめの食事がふつうの「ライフスタイル」（それより多く食べるのは許されない〉と思えばずっと楽だ。幸せも、闘って得るものではなく、リラックスして「幸せなのがふつう」と考えればいい。「幸せとは闘い」が〈グレムリン〉の信念、「幸せとはライフスタイル」が〈自動運転〉の信念だ。

二分法の思考

あなたは、すべてのことをオール・オア・ナッシング、勝ちか負け、成功か失敗で考えていないだろうか。何事も二者択一で考える二分法の思考はひとつの習慣であり、〈グレムリン〉だ。ややもすれば柔軟性に欠け、不幸につながる。この〈グレムリン〉を、柔軟性があってグレーの領域でものを見る〈自動運転〉に置き換えれば、幸せな気分に近づける。

バラを愛でてもトゲには注意

人生がバラの園だとすれば、そこには多くのトゲがある。バラを摘んで幸せになろうと思ったら、トゲに注意が必要だ。つまり、自分を不幸にするものに気をつけて、可能なかぎり避けるのだ。望まない感情をもたらすものを避けるのがいちばんだが、避けられないのなら、どうするか計画を立てよう。トゲに驚いてはいけない。〈グレムリン〉は現実を無視するが、〈自動運転〉は現実に向き合う準備ができている。

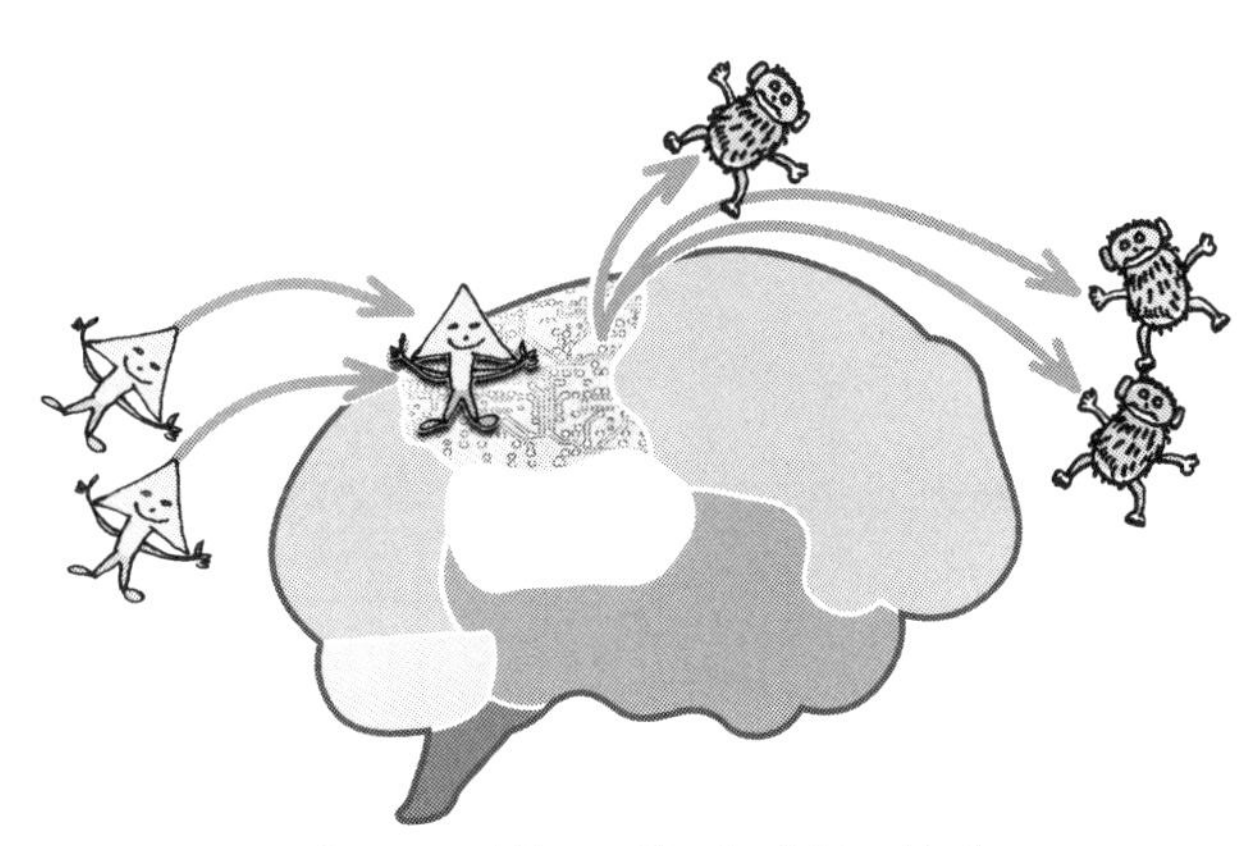

幸せは、〈グレムリン〉を見つけて〈自動運転〉に置き換えることで増える

水晶玉〈グレムリン〉と雪山

水晶玉をのぞきこんで未来を予測しようとすると、たいていそこは問題だらけで、不幸な気分になる。水晶玉はめったに幸せな未来を映さないからだ。その水晶玉〈グレムリン〉は、「かもしれない」の雪玉をつくっては雪の斜面を転がす。雪玉は転がりながら、周囲の雪をどんどん巻きこんで、山になる。雪玉からできた「かもしれない」山だ。そうなると、あなたは山に閉じこめられ、「かもしれない」に埋もれて悩む。実際には、悪いことはめったに起きないから、結局はなんの理由もなく自分を苦しめていることになる。

だから、そんな水晶玉は砕いて〈グレムリン〉を追い払おう。そして「そのときが来るまで心配無用」の〈自動運転〉に置き換えよう。〈自動運転〉なら、「将来を予測して雪玉などつくらない。ここにとどまって、起こることに対処する」とあなたに言ってくれる。

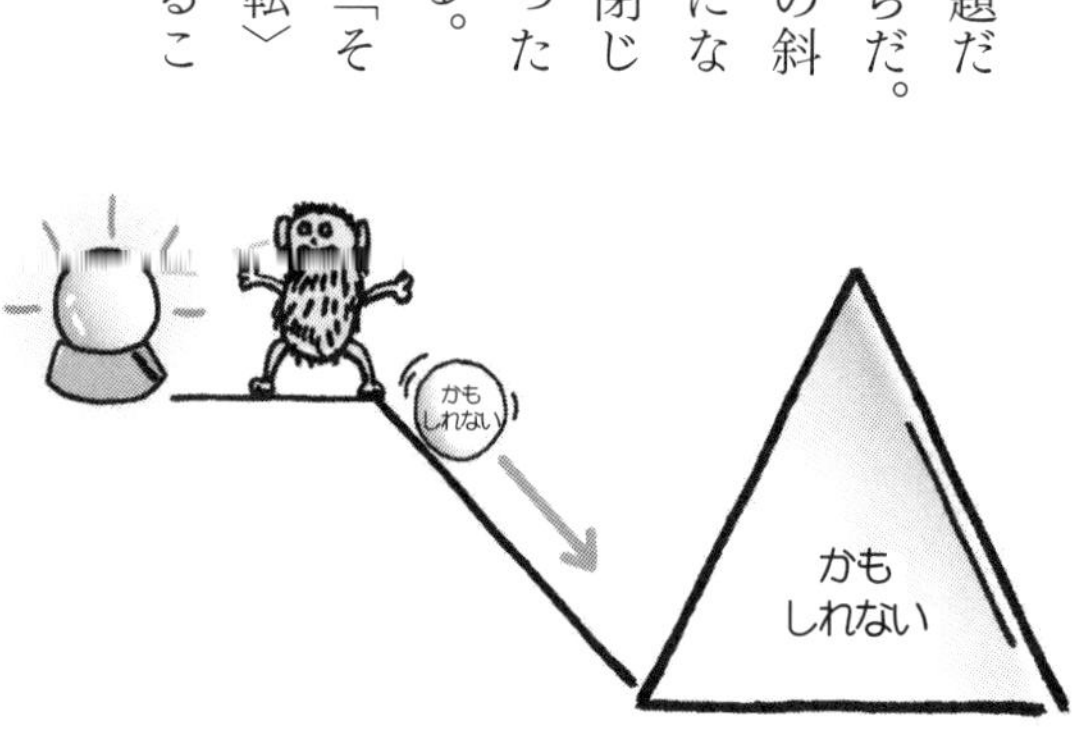

宇宙の果て

いまこのとき、誰も宇宙の果てを知らない。一生それについて考えるのも、誰も知らないことだと受け入れるのもあなたの自由だが、もしも変えられないことや理解できないことに悩んでいるなら、いっそ受け入れて、考えるのをやめたほうがいい。あなたは、役に立たない考えや答えのない考えをや め る（傍点）という選択ができることを思い出そう。〈グレムリン〉は変えられないこと、理解できないことにエネルギーを費やすが、〈自動運転〉はその事実を受け入れて、まえに進む。

火に手を近づけるな

火に手を突っこんで火傷したと不満を言うのなら、解決は簡単だ。火に手を近づけなければいい。ほかの誰かに火を消させるまでもない。あなたは人生のほとんどの局面において、望ましいほうを選べる立場にある。だから、わざわざ自分を不幸せにする状況にかかわったり、その状況にいつづけたりしておきながら、不平を言ってはいけない。他者の世界のルールが気に入らなければ、そこから去るのみ。仕事、家、パートナー、友人が適切でないなら、チェンジしよう。〈グレムリン〉は不満足なものを捨てられず不平を並べるが、〈自動運転〉はあなたの立場を変えて幸せにする。

幸せの促進法――常識的な考え方

「必要なもの」と「欲しいもの」の二卵性双生児

「必要なもの」が「欲しいもの」とはかぎらないし、「欲しいもの」が「必要なもの」ともかぎらない。このふたつの区別を学んでおこう。

トラといっしょには住めない

猫好きな人はトラに見とれて、畏敬の念すらもつかもしれない。だが、いくら美しくてもトラはあくまで野生の動物だ。危険すぎる。家でいっしょに暮らすことはできない。

ときどき、トラのような人がいる。あなたは魅了され、その人を愛し、崇拝することすらあるかもしれ

ないが、人生を共有することはできない。共有すれば危険で、あなたに深刻な損害を与えるだろう。この先、もしも相手にともに生きるのが不可能な特徴があるとわかったら、見とれるだけにしておこう。家に入れてはいけない。幸せを望むなら、自分の家に合った猫を見つけることだ。

ゴミを食べて質の低い人生——何を驚く？

「健康は食べ物で決まる」とよく言われる。一理ある。自分を大切にしないで病気になっても、驚くことはない。同じように、自分の幸せを大切にしないで不幸になったとしても、何を驚くことがあるだろう？

誰も賛成してくれないときもある

幸せとは、まわりの人々と和やかにすごす以前に、自分自身と和やかにすごすことだ。

最大の支持者か、最大の批判者か

人生にはかならず批判者がいる。同時に、欠点も含めて愛してくれる支持者もいる。不幸な人は、自分自身の最大の批判者であることが多い。寝ても覚めても自分を批判し、嫌っている。だが幸せな人は、自分自身の最大の支持者になることを学ぶ。ありのままの自分を受け入れ、支持する。あなたはどちらを選ぶ？　欠点も含めて自分を受け入れ、ぜひとも幸せになりなさい。

まとめ

- 幸せは選択の問題である。

- 幸せの可能性を高めるには、計画を立てて実行する必要がある。
- あなたの〈人間〉と〈チンパンジー〉を幸せにするものを定義しよう。
- 付加価値をつければ、幸せになれる。
- 自分の「所有」と「存在」を成長させる。
- 「幸せへの道」と「幸せのリスト」を完成させる。
- 「幸せの促進法」を実践する。

おすすめのエクササイズ：幸せになるための努力を測定する

幸せを呼び寄せる

幸せは誰にとってもきわめて重要だ。じっくり時間をかけて、この章で勧めたことを実践してほしい。それぞれの課題を復習して、共感できるものにはとくに注意を払おう。読み飛ばすのではなく、毎日ひとつずつよく考えることだ。幸せになることは、感情面のスキルを発達させるのに似ていて、それなりの努力と時間が必要だが、成果はかならずある。

毎日数行でいいから日記をつけて、何に幸せを感じたかを書き留めるのもいい。幸せになるためにその日どれだけ努力したかも書こう。これをほんの数週間続けるだけで、あなた自身が幸せを手に入れるために、どれだけ多くの努力をしているか、あるいはしていないのかが、はっきりわかるだろう。

17章 自信を得るために——自信の月

自信（コンフィデンス）

- 自信のふたつの選択肢
- 理解を助ける重要な質問
- 自信と自己

自信と安全は、幸せな状態を安定させる二大要素だ。ぜひとも手にしたい。まず本章で自信を解説する。

自信のふたつの選択肢

あなたにはこれから、あらゆる状況でどのくらい自信をもてるかを決める選択をしてもらう。本章をゆっくり読んで、ひとつずつ論理の道筋をたどってほしい。そのうえで、いまの状況を変えようと決意すれば、何をするにも自信が湧くようになるだろう。

たいていの人は、「何かをできると信じれば信じるほど自信につながる」と考える。そんな彼らの思考は、次のような段階を踏む。

① 何をしたいのか。
② 自分にそれを達成する能力がどのくらいあるか。
③ 自信は、その目標を達成する能力がどのくらいあると見積もるかで決まる。

いかにもわかりやすい。その結果、自信のレベルはまちまちになる。また、この考え方にしたがえば、自信を高める方法はふたつだけだ——何かをする能力を上げるか、自分をだまして、たとえできなくてもできると信じこむか。たいていの人は、〈チンパンジー〉に乗っとられて、これ以外に自信を高める方法はないと信じている。

しかし、わずかな人だけが使っている、もうひとつ別の方法がある——〈人間〉の方法だ。これにしたがえば、何をするにしてもつねに一〇〇パーセントの自信を保つことができる。

〈チンパンジー〉の言い分は、「自信は、達成しなければならないレベルまで到達できる能力に対する信念から生まれる。到達できなかったときの結果には対処できない」だ。それに対して〈人間〉はこう言う。「自信は、達成したいレベルに到達するために、最善を尽くすことから生まれる。到達できなかったとしても、大人としてその結果に対処できる」

自分の能力に対する信念にもとづく場合、それが達成できるかどうかは保証のしようがない。だから、〈チンパンジー〉は絶えず失敗におびえ、脳内の血流を奪って不安を呼び起こす。一方、最善を尽くすことは保証できる。つまり、完全にコントロールできる。そうすると血流は〈人間〉に向かい、人生は可能性に満ちて見え、結果にも対処できる。

何より、この選択をすれば、自信があるのがふつうの状態になる。最善を尽くして結果に対処することは、いつでも可能だからだ。だから怖れもなくなる。

リズの講演

例を示そう。リズは一〇〇人の同僚のまえで、自分の仕事について話すよう依頼された。するとリズの〈チンパンジー〉がまず達成したいことを決めた。すぐれたスピーチをして、賞賛されたい。しかし、〈チンパンジー〉はそのどちらもコントロールできず、できるのはせいぜい影響を与えることぐらいだから、脅威を感じ、悪い結果に目を向ける。自信の根拠は、すぐれたスピーチをすることと聴衆に感銘を与えることなので、まったく自信が湧かず、うまくいかないことばかり考えてしまう。

その一方、リズの〈人間〉は、最善を尽くすことを自信の根拠にしようと決めた。つまり、目標は最善を尽くすことだ。話のうまさや聴衆の反応はコントロールできないが、大人の〈人間〉として結果には対処できる。

リズには、たとえ本番でしくじって講演が期待に沿えなくても、かならず全力を尽くせることはわかっている。それがそのときにできる最善のことだ。最善を超えることはできない。だから、リズは「最善を尽くす」という目標をか

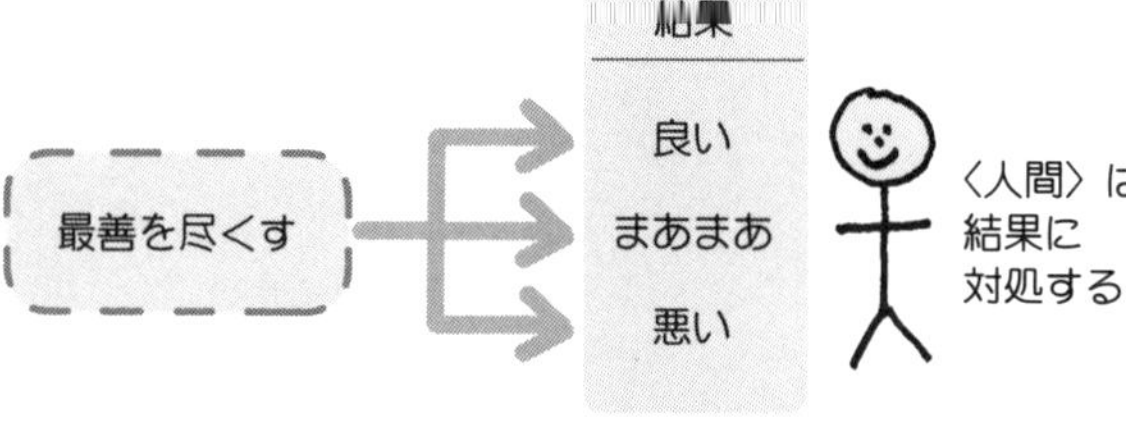

100パーセントの自信を生み出す大人の〈人間〉

ならず達成する。それ以外は「ボーナス」だ。

このやり方なら、リラックスして、スピーチをひとつのチャンスだととらえられる。本番のあとは、達成した結果を祝うより、自分の努力に報いることのほうが大切だ。

理解を助ける重要な質問

でも、もっとうまくやれたのでは？

この点を論理的に考えてみよう。そもそも最善を超えることはできない。最善を尽くすというのは、その時点でできることをすべてやったという意味だ。そのなかには、うまくいったことも、いかなかったこともあるだろう。別の方法でやっていれば、達成レベルはもっと上がったかもしれない。つまり、「最善を尽くす」ことと「最善の結果を得る」ことは別物で、一致するとはかぎらない。

でも、失敗したら？

自信の根拠を何に置こうと、結果には向き合わなければならない。結果への対処は、大人の〈人間〉なら誰でもできるが、〈チンパンジー〉と子どもには非常にむずかしい。だからこそ、失望や失敗への対処法は、ぜひとも学んでおく必要がある。

自信に関して、なぜ〈人間〉の基準を選ぶのか？

〈人間〉の基準を選べば、終わったときに胸を張って微笑み、「これ以上のことはできなかった。まちがいも含めて、できることはすべてやったのだから」と言える。だいいち、不安で自信もないまま取りかかるより、微笑みながらリラックスしてやるほうが、たいてい好結果が得られる。

最善を尽くせなかったら？

最善を尽くさないとは、たとえば、嘘をつく、故意に怠ける、無関心、邪悪であるといったことだ。たいていの人はそうではない。ただ、計画性や規律がない状態もあって、これは別だ。つまり、最善を尽くさないとは、あえてやろうとしないことだ。

この非常に重要な点について例をあげよう。あなたは公園に行き、子どもが木から落ちるのを目撃したとする。あわてて駆け寄り、子どもを助けようとするが、子どもはわんわん泣く。だいじょうぶかと尋ねると、足首が痛いと言ったので救急車を呼ぶ。この一連の行動は理に適っている。あなたは適切だと思うことをして、その状況で最善を尽くした。

ところが、電話に出た救急車の受付係は、あなたを叱る。緊急性がなく、子どもは最寄りの医院までなんとか歩いていけるだろうと言うのだ。そこであなたは子どもに付き添って、治療をしてくれる医院の外来に行く。子どもの両親もやってきた。すると医師は、あなたに向かって、子どもは足を痛めている、おそらく木から落ちたあとに立たせたせいだと告げる。

なんという不運！　あなたは自分がとった行動を振り返って、「この状況に対処する高い能力があっただろうか」と自問する。答えは明らかに「ノー」だ。しかし、「自分の能力でできる最善のことをしたか」という問いの答えは「イエス」だ。「本当に最善だったか」の答えも「イエス」。あなたは駆け寄って最善を尽くそうと努力したのだから。子どもに助けが必要なのを知りながら、そのままにしていたら、最善を尽くしたことにはならなかった。

運転免許試験に臨むアダムの自信

アダムが運転免許試験を受けようとしていると、友だちが「自信はあるの？」と尋ねたとしよう。アダムはここで、自信の根拠をどこに置くかを選択しなければならない。第一の根拠は「試験に合格する能力」、第二の根拠は、「試験で最善を尽くす能力」だ。

第一のほうをとれば、アダムの〈チンパンジー〉が失敗を気にしはじめ、試験に合格する自分の能力に疑いをいだくだろう。アダムはおそらく緊張して、嫌な感情に圧倒される。〈チンパンジー〉が完全に主導権を握った望ましくない状況だ。アダムの自信のレベルは、ゼロではないにせよ、かなり低い。その結果、受験そのものが不快な体験になる。

一方、第二のほう、すなわち〈人間〉の考え方をとれば、アダムはこう言うだろう。「結果や成果ではなく、やるべきことに集中する。試験のときには、なんであれ最善と思えることをするだけだ。うまくいくかもしれないし、いかないかもしれない。どちらに転ぼうが、結果は受け入れるよ！」

こちらのアダムの自信の根拠は最善を尽くすことなので、一〇〇パーセントの自信がある。彼は満足して、知り合いに「全力を出した。これ

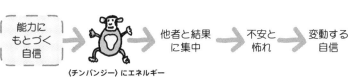

ふたつの選択肢

以上はできないから、胸を張っていられる」と言うだろう。ここで話しているのは〈人間〉だ。

自信と自己

自分らしさと自信

一部の人々を不幸にする共通の問題は、自分に現実離れしたイメージをもつことだ。たとえば、何をするにも自信がないと私に相談する人がいる。馬鹿なことを言ったり、まちがったことをしたりして恥をかくのが不安だ、と。ここで、あなたに自問してもらいたい。なぜ、人はそうした怖れをいだくのだろう。大きな理由のひとつは、自分は完璧でなければならないという思いこみにある。これはたちの悪い〈グレムリン〉だ。ひとつも誤りがあってはいけないという考えに取り憑かれると、劣等感を感じるばかりだ。そんな期待に沿うのは不可能だから、つねにこわごわと行動しなければならなくなる。現実には、どんな人も生きているかぎりまちがうし、ときには愚かなこともしてしまう。

一方、自分は欠点もあるし失敗もする人間だと受け入れられれば、ほっとするだろう。まちがいやミスをするのが当たりまえと思えるから。愚かなことをしたときや、まちがったことを言ったときに自分を笑えるのは、人間の証だ。ありがたいことに、私は「完璧な人」をひとりも知らない。だから、あなたも笑って自分の誤りや欠点を認めよう。「わからない」と言うのを怖がってはいけない。

さらに言えば、「断じて笑われないようにする」や「完璧になる」という思いこみは、あなたの〈チンパンジー〉にも悪影響を与えている。毎日出かけるときに「今日も完璧でいるぞ」と〈チンパンジー〉に命じると、馬鹿げたストレスを与えて〈チンパンジー〉をまいらせてしまうのだ。〈チンパンジー〉にそんな心理的な苦痛は無用だ。動物愛護団体から抗議されるまえに考え直そう！
あなたの達成したいイメージは、「ミスター・ユニバース」、「ミス・ワールド」、あるいはアインシュタインかもしれないが、それよりも、自分らしくいようではないか。「美しい」や「知的」より、「魅力的」のほうがはるかに強い力をもつのだから。

人間関係の悪化で自信を失う

ほぼ例外なく、誰もが人生のある時期にパートナーを探す。これは強力な衝動なので、無視できない。そのときの問題は、往々にしてまちがった相手を求めてしまうことだ。そうなると、関係が終わるときに、どちらから切り出すにしても混乱状態に陥る。

関係解消で起きる深刻な結果のひとつが、自信を失ってしまうことだ。このきわめてつらい経験は、残念ながら、拒絶と喪失からの当然の帰結だ。前述したとおり、〈チンパンジー〉がこうした喪失と折り合うのには約三カ月かかり、その間に悲嘆のプロセスをたどる。これを短くすることはできないが、長引くことはある。それでも、やがてはもとの状態に戻るので、こんなときには、自信を失うのは自然なことだと考え、自分にやさしくしよう（ただし、自己憐憫には注意）。

まとめ

- 自信の根拠になるのは、ふたつの思考のどちらかだ――〈人間〉の思考か、〈チンパンジー〉の思考か。
- 自信の根拠を「最善を尽くすこと」にできる。
- 「最善を尽くす」ことを根拠にすれば、一〇〇パーセントの自信がもてる。

●自信は、自分に現実的な期待をすることで高まる。

おすすめのエクササイズ：自信を呼び覚ます

選択はいつでもできる

次に自信をなくすことがあったら、少し静かな時間をとって、自分の選択について考えよう。意識しているかどうかは別として、あなたはわざわざ〈チンパンジー〉を選んで、達成レベルや結果を心配している。そういうときには、大人の〈人間〉を選び直し、最善を尽くして、どんな結果でも受け入れよう。また、誤った自己イメージが解決の邪魔をしていないかも確かめよう。

18章 安全を高めるために——安全の月

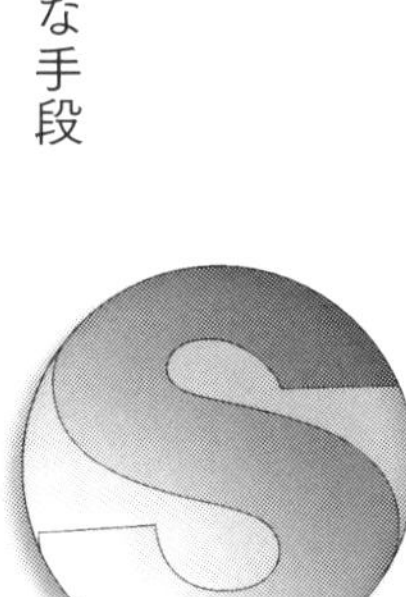

安全（セキュリティ）

- 〈人間〉、〈チンパンジー〉、安全
- 危険と安全をめぐる真実
- 〈チンパンジー〉を助ける現実的な手段

〈人間〉、〈チンパンジー〉、安全

安全は、自分の環境や群れのなかで安心したいという要求とかかわっている。〈チンパンジー〉は自分の安全のためにいつもまわりの環境に注意を払い、〈人間〉は安全のために内面の信念に注意を向ける。〈チンパンジー〉は絶えず安全を求め、人生からあらゆる種類の危険や脆弱性（ぜいじゃくせい）を取り除こうする。**それが可能だと思っているからだ。**当然ながら、危険がまったくない人生などありえないが、〈チンパンジー〉は自分の世界のすべてを不変にし、なじみのものに執着することで、そうしようとする。一方〈人間〉は、はるかに冒険好きだ。人生に不変のものなどないことを受け入れていて、なじみのものは役に立つこともあるが立たないこともあるとわかっている。危険や脆弱性は日常生活の一部であり、完全には除去できないことも認めている。

安全にかかわる問題になんらかの妥協や対処計画が必要になるのは、〈チンパンジー〉と〈人間〉のこのちがいが原因だ。ことあるごとに危険を知らせる〈チンパンジー〉には、〈人間〉が先導して人生の真実を説明しなければならない。また〈人間〉は、〈チンパンジー〉に忍耐を超えるつらさを味わわせてはいけない。〈チンパンジー〉は人によってちがうから、自分の〈チンパンジー〉がどんな安全を要求し、どこまでの危険と変化に耐えられるのか、正確に見きわめることが必要だ。

では〈人間〉の立場で安全と危険に関する真実を見て、そこから、〈チンパンジー〉を安心させる方法を探していこう。

危険と安全をめぐる真実

〈人間〉は、〈チンパンジー〉には対処がむずかしい次のような真実に気づいている。

どうやって
〈チンパンジー〉
を助けよう
危険を
避けられない
ときもある
受け入れないと
危険がある！
なんとかして！

安全と変化

- 安全は「相対的」なものだ。
- 人生に「完全な安全」はない。人生そのものが一過性だからだ。
- 私たちの住む世界は絶えず変化していて、「そうでない状態はありえない」。

危険

- 「すべての行為」には危険がともなう。
- 危険は日常の一部だと「受け入れなければならない」。
- 「すべての」危険はコントロールできない。
- 「一部の」危険はコントロールできる。

脆弱性と不安

- 「不安に向き合い対処する」のが賢明だ。
- 脆弱性が日常の一部だと「受け入れなければならない」。

〈チンパンジー〉を助ける現実的な手段

真実を受け入れる

危険、脆弱性、安全に関するこうした真実を〈チンパンジー〉に受け入れさせることができれば、かなり落ち着く。そのためには、これらの真実と向き合い、じっくり考え直し、それを〈コンピュータ〉に記録することだ。参考までに、頻繁に目にする心配事と真実の例をあげてみる。

パートナーが私を捨ててほかの誰かに走るかもしれない

対処法としては、いっしょにいる時間を楽しくすごすしかない。幸せで前向きなら、パートナーが去る危険は減り、ともにすごす生活の質は向上する。いま悩んでもしかたがない。もし本当に相手が去ったら、そのときは現実を受け止め、対処法を考えよう。

病気になるかもしれない

病気になったら、適切な病院を探し、治療をする。知恵を絞るのは、本当に病気にかかったときでいい。かかるまえから悩むのは賢明ではない。

大切なものを失わないか心配だ

人生も人もつねに流れのなかにある。永遠に続くものはない。そう思い定め、旅を楽しむべきだ。

あなたも一度、心配事を具体的に書き出し、その横に真実を書いてみよう。その真実と折り合えなければ、〈チンパンジー〉は悩みつづけ、多くの取るに足りない危険に過剰反応するだろう。その結果あなたは、どこにもない安全を探さなければならなくなる。

Key point

ときどき不安になるのは〈チンパンジー〉のふつうの状態だから、それを当然のこととして受け入れよう。気を配るのはそれからだ。

群れ

ほとんどの〈チンパンジー〉にとって、群れは安心の最大の源だ。不安や心配なことを共有したり、ともに味わったりすれば、驚くべき効果を発揮する。ひとりで対処すると途方に暮れてしまい、広い視野でものが見られなくなることも多い。だから、問題の解決がむずかしいときには、群れの仲間や専門家に支援を頼むほうがいい。群れの強みは、メンバーが互いに助け合うこと。これを忘れず、**不安なときには群れに頼ろう。**

誰かに頼る？　頼らない？

一般に、自分の安全をひとりの人にゆだねるのはよくない。多くの人には信頼できるパートナーがいて、その相手とさまざまなことを共有するのは人生の喜びのひとつでもあるが、安全までその人にまかせるのは災いのもとだ。自分の幸せをなんらかのかたちで依存しても、人にはできることとできないことがある。結局は、その制限を受け入れざるをえなくなる。可能なかぎり、物理的に頼ることと、感情的に頼ることを区別しよう。このふたつはまったく別のものだ。人に頼りたいと思ったとき、安全は自分の内側から得るしかない。

とはいえ、他者に安全をゆだねたほうがいい状況もときにはある。たとえば恋に落ちたとき。このときばかりは自分の〈チンパンジー〉をコントロールすることはむずかしい。恋をしている人間は、脳内に多量の化学物質が分泌され、明確に考える能力が低下する。だから相手に対する判断も混乱し、危険を引き起こしやすい。恋愛中はバランスのとれた精神状態ではないと憶えておくべきだ。実際、精神に少し変調を来していると言っていい。そういうときには、分別のある親友の意見に耳を傾けるにかぎる。

安心感

〈チンパンジー〉が不安を感じたときには、かならず現実的に対処して、できれば安心感を得るよう努めよう。たとえば仕事に不安を感じるなら、どこからどこまでが自分の役割か、報告すべき上司は誰か、上司は何を期待しているか、どのように評価されたいかなどを明確にする。自分のはたらきぶりや、弱い領域の改善方法を知るために、フィードバックを求めてもいい。このように具体的に対処すれば、〈チンパンジー〉も安心する。対処できる未知のことや怖れを抱えている〈チンパンジー〉は、必要もない不安に襲われ、不幸になっているだけだ。

ほかのあらゆる人間関係についても、ときどき自分の立場や関係性を確認すれば、安心感を得られる。ただし、〈チンパンジー〉が必要以上に安心感を求めつづけると、対処しきれない怖れがある。〈チンパンジー〉に、前述した安全に関する真実を思い出させ、頼まれるより先に安心感を与えることができれば、パートナーの〈チンパンジー〉も助かるにちがいない。

なじみの効果

〈チンパンジー〉が不安を感じているなら、なじみの日課を設けるといい。それだけで、驚くほど落ち着いてくれる。新たな日課や経験が生じたときには、「慣れるまでいくらか不安を感じるのは当然だけど、慣れてしまえば不安はなくなるよ」と〈チンパンジー〉に言い聞かせよう。

将来の安心

将来に目を向け、問題や不安に対処する計画を準備しておけば心強い。たんに不安を募らせて何もしないのではなく、計画を立てるという点に注意してほしい。不安材料を見つけたらそれに立ち向かうという姿勢はとても健全だから、思慮深い友人や専門家の協力も得られやすいだろう。

もしも、あなたが〈チンパンジー〉に頼まれたことを提供できるか、提供を手伝ってくれる人を知っているという状態なら、〈チンパンジー〉の不安はかなり減る。ここで重要なのは、たとえば家計、仕事、住環境といった本物の不安に目を向けて、現実的に対処することだ。不安を直視するのを避けていると、〈チンパンジー〉は巨大なストレスを感じ、いっそう不安になる。

現実の具体的な不安

あなたの不安が、死、痛み、ケガといった現実の具体的なものであっても、やはりくよくよ考える意味はない。代わりに、建設的に考える時間をしっかりとろう。そうすれば徐々に思い煩うことは減っていく。具体的な不安を抱えながらもまえに進みたいなら、自分でコントロールできること、できないことを自問するといい。〈チンパンジー〉は、自分ではどうしようもないものもコントロールしようとしては、できないと嘆き悲しむ。しかし〈人間〉は、コントロールできないものがあることを受け入れる。不安が現実化したときには、まずそれを受け入れてから対処する道を探る——それが人間らしい人生のあり方だ。

まとめ

- ●安全は幸せの大きな安定装置のひとつ。
- ●〈チンパンジー〉はたびたび現実離れした安全を得ようとする。
- ●健全なふつうの〈チンパンジー〉は、安全と脆弱性に怖れと不安をいだく。
- ●〈チンパンジー〉を落ち着かせるためには、〈コンピュータ〉に〈自動運転〉を組みこむ必要がある。

おすすめのエクササイズ：〈チンパンジー〉に安心感を与える

安全の課題に取り組む

安全について考える時間を設け、〈チンパンジー〉を安心させよう。懸念や悩みのリストをつくって、コントロールできるものとできないものに分ける。自分でコントロールできる課題については、対処計画もつくろう。

みずからコントロールできないもののリストについては、どの程度受け入れられるか自問する。受け入れる以外の選択肢はない。悩みを解消するには、あなたの態度を変えなければならないのだ。どれくらい積極的に態度を変えられるか、自分に率直に訊いてみよう。

明日のために
「日の出」をともに

ここまで読んだあなたは、〈心のなかの宇宙〉の横断をなしとげた。あとは実際に〈チンパンジー〉モデルを駆使して自分を成長させ、人生の質を向上させるのみだ。そうすれば、あなたとまわりの人々の世界はすっかり変わるにちがいない。そこから得られるものは計り知れない。

すでに多くの人がこのモデルを活用し、感情をコントロールし、その状態を維持している。学んだスキルを定期的に適用したら、人生が一変したと言う人も大勢いる。どうか、あなたも同じ経験をしてほしい。

何度も言うが、自分の内面を変えるのには、それなりの時間と努力を要する。効果はたいてい徐々に現れ、自分では気づかないこともある。だが、まわりの人たちはかならず気づく。だから、挫折しても落ちこんではいけない。むしろそこから学び、どんな成功でも祝福しよう。**あなたには、いつも選択肢がある。**このことを憶えておこう。それぞれの選択と、人生への取り組みが、あなたの成功と幸せを決定するのだ。

あなたの元気いっぱいの〈チンパンジー〉は、最良の友にも、最悪の敵にもなりうる。それが「チンプ・パラドックス」である。まえより幸せになり、成功するために、さて今日あなたは何をする？

ここまで私とともに旅してくれてありがとう。どうか、あなたが健康で、すばらしい「日の出」を見つづけられますように！

付録A

〈心のなか〉のおさらい：全体図

下の絵は、〈人間〉、〈チンパンジー〉、〈コンピュータ〉、〈ゴブリン〉、〈グレムリン〉、〈自動運転〉、〈人生の石板〉という六つの基本構成要素がそろった、〈心のなか〉を表している。

これに対して次ページの付録Bは、〈心のなかの宇宙〉の全体図だ。

多くの惑星は、安定化に影響力を及ぼす月をもっている。だから、惑星だけでなく、月にもつねにはたらきかけることが大切だ。

付録B
〈心のなかの宇宙〉のおさらい：全体図

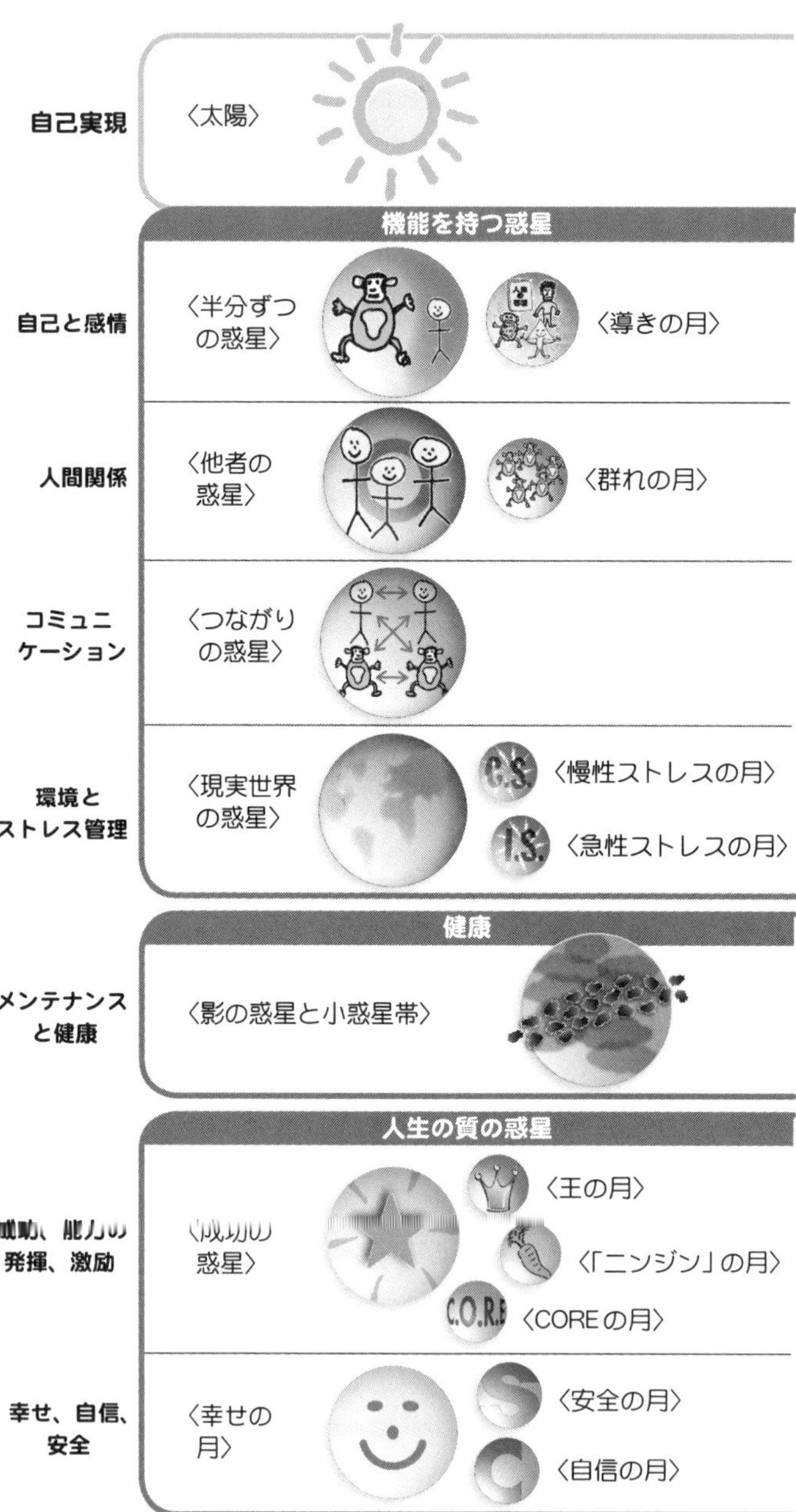
自己実現
〈太陽〉
機能を持つ惑星
自己と感情
〈半分ずつの惑星〉
〈導きの月〉
人間関係
〈他者の惑星〉
〈群れの月〉
コミュニケーション
〈つながりの惑星〉
環境とストレス管理
〈現実世界の惑星〉
C.S.
〈慢性ストレスの月〉
I.S.
〈急性ストレスの月〉
健康
メンテナンスと健康
〈影の惑星と小惑星帯〉
人生の質の惑星
成功、能力の発揮、激励
〈成功の惑星〉
〈王の月〉
〈「ニンジン」の月〉
C.O.R.E
〈COREの月〉
幸せ、自信、安全
〈幸せの月〉
S
〈安全の月〉
C
〈自信の月〉

付録C
「チンプ・モデル」を支える科学

はじめに

付録Cは、「チンプ・モデル」の裏にある科学をいま一度おさらいし、さらにもう少し理解したい方のためにある。読めば神経科学者になれるわけではないが、私たちの心の重要なはたらきの一部を明らかにした最近の研究について、いくつか特別な洞察が得られるだろう。

脳全般の複雑さ

構造と機能

脳は、中枢、構造体、経路に分かれる。たとえば、言語を司る特定の中枢があり、視覚のような情報を知覚する領域があり、喜びの体験につながる経路がある。ある領域は複数の役割を果たし、目標を達成するチームの一部として多くの仕事をこなすことができる。つまり、脳は非常に柔軟で、さまざまなはたらき方ができるのだ。役割そのものを変えることのできる領域もある。

ホルモン、神経受容体、神経伝達物質など、もっと微細な分子レベルでも脳は複雑だ。それらは多様な行動をとり、特定の状況に対する私たちの反応を増やしたり減らしたりするほか、行動や思考や気分の変化を引き起こすことができる。

酸素の供給量も脳の機能に影響する。脳内の構造体に酸素を供給するのは血液だ。血流や酸素の吸収量が変わると、脳の構造体もちがったふうに機能する。

日々の機能

脳の構造体のはたらきは、日々の生活のなかで、それらがどうはたらいたかを見るだけでわかることもある。簡単に説明すると、脳の機能は次の六つに分けられる。

- 行動（私たちの反応）
- 知覚（私たちの考えや信念）
- 原動力（私たちの本能や衝動）
- 分析（私たちの思考法）
- 発展（私たちの成長段階）
- 生物学的状態（私たちの物理的な状態）

多くのすぐれたセラピーや療法も、この六つにもとづいている。よく知られているものとしては認知行動療法［訳注：主に心の病を抱える人の思考のしかた（認知）や行動を、適正なものに整えていく療法］がある。

脳を充分理解して管理できるか？

具体的な領域について

脳を「さまざまに機能する機械」だと考えれば、興味深い問いが生じる——脳を管理する能力やスキルを開発して、望みどおりに動かすことはできるのだろうか？　言い換えれば、私たちは望みどおりの人間になり、望ましい感情をもち、望みどおりに行動することができるのだろうか？

この大きな問いに答える出発点として「何かがインプットされたとき、脳がどう処理するか」を見てみよう。

次に示すのは、単純化された脳の構造である（ご安心を。それぞれの名前は参考までに記しただけなので、憶える必要はない！）。

①扁桃体（辺縁領域あるいは辺縁系のなかにある感情中枢）
②眼窩前頭皮質（前頭葉の外縁の小さな領域）
③鉤状束（扁桃体と眼窩前頭皮質をつなぐ経路）
④背外側前頭前皮質（前頭葉の一部）
⑤腹内側前頭前皮質（鉤状束を取り巻く領域）
⑥帯状回（辺縁系の一部）

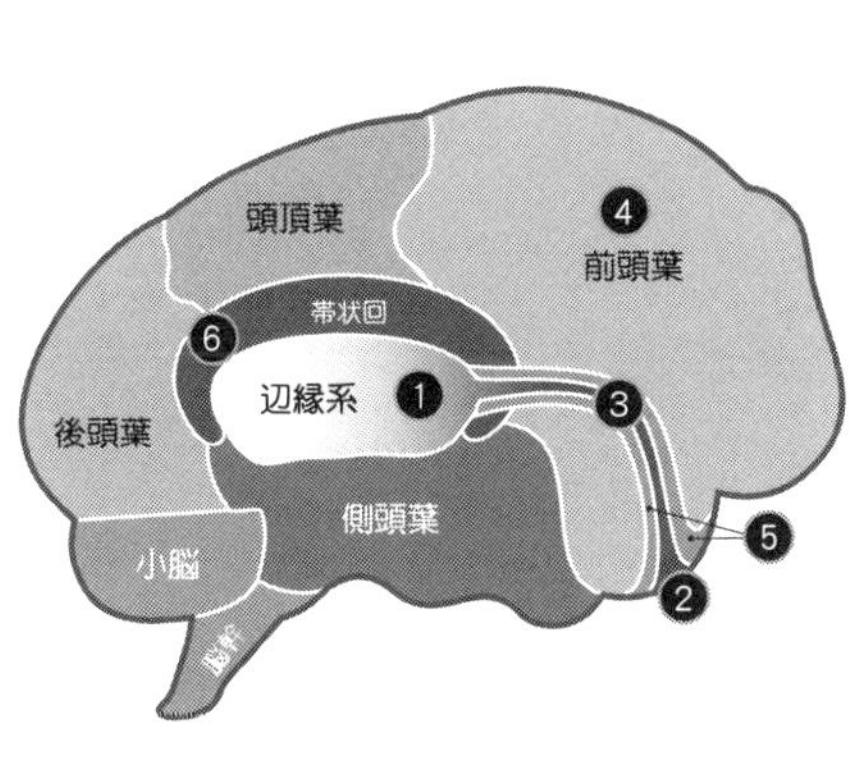

①から⑥までの領域を下図に示した。研究によって、それぞれが特別な役割を果たし、たいていその役割も多数あることがわかっている。たとえば、扁桃体は一七もの核を持ち、おのおのに特別な役割があるが、ほとんどは感情的な反応にかかわっている。また、帯状回（帯状皮質）は記憶の形成、学習、意思決定にかかわっている。

話をもっとわかりやすくするために、番号のついた領域ひとつにつきひとつの役割があると考えよう

（ただし、いくつかの領域が同じひとつの役割を果たすこともある）。
するとそれぞれの領域の主要な役割は、次のようになる。

①扁桃体は、即座に発動する防衛メカニズム。考えるまえにすばやく反応する。
②眼窩前頭皮質は衝動をコントロールする。道徳的判断を用いて、私たちを社会規範にしたがわせようとする。
③鉤状束は、道徳的なガイド。良心と罪悪感を提供する。
④背外側前頭前皮質は、物事を分析し、論理的に考える。
⑤腹内側前頭前皮質は、他者の感情を考慮し、同情する。
⑥帯状回は、過去の経験に影響されながら意思決定することにかかわる。

脳の機能の一例

さて、この機械に何かインプットしてみよう。とはいえ、人によって反応は異なるから、これはある個人の脳が示す反応のほんの一例にすぎない。

職場にビリー・ブロッグスという人がいるとしよう。ビリーは、知人のひとりに悪口を言われていたことを知ったばかりだ。このとき、彼の脳内ではまず、この情報が視床と呼ばれる中継所に届き、そこから前述した六つの領域すべてに送られる。最初に到達するのは扁桃体だ。

①扁桃体はただちに反応し、ビリーを怒らせる。その際、多くの化学物質を分泌して、自分の計画を邪魔

されないように脳のほかの部分を無力化する！　その結果、彼は声を荒らげ、悪口を言った相手を攻撃しようとする。

②眼窩前頭皮質は焦り、社会的に受け入れられる行動の枠にとどまるようビリーに警告する。人を攻撃するのは道徳に反するし、評判がガタ落ちになるから避けるべきだと言い聞かせて、衝動的な行動を押しとどめようとする。

③鉤状束は良心としてはたらき、「これは悪いことだ。道徳的にまちがっている」と言うが、「もしこの行動が合理的だとこちらを説得できるなら協力する」ともつけ加える。

④背外側前頭前皮質は事実を確認して処理しようとするが、扁桃体に抑えこまれ、偽の情報まで与えられる。

⑤腹内側前頭前皮質は事件自体には興味をもたず、相手はどう感じているのだと尋ねる。不快な悪口を言った人物に同情し、その理由を理解して、事態を収拾したがる。

⑥帯状回はほかの構造体も利用して、ビリーの過去の経験から事例を引き出し、それを思い出させようとする。たとえば、「もしここで叫んだら厄介なことになるぞ」とか、「充分大きな声で叫べば道は開ける」とか。

これらすべては一秒以内に起きる！

いまは例として、互いに競い合うようにアドバイスをする六つの領域を分析したが、現実には、何かを体験するたびにこんな分析をするのは不可能だ。だから自分の心をコントロールしたければ、もっと単純なモデルを活用する必要がある。チンプ・モデルはそのために生まれた。

脳のはたらきをくわしく見れば、大まかに言ってふたつの思考チームが活動し、そこに記憶装置が影響を与えていることがわかる。片方のチームは非常に強力で、動きもすばやい。感情で動き、非合理的に考える。もう一方のチームはそれほど強くなく、行動も遅く、論理的に考えて、同情や罪悪感を覚える。記憶装置はそれぞれ感情と事実にかかわる二種類のメモリからなり、両方の思考チームに影響を与える。

前頭葉だけを考えれば、なぜ問題が生じるのかわかりやすくなる。前頭葉の外縁は皮質と呼ばれ、そこで物事の解釈を含む思考が発生する。

外縁部に思考する領域がひとつだけなら問題はないが、そこには思考と解釈をする領域が少なくともふたつある。背外側前頭前皮質は物事を理性的に解釈する。眼窩前頭皮質は印象と感情で解釈する。後者は扁桃体とも直接つながっているので、この第二の思考法が、脳内でももっとも強力な感情中枢である扁桃体と「協力」することになる。

つまり事実上、解釈をする脳はふたつある。一方はほぼ自動で、われわれからのインプットがなくても考え、感情にもとづいている。もう一方はわれわれが制御していて、こちらが望めば論理的に考えることが許される。問題は、このふたつの「脳」が同じように考えず、だいたいにおいて状況の解釈が異なることだ。つまり、頭のなかではつねに「闘い」が起きる可能性がある。

このことを正しく理解して、われわれの利益になるようにうまくコントロールする簡単な方法、それがチンプ・モデルだ。

思考と解釈をするふたつの領域

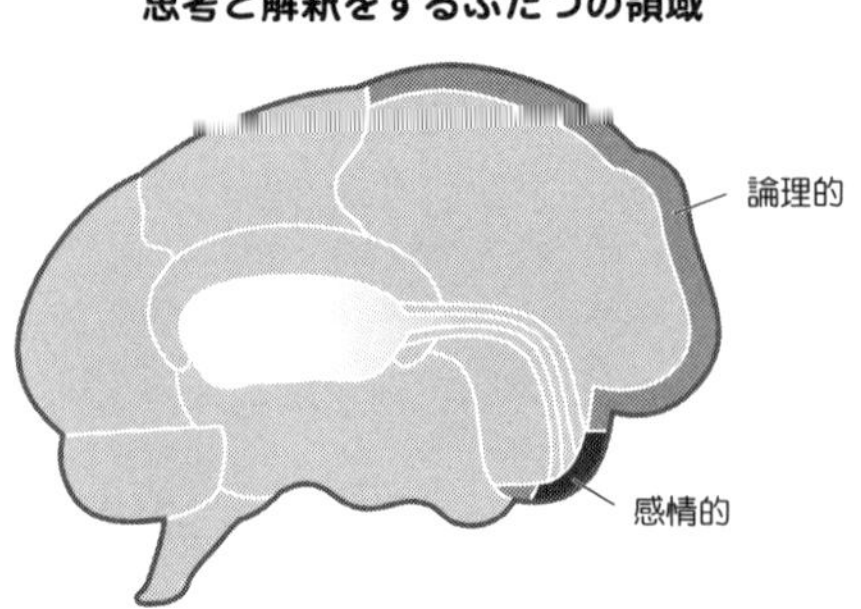

チンプ・モデル
モデルとは？

ここで言う「モデル」とは、理解を助け、科学を用いやすくしてくれる、ひとつの単純な説明のしかただ。このモデルを活用すれば、自分は過去にどういう状態だったか、現在はどうか、そして将来どういうふうにうまくコントロールできるかが、理解しやすくなる。

チンプ・モデルでは、許可なしに考えて動く脳内の感情的なチームを〈チンパンジー（チンプ）〉と呼ぶ。一方、脳内の論理的なチームのほうは、本物の人物、つまりあなたであり、理性的で同情にあふれ、思いやりがある〈人間〉だ。そして、情報を与える記憶装置を〈コンピュータ〉と呼ぶ。

ビリーの経験をもう一度

下図は脳にメッセージが届く様子を表している。このモデルを使って、ビリー・ブロッグスの経験をもう一度見てみよう。

第1ステップ

メッセージが中継所に届き、ただちに〈チンパンジー〉に送られる。

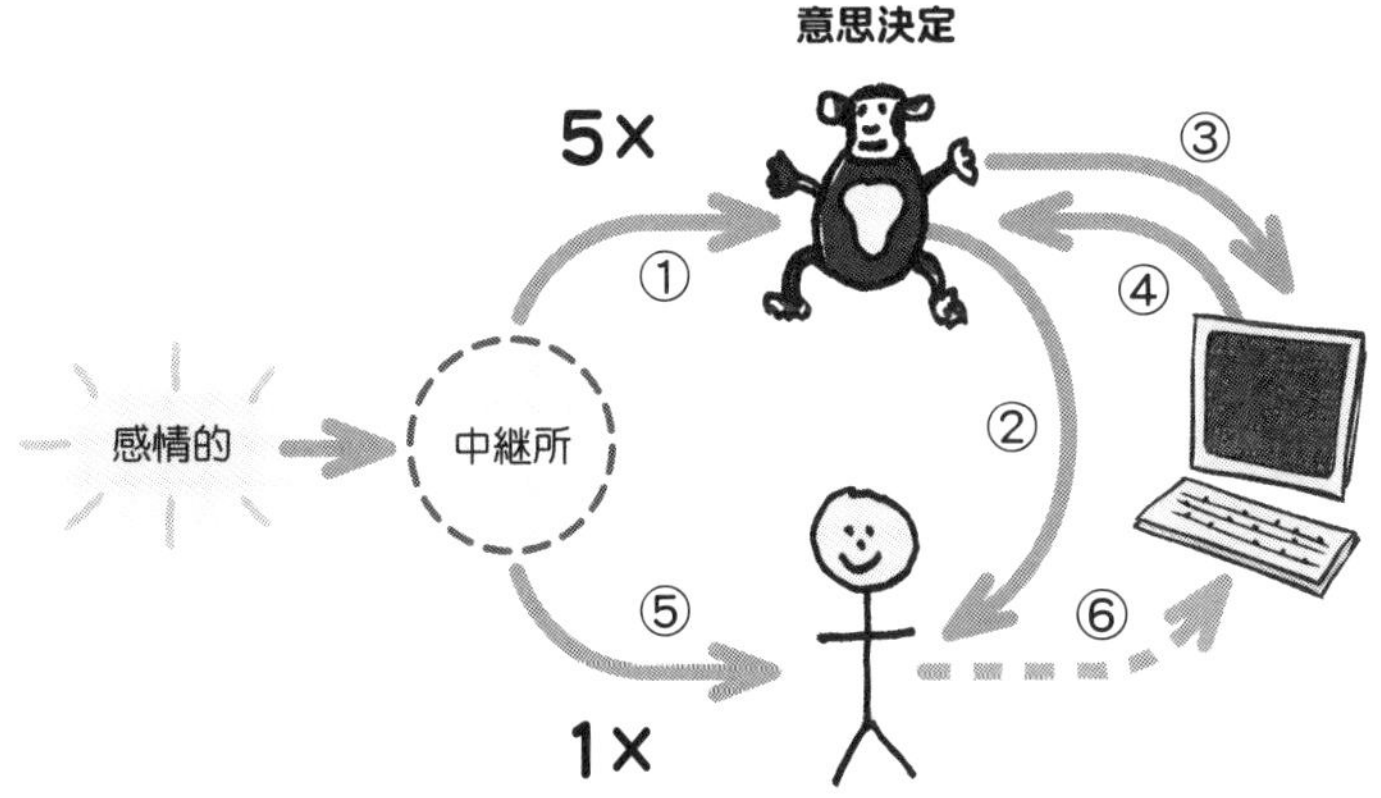

第2ステップ

〈チンパンジー〉は瞬時に脳内に化学物質を分泌し、〈人間〉が考えたりコントロールしたりできないように無力化する！

第3ステップ

〈チンパンジー〉は、今後の行動を決めるのに知っておくべきことはないか〈コンピュータ〉を参照する。

第4ステップ

〈コンピュータ〉の反応は、なかに何が蓄えられているかによる。〈自動運転〉や〈グレムリン〉が入っているかもしれないし、何も入っていなければ〈チンパンジー〉に行動の決定をまかせる。

第5ステップ

〈チンパンジー〉が行動したあと、メッセージがようやく〈人間〉に届く。もし〈チンパンジー〉が適切に行動していなければ、この時点で〈人間〉が謝罪し、往々にして罪悪感を覚える！

第6ステップ

このステップはいわばオプションで、将来〈チンパンジー〉が〈自動運転〉に導かれるように、〈コンピュータ〉に情報を蓄えておく。脳のなかに〈チンパンジー〉を直接コントロールできる経路はないので、この最後のステップは、われわれに〈チンパンジー〉を管理する力を与えてくれる。

感情と思考を管理する

当然ながら、反応のしかたは人によって多種多様だが、原則は同じである。

モデルの活用

このモデルは脳のはたらきに関する科学的原理にもとづいているから、たとえば脳の異なる側面や機能（報酬システム、情動記憶、実行機能など）を見るときにも有効だ。重要なのは、あなた自身を見つけること、自動的に考え行動する感情的な機械、すなわち内なる〈チンパンジー〉とあなた自身を区別することだ。

本書の目的はまさに、人々が自分を理解し、自分の感情をコントロールできるように手助けすることにある。万が一、このモデルが自分に合っていないと思っても、あきらめないで、うまくあなたの人生の質を上げる方法を探ってほしい。自分がいまどういう状況にあるか、どのくらい物事をいい方向に変えられるかについて、時間をかけて考えてみてほしい。ひとりではできないと感じるなら、正しい方向に進ませてくれる心理学者やほかの専門家に相談してみるといい。

私がこの仕事をしていて本当によかったと感じるのは、人々がそれまでより幸せになり、自信をもち、自分や他者とうまくつき合えるようになるのを見たときだ。あなた自身もそうなれることを願っている。

謝辞

本書の執筆にあたっては、多くのかたから直接的、間接的にさまざまな助力を得た。全員の名前をあげるだけで一章分になるが、誰かを書きもらすといけないので、援助してくれた全員に心から感謝すると記すにとどめたい。

それでも、飽くことなく支援してくれた三人には、特別に謝意を表したい。わが姪のルース・バナーは、執筆中の原稿を何カ月もかけてくり返し読み、貴重な提案や批評をしてくれた。グラフィックデザイナーのジェフ・バティスタは、辛抱強く何度も本書のデザインを手直しし、私のアイデアをうまく表現できるように議論してくれた。わが編集者のスザンナ・アボットは、絶えず私を励まし、導いてくれた。彼女が私の〈チンパンジー〉の爆発に我慢してつき合ってくれたおかげで、出版までの多くの難所を乗りきることができた。

友人たち、同僚、患者さんたち、学生諸君にも厚くお礼申し上げる。

最後に、私は本書を本物のチンパンジーと類人猿に捧げたい。遠い将来、彼らが本書を読んで、良かれ悪しかれ、自分の内なる〈人間〉に気づくことを期待して！

チンプ・パラドックス
「自信」「成功」「幸福」を手にする人の
マインド・マネジメント・プログラム

2022年 9 月11日　初版第 1 刷発行

著者
スティーブ・ピーターズ
訳者
依田卓巳
編集協力
藤井久美子
装幀
Y&y
印刷
中央精版印刷株式会社
発行所
有限会社 海と月社
〒180-0003　東京都武蔵野市吉祥寺南町[illegible]
電話[illegible]　FAX[illegible]
http://www.umitotsuki.co.jp

定価はカバーに表示してあります。
乱丁本・落丁本はお取り替えいたします。

ISBN978-4-903212-78-4

弊社刊行物等の最新情報は以下で随時お知らせしています。
ツイッター　@umitotsuki
フェイスブック　www.facebook.com/umitotsuki
インスタグラム　@umitotsukisha